C
Bibl

JUDSON BREWER (n. 1974) este un cunoscut medic, profesor la catedra de psihiatrie de la University of Massachusetts Medical School și cercetător afiliat la Massachusetts Institute of Technology. Studiile sale urmăresc procesele prin care se formează obiceiurile și dependențele. Brewer a susținut mai multe conferințe TED, una dintre ele situându-se pe locul al patrulea în topul TED din 2016.

Îmbinând peste 20 de ani de cercetare de laborator, experiență clinică și practicare a mindfulnessului, a dezvoltat teorii și procedee prin care cei dornici pot să se schimbe și să renunțe la obiceiurile nocive și la dependențe.

De același autor, la Curtea Veche Publishing a mai apărut *Poftele minții. De la țigară la smartphone și la iubire – de ce devenim dependenți și cum putem scăpa de obiceiurile nocive*.

JUDSON BREWER

ÎMBLÂNZIREA ANXIETĂȚII

Cum să oprim spirala îngrijorării și a fricii ca să ne vindecăm mintea

Traducere din engleză de
IOANA MANOLACHE

CURTEA VECHE

Descrierea CIP a Bibliotecii Naționale a României
BREWER, JUDSON
Îmblânzirea anxietății : cum să oprim spirala îngrijorării și a fricii ca să ne vindecăm mintea / Judson Brewer ; trad. de Ioana Manolache.
- București : Curtea Veche Publishing, 2021
Index

ISBN 978-606-44-0907-2

I. Manolache, Ioana (trad.)

159.9

ISBN epub: 978-606-44-0908-9
ISBN mobi: 978-606-44-0909-6
Carte publicată și în ediție digitală

Redactor: Cătălina Manolache
Corector: Elena Tătaru
Tehnoredactor: Irinel Niculae

CURTEA VECHE PUBLISHING

str. Aurel Vlaicu nr. 35, București, 020091
redacție: 0744 55 47 63
distribuție: 021 260 22 87, 021 222 25 36, 0744 36 97 21
fax: 021 223 16 88
redactie@curteaveche.ro
comenzi@curteaveche.ro
curteaveche.ro

JUDSON BREWER
Unwinding Anxiety

Îi dedic această carte Dependentei de Amazon

CUPRINS

INTRODUCERE

Anxietatea este pretutindeni. Mereu a fost. Dar în ultimii câțiva ani a ajuns să ne domine viețile așa cum n-a mai făcut-o, probabil, niciodată.

Povestea mea legată de anxietate este mult mai veche. Sunt medic – psihiatru, ca să fiu mai exact. Abia după ani de-a rândul în care m-am străduit din răsputeri să-mi ajut pacienții să își depășească anxietatea și am simțit în mod constant că pierd din vedere ceva important în tratarea lor, am reușit să fac legătura între anxietate, cercetările mele din laboratorul de neuroștiințe privind schimbarea obiceiurilor și propriile atacuri de panică. Iar de atunci totul s-a schimbat. Acela a fost momentul în care mi s-a aprins beculețul, când am conștientizat că unul dintre motivele pentru care oamenii nu își dau seama că au anxietate este faptul că aceasta se camuflează în obiceiurile nocive. Cred că la ora actuală mult mai mulți oameni sunt, inevitabil, conștienți de anxietatea lor, fie că încearcă sau nu să scape de un obicei prost.

Nu am avut niciodată în plan să devin psihiatru. De fapt, când am început facultatea de medicină habar nu aveam ce fel de medic voiam să fiu. Știam doar că vreau să împletesc dragostea mea pentru știință cu dorința pe care o aveam de a ajuta oamenii. Programul de doctorat comun pentru medicină și cercetare este făcut în așa fel încât să petreci primii doi ani în facultatea de medicină, timp în care îți însușești toate datele și conceptele. După care treci în etapa în care te axezi pe un domeniu anume și înveți cum să faci cercetare. Apoi te întorci în secțiile din spital, unde termini al treilea și al patrulea an de studii medicale, înainte de a te îndrepta către rezidențiat și specializarea într-o ramură anume a medicinei.

Când am început facultatea nu eram pe deplin hotărât să devin un anume tip de medic. Eram pur și simplu fascinat de complexitatea și de frumusețea fiziologiei și percepției umane și voiam să învăț cum funcționează acest sistem al nostru. În general, primii doi ani din cadrul facultății de medicină le oferă studenților timpul și spațiul necesare pentru a începe să se orienteze către un domeniu în care s-ar putea specializa. Ulterior, ei confirmă această decizie în perioada de practică în care trec prin toate secțiile din spital, pe parcursul celui de-al treilea și al patrulea an. Este nevoie de aproximativ opt ani pentru a finaliza un program combinat de medicină și cercetare, prin urmare, m-am gândit că voi avea destul timp să-mi descopăr chemarea și m-am concentrat doar pe a învăța cât mai mult. Am avut nevoie de patru ani pentru a termina doctoratul de cercetare, un timp suficient de îndelungat cât să uit tot ceea ce învățasem în primii doi ani de medicină.

Prin urmare, când am încheiat studiile doctorale și am încercat să reiau medicina din punctul în care o lăsasem, am ales ca prima tură de practică să fie în secția de psihiatrie, pentru a învăța din nou tot ceea ce uitasem legat de abordarea pacienților, în perioada în care fusesem prins cu doctoratul. Nu mă gândisem niciodată să devin psihiatru, fiindcă, în general, nu erau portretizați în culori prea flatante în filme, iar la facultatea de medicină auzisem o glumă, cum că psihiatria e pentru „leneși și țicniți“– cu alte cuvinte, devii psihiatru dacă ești tu însuți leneș sau puțin nebun. Dar lucrul în secția de psihiatrie mi-a deschis ochii către ceea ce, privind retrospectiv, pot numi o îmbinare fericită de șansă și sincronizare. Mi-am dat seama că efectiv îmi plăcea enorm să fiu „de gardă“ și să mă conectez cu adevărat la strădaniile pacienților cu tulburări psihice. Mi-am dat seama că eram absolut fericit când încercam să-i ajut să-și înțeleagă mintea, astfel încât să-și rezolve mai eficient problemele cu care se confruntă. Deși mi-au plăcut aproape toate celelalte secții în care am lucrat, niciuna nu mi-a stârnit interesul atât de mult ca psihiatria, așa că am ales-o ca specializare.

După ce am absolvit facultatea de medicină și am început stagiul de rezidențiat la Yale, am descoperit nu doar că psihiatria mi se potrivea foarte bine, ci am dezvoltat chiar o legătură mai profundă cu pacienții care se luptau cu dependențele. Încă de la admiterea la facultatea de medicină începusem să practic meditația și am continuat să o fac zilnic, timp de opt ani, pe întreaga durată a studiilor. Pe măsură ce înțelegeam tot mai bine dependențele cu care se luptau pacienții mei, mi-am dat seama că vorbeau despre același tip de strădanie pe care îl experimentasem în timpul meditațiilor mele – acele sentimente asociate de poftă, dependență, lăcomie. Spre surprinderea mea, am descoperit că aveam un limbaj și o luptă comune cu ei.

Perioada de rezidențiat a fost și cea în care am început să am propriile atacuri de panică, alimentate de lipsa de somn și de senzația că nu știu nimic, combinate cu incertitudinea din nopțile de gardă, în care nu știam niciodată când avea să sune pagerul și ce dezastru mă aștepta odată ajuns la camera de urgență. Toate acestea și-au lăsat amprenta asupra psihicului meu. Fără îndoială, eram plin de compasiune față de pacienții mei anxioși. Din fericire, meditația pe care o practicam m-a ajutat și în acest caz. Am reușit să folosesc cunoștințele de mindfulness ca să alung niște atacuri de panică în toată regula, care mă trezeau din somn. Mai mult decât atât, iar la vremea aceea nu știam de ce, aceste cunoștințe m-au ajutat să nu îmi alimentez panica: am învățat să îmi gestionez anxietatea și panica în așa fel încât să nu mă îngrijorez sau să mă sperii la gândul că voi avea și alte atacuri; în felul acesta am reușit să țin anxietatea la distanță și să nu dezvolt o adevărată tulburare de panică. Am început, de asemenea, să înțeleg că aș putea să-i ajut pe oameni să devină conștienți de sentimentele neplăcute (în loc să le evite, ca de obicei); le puteam arăta cum să-și stăpânească emoțiile și cum să le gestioneze, în loc să le prescriu un medicament.

Către sfârșitul rezidențiatului mi-am dat seama că, practic, nimeni nu cerceta știința meditației. Pentru mine era un adevărat giuvaier ascuns, ceva ce m-a ajutat în momentele de anxietate extremă (și i-ar fi putut ajuta la fel de bine pe pacienții mei), dar iată că nimeni nu cerceta de ce sau cât de bine funcționează. Astfel, de-a lungul următorilor zece ani, m-am dedicat creării unui program prin care să-i ajut pe oameni să scape de obiceiurile dăunătoare – puternic asociate cu anxietatea sau chiar induse de ea. De fapt, anxietatea în sine este un obicei dăunător. Acum a devenit de-a dreptul o epidemie. Cartea de față constituie rezultatul tuturor acestor cercetări.

În filmul *Marțianul*, personajul lui Matt Damon are un moment de „oh, la naiba“, în care își dă seama că este abandonat pe Marte. În timpul unei furtuni, toți colegii lui și-au luat tălpășița către nava spațială și l-au lăsat baltă, crezându-l mort. El stă în micul avanpost de pe Marte, îmbrăcat în costumul lui NASA, și încearcă să se înveselească puțin cu un discurs tonic. „Pus în niște circumstanțe vitrege, nu îmi rămâne decât o singură opțiune. Trebuie să-mi folosesc toate cunoștințele ca să ies din asta", spune Matt.

M-am inspirat de la Matt Damon, așa că în cartea de față mi-am folosit toate cunoștințele ca să scot ce e mai bun despre anxietate.

Sunt o mulțime de cărți care tratează acest subiect – unele mai groase, altele mai subțiri, cu niște titluri atractive, cu povestiri fantastice și metode secrete sau „ponturi" de succes. Dar nu toate excelează, să zicem așa, la capitolul neuroștiințe.

Te asigur că în cartea aceasta vei găsi știință din plin. Și este vorba despre știință autentică, bazată pe studii efectuate în laboratorul meu de-a lungul multor ani și cu pacienți adevărați (mai întâi la Yale, acum la Brown University). De asemenea, am citat și lucrările despre care alții au citit și au scris cărți, prin urmare, sunt acoperit și în această privință.

Am făcut cercetare timp de câteva decenii și mi-a plăcut nespus să învăț și să descopăr lucruri noi. Dar trebuie să recunosc că, de departe, cea mai interesantă și importantă legătură pe care am făcut-o a fost cea dintre anxietate și obiceiuri – de ce învățăm să devenim anxioși și cum devine acest lucru un obicei. Realizarea acestei legături mi-a răspuns la întrebarea „de ce ne îngrijorăm?" și mi-a satisfăcut parțial curiozitatea științifică privind anxietatea, dar – ceea ce este și mai important – a fost vitală în lucrul meu cu pacienții, pe care i-am ajutat să își înțeleagă propria anxietate și să și-o gestioneze.

Anxietatea se ascunde în obiceiurile oamenilor. Se ascunde în trupurile lor atunci când aceștia încearcă să se disocieze de sentimentele respective, îmbrățișând tot felul de comportamente diferite. După ce am constatat existența acestei legături, mi-am putut ajuta pacienții să înțeleagă cum și-au format obiceiuri legate de orice, de la consumul excesiv de alcool până la mâncatul pe fond nervos și procrastinare, ca formă de a face față anxietății. Totodată, i-am ajutat să vadă de ce se luptau atât de aprig și nu reușeau să scape nici de anxietate, nici de alte obiceiuri pe care le aveau. Anxietatea le hrănea celelalte comportamente, care ulterior le perpetuau anxietatea, până când totul scăpa de sub control, iar ei aterizau direct în cabinetul meu.

Unul dintre lucrurile esențiale pe care le-am învățat a fost acela că, în psihiatrie, dictonul „cu cât știi mai puțin, cu atât vorbești mai mult" se aplică. Cu alte cuvinte, cu cât înțelegi mai puțin un subiect sau o situație, cu atât mai mult umpli acel gol cu vorbe. Dar vorbăria nu echivalează cu o mai bună interpretare sau o percepție mai profundă pentru pacienții tăi. De fapt, când nu știi despre ce vorbești, cu cât spui mai multe lucruri, cu atât crește riscul să te afunzi într-un hău, iar când îți dai seama că ai ajuns într-un hău te oprești, nu-i așa?

A fost o lecție neplăcută, dar am înțeles că acest „cu cât știi mai puțin, cu atât spui mai multe" se aplica și în cazul meu la fel de bine ca în cazul oricui altcuiva. Imaginează-ți! *Nu eram* vreo excepție de la regulă, astfel încât dacă peroram mai mult aiurea, dacă făceam o risipă mai mare de cuvinte, îmi ajutam mai mult pacienții. Când am făcut exact contrariul – adică mi-am ținut gura, am încercat acel „nu știu" de tip zen și am așteptat până când am văzut câteva legături clare, în loc să mă străduiesc să vorbesc ca un psihiatru –, am reușit realmente să ajut oamenii.

Zicala „mai puțin înseamnă mai mult" este aplicabilă și altor domenii, nu doar psihiatriei – de exemplu, în știință. Când am vorbit mai puțin și am ascultat mai mult, mi-am dat seama că acele concepte pe care le dezvoltam, privind schimbarea obiceiurilor, se reduceau tot mai mult la esență și deveneau tot mai simple. Însă ca om de știință trebuia să fiu atent să nu mă las înșelat de propriile fantezii. Conceptele erau simple, dar oare funcționau cu adevărat? Și erau valabile și la pacienții tratați în regim ambulatoriu? Să revenim, așadar, la anul 2011, când primul meu studiu clinic pentru renunțarea la fumat a dat un randament uriaș, *de cinci ori* mai mare decât „etalonul de aur" al tratamentelor; atunci am început să mă gândesc cum să folosesc această „armă de distragere a atenției în masă" (adică smartphone-ul) pentru a-i ajuta pe oameni să scape de obiceiurile proaste. Mi-am folosit toate cunoștințele științifice pentru a scoate ceva cât mai bun, iar astfel am descoperit că putem obține rezultate remarcabile în cadrul unor studii clinice veritabile. Iar când spun remarcabil, mă refer la o scădere cu 40% a mâncatului asociat cu pofta în cazul persoanelor obeze, la o scădere cu până la 63% a anxietății la persoane cu tulburare de anxietate generalizată (și rezultate aproape la fel de bune la medici cu anxietate) și așa mai departe. Am putut demonstra chiar și faptul că metoda bazată pe aplicație putea viza anumite rețele neuronale asociate fumatului. Da, cu o aplicație!

Rezultatele practicii de psihiatrie clinică, cercetării și distilării de concepte au condus la apariția acestei cărți care sper că te va ghida, în mod util și pragmatic, să îți schimbi modul de a înțelege anxietatea, astfel încât să o poți gestiona eficient – iar ca bonus, să scapi de toate obiceiurile nefolositoare și de dependențe.

PARTEA 0
Cum să-ți înțelegi mintea

O problemă nu poate fi soluționată de aceeași conștiință care a creat-o.

– Memă de pe internet
atribuită lui Albert Einstein

(Te vei întreba, probabil, de ce am intitulat începutul acestei cărți Partea 0, în loc de Partea I. Ei bine, deoarece Partea I vine odată ce ai înțeles ce se petrece. Partea 0 se referă la ceea ce se întâmplă chiar înainte ca tu să conștientizezi că ești anxios.)

Pe parcursul lecturii, ține minte un lucru: Partea 0 îți va oferi elementele de psihologie și neuroștiințe necesare pentru a înțelege felul în care se configurează anxietatea și îți va da cadrul cu care să începi să lucrezi. Partea I îți va arăta cum să identifici declanșatorii anxietății (și ce declanșează anxietatea, la rândul ei). Partea a II-a te va ajuta să înțelegi de ce te blochezi în ciclurile îngrijorării și fricii și cum să-ți înnoiești circuitele de recompensă ale creierului astfel încât să ieși din blocaj. Partea a III-a îți va da uneltele cu care să accesezi centrii de învățare ai creierului și să scapi definitiv de ciclurile anxietății (și de alte obiceiuri).

CAPITOLUL 1

Anxietatea devine virală

Anxietatea este asemenea pornografiei. Cu greu o poți defini, însă o recunoști cu siguranță atunci când o vezi.

Asta, doar dacă nu cumva nu poți să o vezi.

În facultate aveam o personalitate de tip A, căreia îi plac provocările. Am crescut în statul Indiana, într-o familie cu patru copii aflați doar în grija mamei; când a venit vremea să îmi aleg facultatea, am optat pentru Princeton, fiindcă îndrumătorul meu îmi spusese că nu aș avea nicio șansă să intru acolo. Când am ajuns în campus (fără nicio pregătire prealabilă), m-am simțit ca un copil într-o cofetărie: am fost uluit de toate oportunitățile care mi se deschideau în față și voiam să fac de toate. Am dat probă pentru un grup vocal (și am fost respins pe bună dreptate), am intrat în echipa de canotaj (pentru un semestru), am cântat în orchestră (devenind unul dintre interpreții principali, în ultimul an), am organizat drumeții, am fost în echipa de ciclism (un alt stagiu relativ scurt), am învățat cum să fac cățărări pe stânci (exersând cu religiozitate ore întregi, săptămânal, la peretele de alpinism), m-am alăturat unui grup excentric de alergători, numit Hash House Harriers, și multe altele. Experiența colegiului mi-a plăcut atât de mult, încât am rămas în campus în fiecare vară și am făcut ucenicie în laboratorul de chimie, învățând să fac cercetare. Oh, iar pentru a-mi completa pregătirea, la diploma de chimie am adăugat și un certificat care să ateste cunoștințele de interpretare muzicală. Astfel, patru ani au trecut într-o clipă.

Pe când mă apropiam de încheierea ultimului an și mă pregăteam pentru medicină, mi-am programat o consultație la cabinetul medical din campus, deoarece, în ciuda tuturor activităților pe care le desfășuram, simțeam clar că sănătatea mea nu era în regulă. Sufeream de balonare severă și de crampe stomacale, însoțite de o nevoie urgentă de a mă duce la toaletă pentru a-mi goli intestinele, cum nu mi se mai întâmplase până atunci. Lucrurile se înrăutățiseră atât de tare, încât ajunsesem să-mi planific traseul de alergări zilnice în așa fel încât să mă aflu mereu la o distanță rezonabilă de o toaletă. Când i-am descris medicului simptomele (asta se întâmpla înaintea erei Google-ului, așa că nu puteam să mă prezint triumfător cu un diagnostic stabilit de mine), m-a întrebat iscoditor dacă nu cumva eram stresat sau anxios. Am pufnit spunând că nici nu putea fi vorba de așa ceva, că era cu neputință, fiindcă făceam sport zilnic, mâncam sănătos, cântam la vioară și așa mai departe. În timp ce medicul mă asculta răbdător, mintea mea, aflată în proces de negare a anxietății, a produs o teorie (foarte puțin) plauzibilă: organizasem de curând o drumeție, deci probabil nu purificasem bine apa (deși eram foarte atent față de acest aspect și niciun alt participant la excursie nu se îmbolnăvise).

„Cred că este giardioză, o infecție intestinală pe care o poți contracta dacă bei apă nepurificată din locuri sălbatice, care se manifestă prin diaree severă", i-am spus medicului, încercând să fiu cât puteam de convingător. Da, știa și el ce e giardioza (doar era medic), și nu, simptomele mele nu păreau să corespundă cu această boală. Nu voiam să recunosc un adevăr evident, aflat chiar în fața mea: eram atât de stresat, încât anxietatea începuse să devină vizibilă în corpul meu, fiindcă mintea fie o ignora, fie se afla în negare flagrantă. Anxios? Eu? Nu. În niciun caz.

După ce au trecut vreo zece minute în care am încercat să-l conving pe medic că nu aveam cum să fiu anxios și nici nu sufeream de ceva ce el numea sindromul de intestin iritabil (care se manifestă exact prin simptomele descrise anterior), acesta a ridicat din umeri și mi-a prescris un antibiotic care ar fi trebuit să-mi curețe măruntaiele de *Giardia*, presupusa cauză a diareii mele.

Bineînțeles că simptomele au continuat să se manifeste, până când, în cele din urmă, am înțeles că anxietatea este un adevărat cameleon, care se poate transforma dintr-o ușoară teamă înaintea unui examen într-un atac de panică în toată regula sau chiar în accesele de diaree care mă făceau să rețin pe dinafară topografia tuturor toaletelor publice din Princeton, New Jersey.

Dicționarul online definește anxietatea ca fiind „un sentiment de îngrijorare, de teamă, de disconfort care apare de obicei înaintea unui eveniment iminent sau a unui eveniment cu un deznodământ incert". Ei bine, asta include aproape orice. De vreme ce fiecare eveniment pe cale să se întâmple este iminent și singurul lucru de care *putem* fi siguri este faptul că lucrurile sunt incerte, anxietatea își poate face apariția în aproape orice loc, situație sau moment al zilei. Poți simți o mică înțepătură de anxietate atunci când un coleg arată, într-o ședință, rezultatele trimestriale ale companiei sau o săgetare de anxietate atunci când, după acele rezultate, respectivul coleg spune că se prefigurează concedieri în săptămânile următoare, iar conducerea companiei nu știe exact câte persoane își vor pierde slujbele.

Unii oameni se trezesc dimineața cu anxietate, cu o teamă care îi sâcâie ca o pisică flămândă, urmată de acea îngrijorare de neclintit care îi ține din ce în ce mai treji (nici nu au nevoie de cafea) și care se acumulează pe tot parcursul zilei, fiindcă nu-și pot da seama de ce sunt anxioși. Acesta este cazul pacienților mei cu tulburare de anxietate generalizată (*Generalized Anxiety Disorder*, GAD), care se trezesc anxioși, se îngrijorează pe tot parcursul zilei și apoi duc cu ei excesul de îngrijorare mai departe, peste noapte, alimentându-l cu gânduri de genul *De ce nu reușesc să adorm?*. Alții au atacuri de panică ce apar din senin sau care (așa cum mi se întâmpla mie) îi trezesc din somn în miez de noapte. Și mai sunt aceia care se îngrijorează cu privire la anumite lucruri sau subiecte, dar, în mod bizar, sunt complet neafectați de alte evenimente ori teme despre care s-ar putea crede că i-ar scoate din minți.

Și, desigur, ar fi total neprofesionist din partea mea să nu menționez faptul că există o listă lungă de tulburări de anxietate. În ciuda pregătirii mele medicale, sunt destul de rezervat când vine vorba de a pune diagnosticul de tulburare sau afecțiune, pentru că, după cum urmează să descoperi în curând, multe dintre lucrurile acestea se prezintă ca ușoare derapaje ale unora dintre procesele noastre cerebrale naturale (și, de multe ori, ajutătoare). Și atunci e ca și cum „a fi om" ar fi etichetat drept afecțiune. Când apar aceste „afecțiuni", mă raportez la minte/creier mai degrabă ca la o coardă de vioară care s-a dezacordat puțin. În astfel de situații nu etichetăm instrumentul ca fiind stricat și nu îl aruncăm, ci îl ascultăm pentru a vedea ce e în neregulă, după care strângem (sau slăbim) puțin coarda, astfel încât să putem cânta în continuare. Totuși, pentru scopuri clinice și statistice, tulburările de anxietate au un spectru larg, care merge de la fobii specifice (de exemplu, fobia de păianjeni) la tulburări obsesiv-compulsive (cum ar fi teama permanentă de microbi, care are drept consecință spălarea continuă a mâinilor), până la tulburarea de anxietate generalizată (care înseamnă, în fond, chiar asta: îngrijorare excesivă pentru lucrurile cotidiene).

Detaliile care fac diferența între anxietatea obișnuită și „tulburare“ țin într-o oarecare măsură de cel care stabilește diagnosticul. Spre exemplu, pentru a putea fi diagnosticată cu GAD, o persoană trebuie să aibă anxietate excesivă și să se îngrijoreze „din cauza unei game variate de subiecte, evenimente ori activități“, iar acest lucru trebuie să se manifeste „pe durata a cel puțin șase luni și să fie în mod evident exagerat“. Ador această încheiere: „în mod evident exagerat“. Poate că eu dormeam la cursul la care s-a predat modul de stabilire exactă a momentului în care îngrijorarea trece de la insuficient la evident exagerat, ceea ce înseamnă că a venit timpul să-mi scot rețetarul sau să sun la spital.

Din cauza faptului că, în general, se manifestă mai degrabă în interior, anxietatea nu apare ca o excrescență pe capul cuiva, trebuie să le pun pacienților o mulțime de întrebări pentru a vedea cum se evidențiază anxietatea în cazul lor. Eu, unul, n-am știut că eram anxios în perioada colegiului până când nu am pus lucrurile cap la cap și am făcut legătura, în cele din urmă, între faptul că țineam evidența toaletelor publice de pe traseul meu de alergat și îngrijorare. Conform manualelor medicale, între simptomele tipice ale anxietății se regăsesc nervozitatea, neliniștea, oboseala care se instalează rapid, dificultățile de concentrare, iritabilitatea, durerile musculare intense și problemele cu somnul. Dar după cum poți observa cu ușurință, aceste simptome nu-ți lipesc pe spate o etichetă vizibilă pentru toți, pe care scrie „Această persoană este anxioasă". La fel ca în cazul experienței personale din colegiu, când negam că sunt anxios, consider că este esențial să-mi ajut pacienții să facă legătura între aceste manifestări și ceea ce se petrece în capul lor, înainte de a putea merge mai departe.

Pentru a evidenția modurile atât de diferite în care anxietatea își poate face apariția în viața unui om, am să-ți dau două exemple, ale unor femei puternice și foarte organizate.

Soția mea, Mahri, profesoară universitară, în vârstă de patruzeci de ani, foarte iubită de studenți și cu merite recunoscute internațional în domeniul cercetării, nu-și poate aminti când anume a apărut anxietatea ei. Abia în perioada masteratului, când a avut o discuție pe tema asta cu sora și cu verișoara ei, a început să recunoască anumite trăsături de familie ca fiind manifestări ale anxietății. Faptul că a putut eticheta ceva ce părea bizar când era privit izolat, dar care, în fond, era un tipar limpede ca lumina zilei, a fost momentul în care i s-a aprins beculețul. Iată descrierea ei: „Anxietatea era atât de subtilă, încât numai după ce am reperat-o în familia noastră am recunoscut-o ca atare, în noi înșine." A observat că bunica ei, mama și mătușa împărtășeau același nivel de anxietate și că asta se întâmpla încă din cele mai vechi timpuri de care-și amintea. Spre exemplu, pe când Mahri era copilă, mama ei cădea adeseori pradă planificărilor excesive, ca mod de a încerca să țină situația sub control. Asta se întâmpla cu precădere atunci când urmau să plece într-o călătorie. Mahri detesta pregătirile pentru voiaj, deoarece anxietatea mamei ei se manifesta atunci prin purtări arțăgoase (iritabilitate) față de ea, de tatăl și de sora ei.

Numai după ce a identificat anxietatea la membrii familiei sale, Mahri a conștientizat că și ea era anxioasă. Într-un interviu relaxat, pe care i l-am luat într-o dimineață înainte de micul dejun, pentru cartea de față, a povestit despre felul în care se manifestă anxietatea în cazul ei: „E o stare de disconfort care nu are un obiect în sine. Se agață de orice situație sau gând posibil. Este ca și cum mintea mea ar căuta un motiv în legătură cu care să fie anxioasă. E un sentiment pe care mai de mult l-aș fi etichetat drept neliniște legată de ceva anume. A fost greu să o detașez de experiența mea de viață, deoarece credeam că este legată pur și simplu de transformările reale ale vieții și de circumstanțe." Da, aceasta este o trăsătură-cheie a anxietății generalizate: mintea noastră alege un obiect inofensiv și începe să creeze griji legate de el. Pentru mulți, anxietatea este un foc mistuitor în deșert, care pornește de la un chibrit aprins în zori, este alimentat de experiențele cotidiene și arde din ce în ce mai mai puternic pe toată durata zilei.

La finalul discuției noastre, pe când ne pregăteam pentru micul dejun, Mahri a adăugat: „Cei care nu mă cunosc n-ar bănui niciodată că trebuie să gestionez în permanență anxietatea." Cu sau fără pregătirea de psihiatru, pot să depun mărturie pentru asta: Mahri trece drept o persoană foarte calmă și cu sânge-rece în rândul colegilor și studenților ei. Cu toate acestea, atât eu, cât și ea simțim acele momente în care e anxioasă și care adesea au ca indiciu faptul că e foarte concentrată asupra viitorului și începe să planifice lucruri. Este ca și cum creierul ei ar alege un obiect ori o perioadă care are o doză de incertitudine inerentă (spre exemplu, weekendul) și începe să se activeze suplimentar doar pentru că încă nu i-a dat o formă, apoi cu fiecare idee de planificare mintală încearcă să modeleze acel lut fără formă într-un tipar familiar. Pentru un artist, o bucată de lut înseamnă posibilitate. Pentru un pasionat de călătorii, un weekend este promisiunea unei aventuri. Dar pentru un om agitat, acea lipsă de structură înseamnă anxietate. Eu și Mahri chiar avem o glumă a noastră, în care eu o întreb, cu variațiuni pe aceeași temă: „Ai făcut de dimineață planul pentru după-amiază, când vei face un plan pentru diseară?"

Spre deosebire de arderea lentă, caracteristică anxietății generalizate, unii oameni experimentează perioade intermitente de panică. Spre exemplu, Emily, colega de cameră din liceu a lui Mahri (o prietenă apropiată amândurora, care este căsătorită cu unul dintre cei mai buni prieteni ai mei de la facultatea de medicină – întâmplător, prin intermediul lor ne-am cunoscut eu și Mahri). Fiind jurist, Emily tratează probleme politice la nivel înalt, inclusiv negocieri de ordin internațional. Pe când era la facultatea de drept, a început să aibă atacuri de panică. Am rugat-o să-mi explice cum se manifestau în cazul ei. Mi-a răspuns printr-un e-mail, în care le-a descris astfel:

> În vara dintre anul al doilea și al treilea la facultatea de drept am avut norocul de a obține un post temporar de colaborator la o firmă mare de avocatură. În această calitate ești deseori invitat acasă ori la firmele partenerilor, pentru a lua masa cu familiile lor, împreună cu alți câțiva „temporari" și cu cei care sunt angajați cu normă întreagă. Se presupune că este o experiență care creează legături între oameni și îți permite să vezi cum arată viața personală a celor care lucrează la firmă. În luna iulie, după una dintre aceste mese, care fusese cu adevărat foarte plăcută, m-am întors acasă, m-am dus la culcare și am adormit imediat. Două ore mai târziu însă m-am trezit brusc, inima îmi bătea nebunește, transpirasem și simțeam că nu am aer. Habar nu aveam ce se întâmplă – nu-mi puteam aminti dacă avusesem cumva un coșmar sau ceva

similar. M-am dat repede jos din pat și m-am plimbat prin cameră, încercând să pun capăt acelei stări. Eram atât de îngrijorată, încât l-am sunat pe soțul meu, care era de gardă la secția de urgență a unui spital, și l-am implorat să vină acasă, ceea ce a și făcut. În cele din urmă, simptomele mele au încetat, iar eu am înțeles că aveam să supraviețuiesc, dar tot nu înțelegeam ce se întâmplase. Când m-am întors în acea toamnă la facultate pentru ultimul an, aveam deja o ofertă de lucru cu normă întreagă din partea firmei, m-am relaxat și nu am avut alte incidente, din câte îmi amintesc. Dar în vara care a urmat, atacurile de panică au revenit – aproape întotdeauna la fel ca înainte, trezindu-mă brusc din somn la doar câteva ore după ce adormisem cu ușurință. Învățam pentru examenul de admitere în barou, care a fost o experiență oribilă, și simultan cu asta, părinții mei, care erau căsătoriți (și fericiți împreună, din câte știam) de treizeci de ani, au divorțat. În plus, cum începusem să lucrez la firma de avocatură până la ore târzii, un angajat mai vechi, al cărui birou era chiar lângă al meu, a hotărât să mă „aburească" și să mă trateze ca pe proprietatea lui, ținându-mi predici despre cum nu mai am control asupra propriei vieți, fiindcă practic firma mă deține, și despre cât de recunoscătoare ar trebui să fiu pentru că am primit o asemenea șansă. Această combinație înfiorătoare de evenimente/circumstanțe care aparent mă priva de controlul asupra a ceea ce eu înțelegeam a fi viața mea a dus la o serie de atacuri de panică ce s-au întins pe o durată de peste șase luni. Am mers la câteva ședințe de terapie și am făcut și eu niște cercetări pe cont propriu, iar de atunci am înțeles ce se întâmplă. Odată ce am aflat despre ce era vorba (atac de panică), am simțit că am mai mult control asupra situației. Mi-am spus: „Ai impresia că vei muri, dar nu se va întâmpla asta. E doar creierul tău care se joacă cu tine. *Tu* decizi ce se întâmplă mai departe." Am învățat cum să-mi controlez respirația pentru a depăși atacurile și pentru a-mi concentra gândurile asupra calmării.

Evident, nu toată lumea are gândirea supraomenească a lui Mr. Spock* și capacitatea de concentrare a lui Emily. Totuși, în contrast cu descrierea oferită de Mahri privind arderea lentă caracteristică anxietății generalizate, povestea lui Emily arată faptul că anxietatea se poate manifesta și asemenea unui ceainic care se încălzește și se încălzește până când explodează – adesea în toiul nopții. Iar un aspect foarte important, atât în cazul lui Emily, cât și al lui Mahri, este acela că abia după ce au reușit să denumească varianta lor de anxietate au putut începe să o gestioneze.

Fie că vorbim despre un medic de încredere sau pur și simplu de Dr. Google, concluzia este că anxietatea, clinică ori de altă natură, e destul de dificil de diagnosticat. Cu toții devenim anxioși – face parte din viața noastră –, dar modul în care ne raportăm la acest fapt este de maximă importanță. Dacă nu știi cum apare anxietatea sau de ce, te poți trezi păcălit de metode de distragere temporară a atenției sau de soluții pe termen scurt, care de fapt hrănesc anxietatea, creând totodată obiceiuri proaste (ai mâncat vreodată înghețată sau fursecuri când erai stresat?). Sau îți poți petrece întreaga viață alimentându-ți anxietatea, când de fapt încerci să o vindeci (*oare de ce nu pot să-mi dau seama de ce sunt anxios și să mă vindec?*). Despre asta este vorba în cartea de față.

Vom descoperi împreună felul în care anxietatea se naște chiar din mecanismele de supraviețuire ale creierului nostru, cum poate deveni un obicei care se autoperpetuează și ce poți face pentru a-ți schimba raportul cu ea, astfel încât să se calmeze de la sine. Și iată și un bonus: în acest proces vei învăța de asemenea cum să îți creezi și să îți fixezi noi obiceiuri pe parcurs (și cum să lucrezi cu ele).

---

* Personaj fictiv din serialul de televiziune *Star Trek*. (*N. trad.*)

Anxietatea nu este ceva nou: într-o scrisoare din 1816 către John Adams, Thomas Jefferson scria: „Există minți cât se poate de mohorâte și ipohondre, care sălășluiesc în trupuri bolnave, dezgustate de prezent și deznădăjduite în privința viitorului; așteptând întotdeauna să se întâmple tot ce e mai rău, pentru că se poate întâmpla. Unora ca aceștia le spun cât de mult rău ne-au făcut relele care nu s-au întâmplat niciodată!"[1] Deși nu sunt nici pe departe istoric, îmi pot imagina că Jefferson ar fi avut totuși câteva motive să fie anxios, de la sprijinirea nașterii unei noi națiuni până la atitudinea lui ipocrită față de sclavie. (A scris că „toți oamenii sunt egali", că sclavia e o „degradare morală" și o „pată respingătoare", că reprezintă o amenințare pentru supraviețuirea noii națiuni americane, dar a înrobit peste șase sute de oameni de-a lungul vieții.[2])

În lumea modernă de astăzi, în care descoperirile tehnologice asigură o mai bună distribuire a hranei către populație, iar Statele Unite au aproape un sfert de mileniu de existență, ne-am aștepta să avem mai puține motive de îngrijorare. ÎC – adică înainte de COVID-19 –, Anxiety and Depression Association of America estima că numărul persoanelor de pe mapamond care prezintă o tulburare de anxietate este de 264 de milioane.[3] Într-un studiu care acum pare deja antic, fiindcă datele au fost culese între 2001 și 2003, Institutul Național pentru Sănătate Mintală a raportat că 31% din populația adultă a Statelor Unite a avut parte de un episod de tulburare de anxietate în timpul vieții, iar alți 19% au prezentat tulburări de anxietate în anul precedent.[4] De-a lungul ultimilor douăzeci de ani, lucrurile s-au înrăutățit. În 2018, Asociația Americană de Psihologie (APA) a interogat o mie de adulți americani cu privire la sursele și nivelul lor de anxietate. APA a descoperit că 39% dintre americani au declarat că erau mai anxioși decât fuseseră în 2017 și tot atâția (39%) se aflau la același nivel de stres ca în anul precedent.[5] În total, aproape 80% din populație.

De unde vine toată anxietatea aceasta? Același sondaj APA a descoperit că 68% dintre respondenți au declarat că teama pentru sănătatea și siguranța lor îi făcea să fie, într-o anumită măsură, extrem de anxioși. Alți 67% dintre oameni au declarat că finanțele constituie principala sursă de anxietate, urmate îndeaproape de politică (56%) și relații interpersonale (48%). În urma sondajului „Stress in America“ (2017), APA a descoperit că 63% dintre americani simțeau că viitorul națiunii constituia o mare sursă de stres, iar 59% au bifat căsuța cu „Statele Unite se află în punctul cel mai de jos pe care și-l pot aminti din istorie“.[6] Reține, asta era în 2017, cu trei ani înainte de COVID-19.

Pornind de la observația potrivit căreia bolile mintale tind să fie mai frecvente în acele regiuni din Statele Unite care au și un nivel economic mai scăzut, unii și-au pus întrebarea dacă țările mai puțin înstărite – unde nevoile de bază, cum ar fi o sursă constantă de hrană, apa curată și siguranța, ar putea constitui factori substanțiali de stres – au un nivel mai ridicat de anxietate. Pentru a oferi un răspuns la această întrebare, un studiu publicat în *JAMA Psychiatry*, în 2017, a verificat statisticile privind tulburarea de anxietate generalizată din întreaga lume.[7] Ești pregătit? Prevalența pe durata vieții plasa în fruntea clasamentului țările cu un nivel de trai ridicat (5%), apoi țările cu un nivel de trai mediu (2,8%), iar la urmă țările cu un nivel de trai scăzut. Autorii studiului au fost de părere că diferențele individuale în tendința de îngrijorare pot apărea mai degrabă în condiții de relativă bunăstare și stabilitate prezente în statele cu un nivel de trai ridicat. S-au făcut o mulțime de speculații cu privire la aceste rezultate. S-a spus, spre exemplu, că odată ce nevoile noastre de bază au fost împlinite, apar timpi morți, în care creierul orientat către supraviețuire începe să caute ceva de care să se simtă amenințat sau pentru care să își facă griji. Astfel de speculații i-au determinat pe unii să le dea acestor populații porecla de „bolnavi închipuiți". Totuși, persoanele cu tulburare de anxietate generalizată nu sunt nici pe departe sănătoase: jumătate dintre indivizii care au participat la acest studiu au declarat că au probleme severe în unul sau mai multe segmente de viață. Eu mă gândesc la pacienții mei cu GAD ca la niște olimpici care dau proba de rezistență în „sportul" numit anxietate – se pot îngrijora mai îndelung și mai puternic decât oricine altcineva de pe pământ.

Odată cu apariția pandemiei de COVID-19, primele estimări au indicat (surpriză!) că nivelul de anxietate a crescut spectaculos. O anchetă transversală făcută pe un eșantion din populația Chinei, în februarie 2020, a arătat că prevalența GAD era de 35,2% – iar asta se întâmpla relativ devreme în marea configurație a pandemiei.[8] Un raport al Marii Britanii de la finele lunii aprilie 2020 arăta că „sănătatea mintală s-a deteriorat" prin comparație cu tendințele dinainte de COVID-19.[9] Un alt studiu realizat în aprilie 2020 în Statele Unite indica faptul că 13,6% dintre respondenți au declarat că au experimentat un disconfort psihic sever.[10] Asta este o creștere uriașă, cu 250% mai mult în raport cu anul 2018, când doar 3,9% dintre intervievați au declarat un nivel atât de ridicat de suferință.

E de ajuns să te gândești la propria experiență sau să te uiți pe rețelele de socializare ca să-ți dai singur seama de asta. Dezastrele majore precum pandemia de COVID-19 sunt aproape întotdeauna însoțite de o creștere exponențială a tulburărilor mintale, inclusiv consumul de substanțe și anxietatea. De exemplu, aproape 25% dintre locuitorii New Yorkului au declarat că au consumat mai mult alcool după atentatele din 11 septembrie 2001[11]; iar la șase luni după incendiul din 2016 de la Fort McMurray (cel mai costisitor dezastru din istoria Canadei), s-a ajuns la o creștere de până la 19,8% a simptomelor de tulburare de anxietate generalizată în rândul populației din zonă.[12]

Anxietatea nu este solitară. Tinde să vină însoțită de prieteni. Același studiu *JAMA* din 2017 a dovedit că 80% dintre persoanele cu GAD sufereau de încă o tulburare psihică de-a lungul vieții, cel mai adesea, depresie. Un studiu recent desfășurat în laboratorul meu a relevat un lucru similar: 84% dintre persoanele cu tulburare de anxietate generalizată prezentau și alte tulburări cu grad de comorbiditate.

Iar anxietatea nu apare așa, din senin. Ea se naște.

CAPITOLUL 2
Nașterea anxietății

Anxietatea este un animal ciudat.

În calitate de psihiatru, am observat că anxietatea și ruda ei apropiată, panica, se nasc din frică. Fiind neurocercetător al comportamentului, știu că principala funcție evolutivă a fricii este aceea de a ne ajuta să supraviețuim. De fapt, frica este cel mai vechi mecanism de supraviețuire pe care îl avem. Frica ne învață să evităm situațiile periculoase din viitor, printr-un proces denumit întărire negativă.

Spre exemplu, când pășești pe o stradă aglomerată, dacă întorci capul și vezi o mașină care vine direct spre tine, te retragi instinctiv în spațiul sigur al trotuarului. Această reacție de frică ne ajută să învățăm rapid că străzile sunt periculoase și că trebuie să ne apropiem cu grijă. Evoluția a făcut ca acest lucru să fie simplu pentru noi. Atât de simplu, încât în astfel de situații nu avem nevoie decât de trei elemente pentru a învăța: un stimul din mediu, un comportament și un rezultat. În acest caz, faptul că mergem pe o stradă aglomerată (stimulul din mediu) este semnalul nostru că trebuie să ne uităm în ambele părți înainte de a traversa (comportamentul). Faptul că am traversat strada nevătămați (rezultatul) ne învață să ținem minte să repetăm acțiunea pe viitor. Întâlnim acest instrument de supraviețuire și la animale. Până și o moluscă marină, vietatea cu cel mai rudimentar sistem nervos cunoscut în știință (20 000 de neuroni în total, spre deosebire de circa 100 de miliarde de neuroni prezenți în creierul uman), folosește același mecanism de învățare.

La un moment dat în ultimul milion de ani, la oameni s-a dezvoltat un nou strat deasupra creierului primitiv, care era orientat către supraviețuire; neurologii îl numesc cortex prefrontal (CPF). (Din perspectivă anatomică, această regiune „nouă" a creierului este situată în spatele ochilor și frunții noastre.) Responsabil pentru creativitate și planificare, cortexul prefrontal ne ajută să gândim și să facem planuri de viitor. El anticipează ceea ce urmează să se întâmple în viitor pe baza experiențelor anterioare. Un detaliu extrem de important este acela că CPF are nevoie de informații exacte pentru a face anticipări exacte. Dacă lipsesc informațiile, cortexul nostru prefrontal elaborează diferite versiuni ale lucrurilor care s-ar putea întâmpla, pentru a ne ajuta să alegem calea cea mai bună de acțiune. Face asta prin simulări bazate pe evenimente anterioare cât mai asemănătoare din viața noastră. De exemplu, camioanele și autobuzele sunt destul de asemănătoare cu mașinile, astfel încât să putem presupune cu ușurință că ar trebui să ne asigurăm din ambele direcții pentru a evita orice vehicul în viteză.

Aici intră în scenă anxietatea.

Anxietatea ia naștere atunci când cortexul nostru prefrontal nu are suficiente informații ca să prevadă cu acuratețe viitorul. Am văzut asta în cazul bolii COVID-19, când virusul a explodat pe scena mondială la începutul anului 2020. La fel ca în cazul oricărui virus sau agent patogen abia descoperit, oamenii de știință s-au grăbit să studieze caracteristicile COVID-19 pentru a stabili cu exactitate cât de contagios este și ce potențial letal are, astfel încât să putem acționa adecvat. Totuși, în special în perioada de început a descoperirii bolii, incertitudinea s-a manifestat din abundență. Fără informații exacte, creierului nostru i-a fost ușor să născocească scenarii pline de teamă și groază, bazate pe ultimele raportări pe care le auzeam sau despre care citeam. Din cauza felului în care sunt proiectați creierii noștri, cu cât veștile sunt mai șocante – și determină un sentiment mai acut de pericol și teamă –, cu atât este mai probabil să le ținem minte. Adaugă la asta niște elemente de frică și incertitudine – îmbolnăvirea sau decesul unor membri ai familiei; perspectiva că ți-ai putea pierde slujba; obligația de a lua decizii dificile, de exemplu, dacă să-ți trimiți sau nu copiii la școală; griji legate de felul în care se poate redeschide în siguranță economia și multe altele – și ai obținut un morman considerabil de greutăți pe care creierul tău încearcă să le pună în ordine.

Te rog să remarci faptul că frica în sine nu este același lucru cu anxietatea. Frica este un mecanism adaptativ de învățare, care ne ajută să supraviețuim. În schimb, anxietatea este dezadaptativă; creierul nostru capabil să gândească și să planifice scapă de sub control atunci când nu are suficientă informație.

Poți să-ți faci o idee despre asta doar văzând cât de rapid are loc un răspuns la frică. Dacă ai pășit pe o stradă aglomerată și o mașină e gata să dea peste tine, din reflex vei sări înapoi pe trotuar. În astfel de situații nu ai timp să gândești. Procesarea tuturor informațiilor (mașină, viteză, traiectorie etc.) în cortexul tău prefrontal durează prea mult, iar decizia cu privire la ceea ce ar trebui să faci („oare ar trebui să mă întorc sau mașina mă va ocoli?") ar cere încă și mai mult timp. Putem distinge trei intervale diferite de timp care fac deosebirea dintre reflex și învățarea condiționată de anxietate:

1. Imediat (milisecunde)
2. Acut (secunde până la minute)
3. Cronic (luni până la ani)

Reacția imediată apare la nivelul de supraviețuire. Nu înveți nimic în această situație; te ferești pur și simplu din calea răului. Asta trebuie să se petreacă foarte rapid și instinctiv. Saltul înapoi pe trotuar este ceva ce se întâmplă atât de repede, încât îți dai seama ce s-a petrecut abia post-factum. Aceasta este o reacție care ia naștere în sistemul nervos autonom mai vechi al creierului tău, care acționează rapid și în afara controlului tău conștient, pentru a regla tot felul de lucruri, cum ar fi cantitatea de sânge pe care o pompează inima sau irigarea mai puternică a mușchilor cu sânge decât a tractului digestiv. Și îți poate salva viața, fiindcă atunci când apare un pericol imediat, nu ai timp să gândești – gândirea este un proces mult mai lent. Cu alte cuvinte, aceste reacții de tip luptă/fugi/încremenește te mențin în viață suficient cât să ajungi în etapa următoare și să înveți efectiv ceva din asta.

După ce ai ajuns în siguranță în afara pericolului, *abia atunci* simți acut adrenalina și începi să procesezi ceea ce tocmai s-a petrecut (învățarea acută). Gândul că era să mori te ajută să faci corelația între faptul că ai pășit în stradă și pericol. Creierul tău ar putea chiar să dezgroape o amintire îndepărtată, iar în mintea ta să revină vocea părinților și să îți aduci aminte de primul moment în care mama sau tatăl tău te-a certat fiindcă nu te-ai uitat în ambele direcții înainte de a traversa. Neplăcerea cauzată de reacția psihologică de frică te ajută să înveți: lasă deoparte telefonul și uită-te în ambele direcții înainte de a trece strada. Iată cât de repede are loc aici procesul de învățare. Nu e nevoie să petreci luni întregi la terapie încercând să descifrezi dacă nu cumva ai o dorință de a muri sau ai fost un copil căruia îi plăcea să sfideze; este vorba pur și simplu despre faptul că înveți să fii atent în situații periculoase. Corelezi punctele între o stradă aglomerată și confruntarea cu o mașină; și astfel înveți rapid ceea ce încercau părinții tăi să-ți spună când erai copil. (Te rog să remarci că învățarea din experiență este mult mai eficientă decât învățarea prin extrapolarea unor concepte – creierul nostru chiar se pricepe să facă bine asta.) Un lucru important ar fi că, așa cum zebrele sar și dau din copite, iar câinii se scutură după ce au supraviețuit unei situații stresante, la fel trebuie să înveți și tu să-ți descarci eficient surplusul de energie asociat valului de adrenalină „era să mor", astfel încât să nu ducă la stres cronic, stres posttraumatic sau anxietate. Doar să discuți cu cineva despre asta nu prea are efect într-o astfel de situație; ar trebui mai degrabă să faci ceva ce implică efort fizic, să te scuturi, să dansezi sau să faci anumite exerciții fizice.[13]

Partea veche și cea nouă a creierului tău funcționează bine împreună pentru a te ajuta să supraviețuiești: atunci când acționezi instinctiv (sari repede înapoi pe trotuar) și înveți din astfel de situații (te uiți în ambele direcții înainte să traversezi), trăiești suficient cât să poți începe să planifici viitorul („ar trebui să mă asigur că și copiii mei vor ști că asta e o intersecție periculoasă"). Când totul merge bine, cortexul prefrontal radiază. Acesta ia informații din experiențele anterioare și le proiectează în viitor, încercând să închipuie și să prevadă ce s-ar putea întâmpla, astfel încât, în loc să reacționezi tot timpul la ceea ce se petrece pe moment, să poți planifica ceea ce urmează. Iar acest lucru este bun câtă vreme ai suficientă informație pentru a face o estimare corectă. Cu cât ești mai sigur cu privire la ceea ce urmează să se întâmple, cu atât poți să prevezi mai bine și să planifici dinainte.

Întocmai cum o sământă are nevoie de pământ fertil, tot așa și partea mai veche a creierului creează condițiile pentru ca anxietatea să germineze în solul creierului responsabil cu gândirea (*cronic*). Aici se naște anxietatea. Frică + incertitudine = anxietate. Spre exemplu, cum te simți când copiii tăi vor să se ducă singuri pe jos până la școală, ori la câteva străzi distanță, ori până acasă la un prieten? I-ai învățat cu grijă cum să traverseze, le-ai spus că străinii pot fi periculoși și toate celelalte. Dar în momentul în care au ieșit din aria ta vizuală, ce face mintea ta? Începe să se umple de scenarii ipotetice, care mai de care mai pesimiste.

În absența unei experiențe anterioare și/sau a informațiilor (precise), îți va fi foarte greu să închizi acel buton al îngrijorării și să planifici liniștit mai departe. Creierul tău care se ocupă cu planificarea/gândirea nu are un comutator care să poată fi acționat în așa fel încât, dacă nu ai suficiente date, să îl poți pune pe modul de repaus până când ai acces la mai multe informații. Dimpotrivă chiar. Anxietatea te presează să acționezi. „Fă rost de informații!", îți strigă în urechi (chiar din capul tău, culmea). Și te trezești că încerci să-ți amintești toate filmele de spionaj pe care le-ai văzut, urmărindu-ți de la distanță copiii pentru a te asigura că au ajuns cu bine la destinație (fără tine).

La modul general vorbind, s-ar părea că un volum mai mare de informații ar trebui să însemne un lucru bun (atunci când poți să le obții). Până la urmă, faptul că știm mai multe ar trebui să ne ajute să controlăm mai bine situația, fiindcă informația înseamnă putere, nu? Odată cu apariția internetului nu mai putem vorbi de lipsă de informații, cu toate acestea, acuratețea datelor se pierde sub volumul conținutului. Când în spațiul virtual oricine poate posta orice dorește și este răsplătit nu pentru acuratețea datelor, ci pentru umor sau caracterul șocant al postării, internetul se umple rapid de atât de multe informații, încât este aproape imposibil să străbați printre ele. (Știrile false se răspândesc de șase ori mai repede decât cele adevărate.) Iar asta, în loc să ne ajute să simțim că deținem controlul, face tocmai invers. Din perspectivă științifică, impactul cauzat de faptul că avem prea multă informație din care să alegem atunci când planificăm a fost denumit *suprasaturare de opțiuni*.

Alexander Chernev și colegii săi din cadrul Kellogg School of Management de la Northwestern University chiar au identificat trei factori care diminuează semnificativ capacitatea creierului nostru de a lua decizii: un nivel crescut de dificultate a sarcinilor, complexitatea mai mare a setului de alegeri și (surpriză!) incertitudinea crescută.[14] Viața în era informațiilor disponibile 24 de ore din 24, șapte zile pe săptămână, aduce cu sine mai multă complexitate tocmai prin volumul uriaș de date. Faptul că primești un miliard de articole posibile la o simplă accesare a Google-ului te poate face să te simți ca atunci când te duci la plajă ca să-ți înmoi degetele în apă, iar când îți ridici privirea, vezi că un tsunami vine spre tine. Sentimentul că nu poți ține niciodată pasul cu fluxul de știri (fiindcă în zilele noastre poți afla ce se întâmplă oriunde în lume, în orice moment) sau măcar cu platformele de socializare seamănă cu cel pe care îl ai când iei un pahar cu apă ca să-ți potolești setea, vrei să îl bei pe tot, dar nu-ți dai seama că paharul e fără fund.

Pe lângă faptul că suprasaturarea de informații este copleșitoare, la asta se adaugă și natura informațiilor: când sunt contradictorii (și posibil intenționat eronate), acestea nu duc decât la un nivel și mai ridicat de incertitudine. Nu e nevoie să subliniez cât de mult urăște creierul nostru narațiunile contradictorii. De ce? Ele sunt întruchiparea incertitudinii (vei găsi mai multe despre originile evolutive în capitolul 4). Și, din nefericire, complexitatea și incertitudinea se vor dezvolta din ce în ce mai mult pe măsură ce tehnicile de manipulare a informației vor deveni mai sofisticate (de exemplu, *deepfakes**).

Cu cât informația e mai nesigură, stare însoțită adesea de impulsul de a emite păreri (care adaugă și mai mult volum de informații prin care trebuie să-ți croiești drum), cu atât cortexul prefrontal începe să proceseze mai repede, luând orice substrat disponibil și încercând să producă imediat toate scenariile posibile asupra cărora să reflectezi ulterior. Desigur, asta nu prea poate fi considerată planificare, însă creierul tău nu știe să facă altfel. Cu cât cortexul tău prefrontal înregistrează mai multă informație inexactă, cu atât rezultatul e mai rău. Și pe măsură ce scenariile devin tot mai sumbre (lucru care tinde să se întâmple atunci când cortexul prefrontal începe să se deconecteze, în mod ironic, chiar din cauza intensificării anxietății), strategia ta de luptă/fugi/încremenește se poate declanșa astfel încât chiar și simplul gând că asemenea situații ar fi posibile (dar, cel mai probabil, nu sunt) te face să te simți în pericol, deși pericolul este doar în mintea ta. *Voilà!* Anxietate.

Să revenim la exemplul cu copiii pe care îi lași să pornească în prima lor aventură către școala aflată la trei

---

* Înregistrări audio sau video falsificate cu ajutorul inteligenței artificiale. (*N. trad.*)

străzi depărtare sau acasă la un prieten. În „vremurile de demult“ (adică înaintea telefoanelor mobile), părinții noștri erau nevoiți să ne trimită în lumea dezlănțuită și să aștepte pur și simplu să ne întoarcem acasă (sau să le dăm un telefon de la prieteni, pentru a-i anunța că am ajuns în siguranță). Astăzi, părinții le pot pune copiilor orice dispozitiv de localizare imaginabil înainte de a-i lăsa să iasă din casă, astfel încât să știe în orice moment unde se află. Și cum le pot urmări fiecare pas, se pot îngrijora în legătură cu orice pe parcursul drumului. (*S-a oprit. De ce s-a oprit? Oare vorbește cu un străin sau doar își leagă șireturile de la pantofi?*) Cu fiecare fărâmă de informație incertă, creierul începe să producă fiecare scenariu ipotetic posibil. Asta face creierul tău care se ocupă cu planificarea, încearcă să ia în considerare toate eventualitățile, într-un efort de a te ajuta. Dar oare înseamnă asta o creștere substanțială a siguranței copilului tău? Cel mai probabil, nu, mai ales dacă pui în balanță și anxietatea pe care o produce.

Da, anxietatea este o anexă evolutivă. Când învățarea bazată pe frică este asociată cu incertitudinea, cortexul tău prefrontal bine intenționat nu așteaptă restul ingredientelor (de exemplu, mai multă informație). În schimb, ia orice primește pe moment, folosește îngrijorarea ca să strângă toate elementele laolaltă, aprinde cuptorul adrenalinei și-ți coace o bucată de pâine pe care tu n-ai cerut-o: o felie zdravănă de anxietate. Iar în procesul de preparare a pâinii pune la păstrare un pic de dospeală, pentru mai târziu. Data viitoare când vei planifica ceva, creierul tău va scoate acea dospeală de anxietate din cămara minții tale și-o va adăuga ca pe un „ingredient esențial“, până când gustul ei acrișor va copleși rațiunea, răbdarea și procesul de a culege mai multe informații.

Asemenea bolii COVID-19, anxietatea este contagioasă. În psihologie, transmiterea emoțiilor de la o persoană la alta este denumită sugestiv *contagiune socială*. Propria noastră anxietate se poate declanșa doar prin faptul că discutăm cu cineva care este anxios. Cuvintele înfricoșătoare ale cuiva sunt ca particulele rezultate dintr-un strănut care aterizează direct pe creierul nostru, infectându-i emoțional cortexul prefrontal și făcându-l să-și piardă controlul atunci când începem să ne îngrijorăm din orice, de la posibilitatea ca membrii familiei noastre să se îmbolnăvească până la felul în care ne vor fi afectate slujbele. Wall Street este un bun exemplu de contagiune socială. Vedem cum valorile la bursă cresc vertiginos și se prăbușesc, iar indicii bursieri arată cât de febrilă este anxietatea noastră colectivă la momentul respectiv. Wall Street are chiar un barometru cunoscut sub numele de indice de volatilitate (VIX), denumit și indicele fricii, și pun pariu că nu vei fi surprins să afli că în martie 2020 a atins cea mai ridicată valoare din ultimii zece ani. Mai exact, atunci când comercianții de acțiuni au început să conștientizeze în ce dezastru fără precedent se află lumea.

Când nu ne putem controla anxietatea, această febră emoțională degenerează în panică (definită în mediul online ca „frică incontrolabilă sau anxietate apărută brusc, care determină adesea comportamente nechibzuite"). Copleșit de incertitudine și de frica legată de viitor, cortexul prefrontal – partea rațională a creierului nostru – se deconectează. Din punct de vedere logic, știm că nu avem nevoie să ne facem rezerve în beci de hârtie igienică pentru șase luni, dar când ne plimbăm printre rafturile de la supermarket și vedem în coșul de cumpărături al altcuiva stive de astfel de pachete, anxietatea aceluia ne infectează și pe noi și ni se activează instinctul de supraviețuire.

Trebuie. Să iau. Hârtie. Igienică. Cortexul nostru prefrontal se reconectează doar după ce am ieșit din magazin și am ajuns în parcare, unde încercăm să ne dăm seama cum să înghesuim toată acea hârtie igienică în mașină sau cum să o cărăm pe la metrou.

Așadar, cum să ne menținem conectat cortexul prefrontal în vremuri nesigure? Cum evităm panica? De mult prea multe ori am văzut pacienții anxioși din clinică încercând să-și reprime sau să-și învingă anxietatea prin puterea gândului. Din păcate însă, atât voința, cât și rațiunea se bazează pe CPF, care în astfel de momente critice se închide și nu este accesibil. Eu încep prin a le arăta cum le funcționează creierul, astfel încât ei să înțeleagă că incertitudinea slăbește capacitatea acestuia de a face față stresului și îl amorsează pentru momentul în care are loc atacul fricii. Când află că incertitudinea declanșează anxietatea, care la rândul ei se transformă în panică, oamenii devin atenți. Și simplul fapt că înțeleg că acesta este un mecanism de supraviețuire al creierului lor care pornește în forță (chiar dacă e ușor pierdut, fiindcă nu are destule informații) mă ajută să-i liniștesc un pic pe pacienți.

Dar acesta este doar primul pas. Creierul nostru întreabă întruna „ce-ar fi dacă". Atunci când intrăm pe platformele de socializare și căutăm cele mai recente informații, tot ceea ce vedem sunt din ce în ce mai multă speculație și mai multă frică. Contagiunea socială nu are limitări fizice și se poate răspândi în lume de oriunde. În loc să căutăm cu disperare informații, ar trebui să căutăm ceva mai de încredere, care să ne ajute să ne gestionăm emoțiile. În mod ironic, antidotul pentru panică se bazează pe instinctul nostru de supraviețuire – și antrenează aceleași mecanisme de învățare care au condus inițial la apariția îngrijorării și a anxietății. Ca să pătrundem în creierul nostru și să distrugem acel ciclu al anxietății trebuie să fim conștienți de două lucruri: că devenim anxioși și/sau panicați și ce anume rezultă din anxietate/panică. Astfel vedem dacă comportamentul nostru ne ajută realmente să supraviețuim sau ne trimite, de fapt, în direcția opusă. Panica poate duce la comportamente impulsive care sunt periculoase; anxietatea ne slăbește mintal și fizic și are, de asemenea, mai multe consecințe pe termen lung asupra sănătății noastre. Dacă devenim conștienți de toate aceste efecte dăunătoare, sistemul de învățare al creierului nostru va putea să discearnă valoarea reală a comportamentelor: cele mai utile (satisfăcătoare) vor fi așezate mai sus în ierarhia creierului și astfel este mai probabil că vor fi reluate pe viitor, în vreme ce comportamentele cele mai nefolositoare (nesatisfăcătoare) vor cădea în coada clasamentului (mai multe pe tema aceasta în capitolul 10).

Odată ce conștientizăm cât de nesatisfăcătoare este anxietatea, putem introduce oferta cea mai avantajoasă și mai generoasă (*the bigger, better offer*, BBO, despre care voi discuta pe larg în capitolul 15). De vreme ce creierul nostru va alege cel mai satisfăcător comportament din simplul motiv că se simte mai bine astfel, putem exersa înlocuirea vechilor obiceiuri, cum ar fi îngrijorarea, cu unele care sunt în mod natural mai folositoare.

Spre exemplu, la începuturile pandemiei de COVID-19, autoritățile din domeniul sănătății publice ne-au atenționat să nu ne mai atingem fețele, fiindcă putem lua virusul mai ușor după ce am pus mâna pe o clanță sau pe o suprafață contaminată și apoi pe față. Dacă ai observat că obișnuiești să-ți atingi fața (lucru pe care mulți dintre noi îl practică: un studiu publicat în 2015 a arătat că facem asta, în medie, cam de 26 de ori în decurs de o oră)[15], poți să ai o atenție sporită față de un astfel de comportament.

În raport cu acest declanșator, poți să faci un pas în spate și să observi dacă începi să dezvolți un comportament mintal de îngrijorare („Oh, nu, mi-am atins fața – poate o să mă îmbolnăvesc!“). În loc să intri în panică, poți să inspiri adânc și să te întrebi: „Când m-am spălat ultima oară pe mâini?“ Prin simplul fapt că iei un moment de pauză cât să-ți pui o astfel de întrebare îi dai cortexului tău prefrontal șansa să se reconecteze și să facă ceea ce știe el cel mai bine: să gândească („A, da! Tocmai m-am spălat pe mâini!“). Din acest punct poți folosi pârghiile de siguranță: dacă tocmai te-ai spălat pe mâini, nu ai fost în locuri publice și așa mai departe, probabilitatea de a te îmbolnăvi este foarte scăzută.

Conștientizarea te ajută și să adopți o bună rutină de igienă cu ajutorul procesului de învățare prin întărire: te simți bine deprinzând obiceiul de a te spăla pe mâini și astfel te poți liniști mai ușor în momentele în care ți-ai atins fața, întâmplător sau din obișnuință (ori pentru că te-ai scărpinat). În același timp, dacă nu ai o rutină a spălatului pe mâini, conștientizarea și incertitudinea îți vor da un ghiont să-ți speli mâinile regulat, sau cel puțin atunci când tocmai ai venit dintr-un mediu social real, nu virtual; acea senzație naturală de disconfort te va forța să acționezi. Cu cât vezi mai clar senzațiile și efectele pozitive ale unei igiene corespunzătoare și le compari cu sentimentele negative de incertitudine sau anxietate, cu atât creierul tău va acționa mai degrabă conform primei opțiuni, pentru că se simte mai bine.

Dacă înțelegi aceste mecanisme simple, îți va fi mai ușor să „rămâi calm și să mergi înainte“ (așa cum au gestionat londonezii incertitudinea constantă a raidurilor din Al Doilea Război Mondial), în loc să te lași prins în plasa anxietății sau a panicii când ai de-a face cu incertitudinea.

În momentele în care mintea ta începe să născocească grija zilei, poți să faci o pauză, să inspiri adânc și să aștepți ca CPF-ul tău să se conecteze din nou. Odată repornit, poți să compari sentimentul de anxietate cu cel de calm și cu gândirea limpede. Pentru creierul nostru, asta e joacă de copii. Mai mult decât atât, odată ce îți poți accesa forța creierului pentru a depăși anxietatea, poți extinde acest proces de învățare pentru a lucra și cu alte obiceiuri pe care le ai. E nevoie doar de un pic de exercițiu pentru ca oferta cea mai avantajoasă și mai generoasă să devină un nou obicei nu doar contra anxietății, ci cu mult dincolo de ea.

De vreme ce se naște din frică, anxietatea are nevoie de hrană ca să crească și să înflorească. Pentru a te ajuta să vezi mai limpede ce anume hrănește anxietatea, trebuie să știi în primul rând cum se instalează obiceiurile, pentru a înțelege astfel cum îți funcționează mintea.

CAPITOLUL 3
Obiceiuri și dependențe cotidiene

Îmi pare rău să-ți spun asta, dar ești dependent de ceva.

Când citești cuvântul *dependent*, primele tale asocieri se fac cu alcoolul, heroina, opioidele sau alte droguri ilegale. E posibil, de asemenea, să te gândești că dependența este ceva ce li se întâmplă *altor oameni*. S-ar putea să-ți apară rapid în minte imaginea unui prieten, a unei rude sau a unui coleg de serviciu care chiar s-a confruntat cu așa ceva (ori încă se confruntă), în vreme ce creierul tău compară situația lor cu a ta. De fapt, nu m-ar surprinde dacă ai spune cu voce tare: „În niciun caz, eu nu sunt dependent, am numai câteva obiceiuri enervante care-mi tot dau târcoale."

Pot să ghicesc că asta ar fi prima ta reacție fiindcă exact asta am crezut și eu, vreme îndelungată. Sunt doar un tip obișnuit care a crescut într-un stat obișnuit, Indiana. Mama a avut grijă să mănânc legume, să primesc o educație și să mă țin departe de droguri. În mod clar am învățat lecțiile ei pe dinafară – poate chiar un pic prea bine? –, fiindcă iată-mă, am patruzeci și ceva de ani și sunt un vegetarian cu prea multe diplome (doctorat în medicină și doctorat în cercetare). Tot ce poate face un băiat pentru ca mama lui să fie mândră de el. Dar nu știam lucrurile de bază despre dependență.

De fapt, abia când m-am pregătit pentru rezidențiatul în psihiatrie la Yale am învățat cu adevărat despre dependență. Am văzut pacienți dependenți de metamfetamină, cocaină, heroină, alcool, țigări... tot ce vrei. Mulți dintre ei erau dependenți de mai multe substanțe în același timp, iar alții trecuseră de nenumărate ori prin centrele de dezintoxicare. În cele mai multe cazuri, era vorba despre oameni obișnuiți, inteligenți, care știau prea bine ce impact aveau dependențele lor asupra sănătății, relațiilor, oamenilor din jur – și asupra vieții lor în general –, și cu toate acestea nu își puteau recăpăta controlul. Era adesea pe cât de derutant, pe atât de trist.

Priveliștea chinurilor prin care treceau pacienții mei a dat naștere unei definiții relativ seci a dependenței: „utilizare continuă în ciuda consecințelor negative". Dar dependența nu se limitează la uzul de substanțe chimice precum nicotina, alcoolul sau heroina. Utilizarea continuă în ciuda consecințelor negative vizează o arie mult mai largă decât cea acoperită de țigări, cocaină sau oricare alt lucru rău pe care îl evitasem. Definiția aceea – hai să o mai spunem o dată, în caz că avem ceva dubii: „utilizare continuă în ciuda consecințelor negative" –, ei bine, poate însemna utilizare continuă a *orice*.

Iată un gând care m-a luat prin surprindere. În timp ce tratam pacienți care-și distruseseră viețile folosind tot felul de chestii rele, îmi treceau prin cap câteva întrebări sâcâitoare: „Dacă rădăcina dependenței nu se află în *substanțele respective*, ci într-un loc mai adânc? Ce anume cauzează *cu adevărat* dependența?" Poate anxietatea să fie un obicei sau chiar o dependență? Cu alte cuvinte, cât de vizibile sunt consecințele negative ale anxietății? Oare putem să devenim dependenți de îngrijorare? În aparență, anxietatea ne ajută să rezolvăm lucrurile. Îngrijorarea pare că ne ajută să ne ferim copiii de rele. Dar știința susține oare teoriile acestea?

Gluma care circulă printre cercetătorii în psihologie spune că atunci când cercetăm, de fapt, facem „autocercetare". Ne studiem propriile ciudățenii, slăbiciuni și patologii (conștient sau inconștient), pentru a ne croi drum către o temă mai largă. Așa că am privit spre interior; și am început, de asemenea, să-mi întreb prietenii și colegii de muncă despre obiceiurile lor. Pe scurt: am găsit dependența peste tot. Și arăta în felul acesta: shopping continuu în ciuda consecințelor negative. Tânjirea continuă după o anumită persoană specială în ciuda consecințelor negative. Jocuri pe computer rulate continuu în ciuda consecințelor negative. Mâncatul continuu în ciuda consecințelor negative. Visatul cu ochii deschiși încontinuu, în ciuda efectelor negative. Verificarea continuă a paginilor de pe platformele de socializare, în ciuda efectelor negative. Îngrijorarea continuă în ciuda consecințelor negative (da, după cum vei vedea, îngrijorarea are consecințe negative semnificative). Dependența nu se reduce la așa-numitele droguri tari și substanțe care creează adicție. Este pretutindeni. Lucrul acesta este nou sau pur și simplu am pierdut noi ceva din vedere?

Răspunsul: este ceva vechi și nou. Hai să începem cu noul.

Viteza de schimbare a lumii noastre în ultimii 20 de ani depășește cu mult toate schimbările care au avut loc în ultimele două sute de ani. Creierii și corpurile noastre n-au ținut pasul, iar lucrul acesta ne omoară.

Să luăm ca exemplu locul în care am copilărit eu – Indianapolis, Indiana, centrul Vestului Mijlociu, centrul normalității. Pe la 1800, dacă aș fi locuit la o fermă din prerie și aș fi avut chef să îmi cumpăr o pereche nouă de pantofi, ar fi trebuit să înham calul la căruță, să mă duc până în oraș, să vorbesc cu cei de la magazinul general despre ce fel de pantofi aș vrea (și ce mărime), să mă întorc acasă, să aștept vreo două săptămâni până când ar fi ajuns comanda mea la cizmar și apoi ar fi fost executată, să-mi înham din nou calul, să mă duc înapoi la oraș și (presupunând că aș fi avut bani ca să plătesc) să cumpăr afurisiții de pantofi. Astăzi? Aș putea să gonesc de colo colo cu mașina, să mă trezesc blocat în trafic și, într-un acces de frustrare, să apăs pe o reclamă pe care am văzut-o în căsuța de mesaje electronice (da, pe care o primesc fiindcă Google știe că-mi place să cumpăr pantofi) și ca prin farmec, o zi sau două mai târziu (mulțumită lui Amazon Prime), pe pragul casei mele apare o pereche de pantofi care mi se potrivesc perfect.

Nu trebuie să fii un psihiatru specializat în dependențe ca să îți dai seama că o comandă pe care o dai în două minute, prin două clicuri, te va determina, cel mai probabil, să continui să cumperi pantofi, mai degrabă decât o experiență care ar dura două luni.

În numele confortului și al eficienței, lumea modernă este proiectată din ce în ce mai mult să creeze experiențe adictive. Iar asta este valabil pentru lucruri (cum ar fi pantofi, mâncare etc.) și comportamente (precum uitatul la televizor, navigarea pe platformele de socializare sau jocurile pe calculator). Poate fi valabil chiar și pentru gânduri, precum cele legate de politică, de povești de dragoste, ori de nevoia de a fi la curent cu ultimele știri: aplicațiile de dating și fluxurile de știri sunt tot mai mult proiectate să aibă caracteristici interesante și titluri „irezistibile". În locul agențiilor de știri tradiționale care îți livrau ziarul la ușă o dată pe zi, dându-ți libertatea să alegi ce vrei să citești, conglomeratele moderne de media decid ce informație să-ți livreze și când. Îți pot urmări orice căutare și orice clic, iar asta le dă un feedback despre articolele care ar putea să-ți stârnească interesul și să te facă să te scarpini pentru a-ți trece acea mâncărime. Pe baza feedbackului tău, ei vor prefera să scrie niște articole captivante și „cu lipici", în loc să livreze pur și simplu știrile. În zilele noastre, mai multe titluri sunt concepute sub formă de întrebare sau de răspuns parțial decât în urmă cu zece ani.

Pe lângă asta, dat fiind faptul că aproape orice poate fi accesat într-o clipă prin intermediul televizoarelor, laptopurilor sau smartphone-urilor, companiile pot profita de orice moment de slăbiciune (plictiseală, frustrare, furie, singurătate, foame) ca să-ți ofere o rezolvare emoțională simplă (cumpără pantofii ăștia, mănâncă mâncarea asta, verifică fluxul ăsta de știri). Iar aceste dependențe se materializează și se consolidează în obiceiuri, astfel încât să nu *pară* dependențe – să pară doar că așa suntem noi.

Cum am ajuns aici?

Ca să găsim un răspuns la această întrebare trebuie să călătorim într-un timp mult mai îndepărtat decât cel al *Căsuței din prerie*. Trebuie să ne întoarcem la momentul în care creierul nostru a dezvoltat capacitatea de a învăța.

Reține, creierul nostru are componente vechi și noi. Partea cea nouă facilitează gândirea, creativitatea, luarea deciziilor și așa mai departe. Dar aceste secțiuni noi sunt stratificate deasupra părților mai *vechi* ale creierului nostru – părți care au evoluat astfel încât să ne ajute să supraviețuim. Unul dintre exemplele pe care le-am dat în capitolul 2 a fost instinctul luptă/fugi/încremenește. O altă caracteristică a „creierului vechi“ la care m-am referit pe scurt mai înainte este ceea ce numim *sistem de învățare bazat pe recompensă*. Învățarea bazată pe recompensă este fundamentată pe întărirea pozitivă și negativă. Mai simplu spus, vrei să faci mai multe lucruri care te fac să te simți bine (întărire pozitivă) și mai puține din cele care te fac să te simți rău (întărire negativă). Capacitatea aceasta este atât de importantă și s-a dezvoltat cu atât de mult timp în urmă, încât oamenii de știință au întâlnit-o și la moluștele marine – după cum menționam mai devreme, organisme cu doar 20 000 de neuroni în întregul lor sistem nervos (o descoperire atât de măreață, încât Eric Kandel a obținut Premiul Nobel pentru ea). Imaginează-ți: doar 20 000 de neuroni. Este o creatură asemănătoare unei mașini din care ai scos aproape tot, lăsându-i doar elementele esențiale de care are nevoie pentru a porni (și a se opri).

În timpul omului cavernelor, învățarea bazată pe recompensă era extrem de utilă. Cum hrana era greu de obținut, atunci când dădeau peste ceva de mâncare, creierii mici și lenți ai strămoșilor noștri păroși mormăiau: „Calorii... supraviețuire!“ Omul cavernelor a gustat hrana – mmm, era bună – și gata! A supraviețuit. Când omul cavernelor a găsit un pic de zahăr sau de grăsime, creierul lui a făcut legătura dintre nutrimenți și supraviețuire, dar în plus a degajat și o substanță chimică numită *dopamină*, un neurotransmițător esențial care l-a ajutat să asocieze locurile cu comportamentele. Dopamina a acționat ca un panou de afișaj primordial care conținea mesajul: „Ține minte ce mănânci și unde ai găsit hrana.“ Omul cavernelor a creat o amintire legată de context și a învățat, de-a lungul timpului, să repete procesul. Vede hrană, o mănâncă.

Supraviețuiește. Și se simte bine. Repetă. Declanșator/factor de mediu, comportament, recompensă.

Să derulăm filmul înainte până ajungem la seara trecută. Nu te-ai simțit prea bine – ai avut o zi grea la serviciu; partenerul tău a spus ceva care te-a afectat; sau ai rememorat momentul în care tatăl tău a părăsit-o pe mama ta pentru altcineva – și ți-ai adus aminte și de tableta de ciocolată delicioasă de pe ușa frigiderului. În zilele noastre nu mai este atât de greu să găsim hrană ca pe vremea omului cavernelor, prin urmare, mâncarea are un rol diferit, cel puțin în lumea noastră (exagerat de) dezvoltată. Creierul nostru modern spune: *Hei, poți să folosești chestia aia cu dopamina pentru ceva mai complex decât să-ți amintești unde este mâncarea. De fapt, data viitoare când o să te simți rău, poți încerca să mănânci ceva bun și o să-ți fie mai bine!* Îi mulțumim creierului nostru pentru această idee grozavă și învățăm repede că dacă mâncăm ciocolată ori înghețată când suntem furioși sau triști, chiar ne simțim mai bine. Este exact același proces de învățare prin care a trecut omul cavernelor, ceea ce diferă acum este declanșatorul: în locul semnalului de foame transmis din stomac, ceea ce declanșează pornirea noastră spre mâncare este un semnal emoțional – faptul că ne simțim triști/furioși/răniți/singuri.

Amintește-ți de vremea adolescenței. Îi mai ții minte pe puștii rebeli care fumau pe lângă școală? Voiai și tu cu disperare să fii la fel de grozav, așa că te-ai apucat de fumat. Cel care a creat țigările Marlboro n-a fost dobitoc, iar asta nu este o întâmplare. Vezi ceva grozav. Fumezi ca să fii grozav. Te simți bine. Repeți. Declanșator, comportament, recompensă. De fiecare dată când reiei comportamentul, consolidezi această cale neuronală.

Până să apuci să-ți dai seama – fiindcă nu este tocmai un fapt conștient –, modul în care gestionezi o emoție sau încerci să-ți alini stresul devine un obicei.

Acesta este un moment crucial, așa că, te rog, citește încet și cu atenție: prin aceleași mecanisme cerebrale ca ale nenumitului om al cavernelor, noi, geniile moderne, am trecut de la *a învăța să supraviețuim* la *a ne distruge*, efectiv, cu aceste obiceiuri. Iar situația s-a înrăutățit din ce în ce mai tare în ultimii douăzeci de ani. Obezitatea și fumatul se numără printre primele cauze evitabile ale morbidității și mortalității din lume. Iar tulburările de anxietate tronează în fruntea clasamentului celor mai des întâlnite afecțiuni psihice, complet nestingherite de medicina modernă.

Și pe deasupra, oamenii își petrec majoritatea timpului online, de unde iau mici doze de dopamină dând câte un clic ici și colo, când apreciază ceva sau când sunt apreciați pentru un lucru ori altul. Fiecare dintre aceste obiceiuri și stări sufletești a fost creat de creierul nostru vechi care încearcă să ne ajute să supraviețuim în lumea modernă.

Iar asta nu funcționează prea bine.

Nu mă refer aici doar la stres sau la mâncatul în exces, la shopping, la relații nesănătoase, la timpul exagerat petrecut pe platformele de socializare sau la acea anxietate generalizată cu care aparent ne confruntăm cu toții, mereu. Dacă te-ai trezit vreodată prins într-o buclă a obișnuinței în forma îngrijorării, știi despre ce vorbesc:

Declanșator: Gânduri și emoții.
Comportament: Te îngrijorezi.
Rezultat/recompensă: Eviți, planifici excesiv etc.

În cazul acesta, un gând sau o emoție au declanșat îngrijorarea în creierul tău. Asta duce la următorul rezultat: evitarea gândului sau a emoției negative, fapt care e mai satisfăcător decât gândul sau emoția inițială.

Să recapitulăm:

Creierul nostru a evoluat ca să ne ajute să supraviețuim. Pe când eram oamenii flămânzi ai cavernelor, foloseam învățarea bazată pe recompensă pentru a reuși să ne amintim unde puteam găsi hrană. Acum, acest proces poate fi folosit ca să declanșeze pofte și să evoce emoții... să creeze obiceiuri, comportamente compulsive și dependențe.

Companiile au înțeles deja asta cu ceva timp în urmă.

Industria alimentară cheltuiește miliarde de dolari pentru a afla cantitatea optimă de sare, zahăr și consistență crocantă care să dea un caracter irezistibil mâncării. Companiile platformelor de socializare petrec mii de ore pentru a-și adapta algoritmii, astfel încât să se asigure că vei primi exact pozele, videoclipurile și postările potrivite care să te țină în fața ecranului ore în șir (uitându-te la partenerii lor de publicitate). Publicațiile își optimizează și ele titlurile ca să te păcălească să le accesezi. Retailerii online includ pe site-urile lor sugestii precum „alți clienți ca tine au cumpărat...", pentru a te determina să cauți până când cumperi. Iar această tendință este prezentă peste tot și nu va face decât să se intensifice și să capete amploare.

Și e chiar mai grav decât îți imaginezi: în lumea modernă se pregătesc să intre în joc noi „potențiatori de dependențe".

Primul, cel mai pofto-genic (cum ar veni, cel care te face să poftești) tip de învățare prin întărire se numește *întărirea intermitentă*. Când un animal primește o recompensă care nu face parte din programul obișnuit sau care pare întâmplătoare (intermitentă), neuronii care eliberează dopamina se activează mai mult decât de obicei. Gândește-te la un moment în care cineva te-a surprins cu un cadou sau cu o petrecere. Pun pariu că-ți amintești, nu-i așa? Asta pentru că recompensele *neașteptate* îți aduc un nivel mult mai ridicat de dopamină în creier decât recompensele *așteptate*.

Cazinourile ne oferă un exemplu bun pentru felul în care funcționează aceste lucruri în sfera comercială. Au înțeles atât de bine întărirea intermitentă, încât au o formulă/un algoritm care determină aparatele de jocuri să ofere jackpoturi de exact atâtea ori cât să-i facă pe oameni să joace în continuare, în ciuda faptului că, în mare, toată lumea pierde bani (formula de „câștig" a cazinourilor).

Încă un exemplu: Silicon Valley. Se pare că întărirea intermitentă se extinde asupra *oricărui* element care îți semnalează ceva nou. Reține, acesta este creierul tău *vechi*, cel ce folosește singurele strategii pe care le deține în încercarea de a supraviețui ritmului alert al lumii și hiperconectivității ei. Dar acea parte a creierului nu cunoaște diferența dintre un tigru cu colți ascuțiți și un e-mail primit seara târziu de la șeful tău. Prin urmare, orice tip de alertă – de la vechiul mesaj „ai un e-mail" până la țârâitul din buzunarul hainei, când primești un like pentru o postare de pe o platformă de socializare – declanșează un răspuns în creierul tău vechi. Căsuța de mesaje electronice, Twitter, Facebook, Instagram, Snapchat, WhatsApp, Trulia, cu filtrele ei de căutare a unui apartament cu trei camere, două băi și blaturi de granit – orice platformă care pretinde că te ajută să rămâi conectat este proiectată pentru a da dependență maximă, în mare parte prin faptul că *nu* sună, bipăie, ciripește, trimite e-mailuri sau țârâie la intervale regulate.

Cel de-al doilea potențiator zilnic de dependență al lumii moderne este *disponibilitatea imediată*. Cumpărarea acelei perechi de pantofi pe la 1800 cerea mult efort, iar acesta era un lucru bun. Dacă aș fi avut chef să-mi cumpăr o pereche nouă de pantofi ca să sărbătoresc sfârșitul Războiului Civil, nu aș fi putut pur și simplu să-i comand impulsiv, cu gândul că vor ajunge a doua zi în șopronul meu. Și fiindcă procesul era anevoios, cronofag, lent și, cel mai important, *nu imediat*, trebuia să analizez bine raportul costuri–beneficii. Oare pantofii pe care îi aveam deja erau cu adevărat uzați sau ar mai fi mers purtați încă o vreme?

Timpul este esențial pentru a permite acelui val de entuziasm să se reverse asupra noastră (Oh, pantofi noi, ce frumos!) și, cel mai important, să treacă. Timpul ne oferă... timp ca să ne dezmeticim, astfel încât acea dulceață suculentă de moment să se topească în realitatea necesității.

Însă în lumea modernă poți rezolva orice nevoie sau dorință aproape instantaneu. Ești stresat? Nicio problemă. Brioșele se găsesc chiar la colțul străzii. Ești plictisit? Ia verifică postările cele mai recente de pe Instagram. Anxios? Uită-te la un clip cu cățeluși drăguți pe YouTube. „Ai nevoie“ de o nouă pereche de pantofi (imediat ce ai văzut la cineva niște pantofi pe care trebuie să-i ai și tu)? Dă doar o fugă pe Amazon.

Îmi pare rău că trebuie să-ți spun și asta, dar... smartphone-ul tău nu e nimic altceva decât un panou publicitar pe care-l porți în buzunar. În plus, mai și plătești ca să primești reclame continuu.

Prin faptul că am combinat învățarea bazată pe recompensă construită în creierul nostru cu întărirea intermitentă *și* cu disponibilitatea imediată, am creat o formulă periculoasă de obiceiuri și dependențe ale zilelor moderne ce depășește cu mult limitele în care încadrăm noi abuzul de substanțe.

Nu-ți prezint toate acestea ca să te sperii. Vreau să înțelegi cum îți funcționează mintea și faptul că lumea modernă este proiectată să creeze comportamente adictive și să scoată profit din ele. Ca să poți lucra eficient cu propria minte trebuie să știi mai întâi cum funcționează. Odată ce ai înțeles asta, poți începe să o gestionezi. E atât de simplu! Acum știi cum își formează mintea obiceiuri. Și odată ce ai ajuns la această înțelegere, ești pregătit să faci pasul următor: să-ți cartografiezi mintea.

Ești gata pentru prima reflecție?

Anxietatea este un pic mai complicată decât majoritatea obiceiurilor. Pentru a gestiona anxietatea, trebuie să ai o abordare de jos în sus, așa că hai să începem cu ceva simplu. Care sunt, în ordinea importanței, primele trei obiceiuri și dependențe zilnice pe care le am? Ce obiceiuri proaste și comportamente nedorite continui să rulez, în ciuda consecințelor lor negative?

CAPITOLUL 4

Anxietatea ca buclă a obișnuinței

Când susțin seminare sau dau interviuri pe subiectul buclei obișnuinței, îmi dau seama că puțini oameni înțeleg că anxietatea poate fi o buclă a obișnuinței.

Pentru a înțelege de ce este așa, hai să ne uităm din nou la creierul nostru vechi.

Imaginează-ți cum trebuie să fi fost viața strămoșilor noștri în savană. Creierii lor de oameni ai cavernelor erau concentrați asupra a două lucruri: să găsească hrană și să nu devină hrană. Înainte de apariția agriculturii, strămoșii noștri erau nevoiți să exploreze teritorii necunoscute ca să găsească noi surse de hrană. Când se îndepărtau de locurile familiare și porneau către teritorii necunoscute, creierul lor intra în alertă maximă. De ce? Pentru că nu știau dacă mediul acela va fi unul sigur. Stăteau pe loc până când reușeau să cartografieze noul teritoriu și să stabilească dacă era periculos sau nu. Cu cât avansau mai mult în noul teritoriu fără să găsească semne de primejdie, cu atât puteau fi mai încredințați că se aflau într-un loc sigur.

Fără să știe, oamenii cavernelor făceau experimente științifice din lumea modernă. Cu cât colectau mai multe „date“ cu privire la siguranța noului teritoriu, cu atât deveneau mai încrezători, astfel încât să poată opri semnalele de alertă din creier, să lase garda jos și să se relaxeze în acel spațiu. În lumea de astăzi, noi, oamenii de știință, repetăm un experiment iar și iar; cu cât primim mai des același rezultat, cu atât devenim mai încrezători că experimentul este valid și că tragem concluzii solide. Avem chiar și un termen statistic pentru asta, denumit *interval de încredere*. Intervalele de încredere reflectă cât suntem de încrezători (din punct de vedere statistic) că rezultatele noastre se vor menține prin repetare.

Indiferent că e vorba despre oamenii cavernelor sau oamenii de știință, creierului nostru nu i-a plăcut niciodată incertitudinea. Pare înfricoșătoare. Incertitudinea ne împiedică să anticipăm ceea ce urmează să se întâmple. Atât întrebarea „Oare voi fi mâncat de un leu?“, cât și „Oare cercetarea mea științifică își va menține valabilitatea?“ se înregistrează în mare parte la fel în creierul nostru și ne conduc către un sentiment anume: nevoia urgentă de a acționa. În funcție de cât de mare este amenințarea, simțim incertitudinea ca pe o mâncărime mintală care ne spune: „Hei, am nevoie de niște informații. Du-te și fă rost de ele.“ Dacă pericolul potențial este mare sau amenințarea este iminentă, mâncărimea aceea devine de-a dreptul iritantă și ne presează să acționăm imediat. Sentimentul de neliniște, ca și cum am avea furnici pe noi, ne îmboldește creierul de supraviețuire să meargă să vadă ce a fost acel zgomot necunoscut care ne-a trezit din somn, ca nu cumva să vină ceva sau cineva să ne mănânce.

Amintește-ți, definiția anxietății este „un sentiment de îngrijorare, de teamă, de disconfort care apare de obicei înaintea unui eveniment iminent sau a unui eveniment cu deznodământ incert“. Când există prea multă incertitudine, devenim anxioși și începem să scărpinăm acea mâncărime care ne spune „*Fă* ceva". Stresul sau anxietatea devine declanșatorul care îl forțează pe omul cavernelor să iasă din peșteră și să pornească prin noapte, încercând să-și dea seama ce are de făcut (de exemplu, să adopte un anumit comportament), iar dacă creierul nostru găsește din întâmplare ceva ce seamănă cu o soluție (de exemplu, nu am văzut nimic periculos), primim recompensa: ne simțim mai puțin anxioși.

Declanșator: Stresul sau anxietatea.
Comportament: Pornești în căutarea soluției.
Rezultat: Găsești o soluție (uneori).

Este ca și cum ai juca poker electronic într-un cazinou și ai câștiga de suficiente ori cât să te determine să revii ca să joci din nou.

Sunt multe cercetări care arată că anxietatea se perpetuează ca o buclă a obișnuinței prin întărire negativă. De-a lungul ultimilor zece ani, T.D. Borkovec, cercetător la Universitatea de Stat Pennsylvania, a scris numeroase articole științifice în care demonstrează că anxietatea poate declanșa îngrijorarea. În 1983, Borkovec și colegii săi au descris îngrijorarea ca fiind „o înlănțuire relativ incontrolabilă de gânduri și imagini cu încărcătură negativă", reprezentând o încercare de a rezolva mintal o situație cu un deznodământ incert. Când îngrijorarea este declanșată de o emoție negativă (spre exemplu, de frică), aceasta poate fi întărită și de încercarea de a evita disconfortul acelei emoții:

Declanșator: Emoție negativă.
Comportament: Te îngrijorezi.
Rezultat: Eviți, îți distragi atenția.

Conform dicționarului, *îngrijorarea* se definește ca substantiv („Am scăpat de îngrijorare"), dar poate căpăta și formă de verb (de exemplu, „Mă îngrijorez pentru copiii mei"). Din punct de vedere funcțional, actul de a te îngrijora este un comportament mintal care are ca rezultat sentimentul de anxietate (agitație sau disconfort). Mai mult decât atât, anxietatea poate declanșa sentimentul de îngrijorare, care devine ciclic:

Declanșator: Anxietatea.
Comportament: Te îngrijorezi.
Rezultat: Te simți și mai anxios.

Acest comportament mintal de îngrijorare trebuie să aibă loc doar de câteva ori pentru ca creierul nostru să capete obiceiul de a-l pune în aplicare de fiecare dată când suntem anxioși. Dar cât de des găsim o soluție care rezolvă problema? Și în ce măsură ne ajută îngrijorarea să gândim creativ sau să rezolvăm o problemă? Îngrijorarea declanșează butonul de panică și ne face să alergăm de colo până colo, încercând orice numai să facem anxietatea să dispară.

Dacă ne scoatem smartphone-ul și verificăm știrile sau răspundem câtorva e-mailuri, s-ar putea să obținem o mică relaxare a anxietății, dar asta nu face decât să creeze un nou obicei: acela ca atunci când suntem stresați sau anxioși să ne distragem atenția. Iar când această distragere nu funcționează, nu avem altceva de făcut decât să venim cu o nouă soluție. Acest lucru poate duce la și mai multă îngrijorare, iar acea gândire îngrijorată devine propriul declanșator. Nu prea sună a recompensă, nu-i așa? Aici e șmecheria: chiar dacă îngrijorarea nu funcționează, creierul nostru vechi continuă să o ruleze. Adu-ți aminte, treaba creierului nostru este să ne ajute să supraviețuim, și pentru că până într-un punct a asociat rezolvarea problemelor cu îngrijorarea, crede că aceasta este cea mai bună cale. Creierul nostru continuă să acționeze acea manetă a îngrijorării aşa cum acţionezi maneta de la aparatul electronic de poker şi speri că vei nimeri jackpotul.

Problema cu rezolvarea problemelor

După cum vezi, îngrijorarea poate funcţiona ca un comportament mintal care are ca rezultat distragerea atenţiei de la sentimentul rău de anxietate şi/sau generarea impresiei că ai un oarecare control asupra situaţiei fiindcă (în teorie) rezolvi problemele. Chiar dacă nu rezolvi nicio problemă – ci doar îţi pierzi controlul asupra situaţiei fiindcă te îngrijorezi tot mai mult –, sentimentul că faci ceva poate fi satisfăcător. Până la urmă, a te îngrijora înseamnă a face ceva. Chiar dacă nu poţi să observi acest tipar de comportament, exact aşa se întâmplă. Comportamentele mintale sunt şi ele comportamente şi pot avea rezultate evidente.

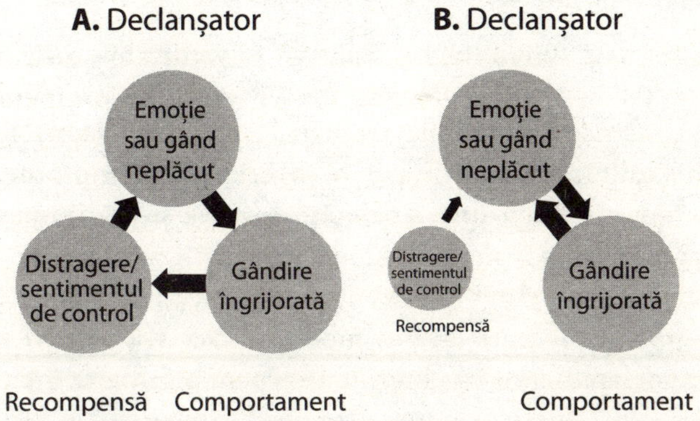

(**A**) Bucla obişnuinţei care iniţiază ciclul îngrijorării: Emoţia neplăcută declanşează comportamentul mintal de îngrijorare, care caută o distragere a atenţiei sau sentimentul de deţinere a controlului. (**B**) Când „recompensa" provenită din distragerea atenţiei se diminuează, dispare sau nu reuşeşte să contrabalanseze trăsăturile negative combinate ale emoţiilor neplăcute şi îngrijorării, gândirea îngrijorată începe să declanşeze şi mai puternic anxietatea (ca emoţie neplăcută), care la rândul său declanşează îngrijorare şi tot aşa.

Dar există două dezavantaje esențiale în îngrijorare. Primul este acela că dacă mintea nu găsește o soluție, îngrijorarea declanșează anxietatea, care atrage după sine mai multă îngrijorare, iar ciclul continuă. Al doilea: dacă îngrijorarea este declanșată doar de anxietate, s-ar putea să nu existe un lucru anume în legătură cu care te îngrijorezi. Iată cum descriu adesea pacienții mei: că se trezesc pur și simplu dimineața și, fără nicio provocare sau vreun eveniment aparte din ziua respectivă ori din viitor în legătură cu care să-și facă griji, sunt anxioși. După cum spunea o persoană din programul nostru pentru tratarea anxietății: „Sunt tulburat de anxietate intensă în special dimineața devreme. Mă trezește ca un șoc electric." Acest sentiment de anxietate propulsează îngrijorarea cu putere maximă, în timp ce oamenii încearcă să își dea seama pentru ce ar trebui să își facă griji. Când nu găsesc ceva anume, încep să dezvolte obiceiul de a se îngrijora pentru aproape orice lucru care ține de viitor, fie că este cazul sau nu.

Acesta este fundamentul tulburării de anxietate generalizată, pe care *Diagnostic and Statistical Manual of Mental Disorders* (*DSM*, biblia psihiatrilor pentru diagnosticarea „tulburărilor" psihice) o descrie prin simptome ce includ „prezența unei anxietăți excesive și îngrijorare în legătură cu o paletă largă de subiecte, evenimente sau activități" – și-mi place nespus subiectivismul acestei completări – „care este în mod clar excesivă". *DSM* susține de asemenea că „îngrijorarea pare a fi foarte greu de controlat", lucru evident, altminteri oamenii nu ar veni să ceară ajutorul unui psihiatru.

Îngrijorarea, în sine, are niște trăsături asemănătoare cazului cu dr. Jekyll și domnul Hyde. Prin promisiunea că îți va rezolva problemele, îți poate lăsa impresia că e bună și de ajutor. Îngrijorarea pare că-și face datoria cum poate ea mai bine pentru a te ajuta să supravieţuieşti, prin încercările de a rezolva orice problemă care se iveşte. Dar nu te lăsa păcălit, căci interiorul ei e putred şi se întoarce imediat împotriva ta când nu găseşte soluţia. Asemenea unei persoane care a căzut într-un râu învolburat, îngrijorarea te cheamă să îi sari în ajutor de pe ţărm. Te prinde frenetic de mână sau de picior şi te face să-ţi pierzi echilibrul, astfel că te trezeşti purtat de curenţii de apă alături de ea, sau într-un vârtej fără sfârşit de anxietate, de unde nu mai ştii cum să ieşi.

Acea buclă a obişnuinţei de tip „îngrijorare care declanşează anxietate care declanşează îngrijorare" poate fi foarte dificil de învins dacă nu conştientizezi că îngrijorarea şi anxietatea te trag la fundul apei, în încercarea lor de a se salva de la înec. Dacă ai tendinţa să te îngrijorezi, probabil că poţi să cartografiezi această buclă a obişnuinţei în propria viaţă şi să-ţi dai seama la ce poate să ducă.

Dar cartografierea buclei obişnuinţei reprezintă doar primul pas în gestionarea anxietăţii. În calitate de psihiatru, urmăresc cercetările şi intervenţiile bazate pe dovezi pentru a găsi calea cea mai bună prin care să-i ajut pe oameni să îşi depăşească anxietatea. În calitate de cercetător, sunt motivat să aflu cum să fac asta pentru a-i oferi sinelui meu psihiatric acele tratamente bazate pe dovezi.

Epidemia culturii burnout

Medicii reprezintă o subcategorie a unui grup mai mare de furnizori de servicii medicale care sunt prinşi în ceea ce numim o epidemie de burnout. Chiar ÎC (înainte de COVID-19), în faţa unei presiuni tot mai mari, medicii au ridicat mâinile (şi au aruncat prosopul) într-un număr alarmant de mare. Multe dintre aceste presiuni sunt strâns legate de scăderea autonomiei cabinetelor private, care tind să fie înghițite, preluate și conduse de corporații (și de inevitabilii middle manageri). La această situație a contribuit și apariția fișelor medicale electronice, care ne forțează să ne uităm mai mult la ecranele computerelor decât la fețele pacienților în timpul consultațiilor.

În facultatea de medicină am învățat să ne „blindăm" atunci când stresul și anxietatea își arată fața, astfel încât să le putem înfrunta, să nu le lăsăm să ne împiedice în încercarea de a-i ajuta pe cei care *chiar* suferă. Viața noastră de martiri a fost sintetizată astfel de profesorul de chirurgie, care spunea în glumă: „Ai o gogoașă, mănânci o gogoașă; dormi când poți; și, mai ales, nu glumi cu pancreasul." Practic, asta însemna că nevoile noastre de bază treceau în plan secund față de grija pentru pacienți (și că este într-adevăr foarte greu să operezi pancreasul). Acum, când privesc înapoi la felul în care am fost instruiți, îmi dau seama că asta nu este o manieră sustenabilă (sau sănătoasă) de a ne gestiona emoțiile.

Nu s-a publicat niciun studiu definitiv privind legătura dintre anxietatea medicilor și burnout, dar în principiu situația este clară. Lipsa unei instruiri corecte în cadrul facultății de medicină privind felul în care să ne gestionăm emoțiile, combinată cu scăderea autonomiei instituțiilor clinice și cu presiunea tot mai mare de a primi mai mulți pacienți și a ne atinge scopul de „unitate de valoare relativă" (acesta este un termen real prin care sunt evaluat în clinica la care lucrez), toate acestea se pare că au creat un vârtej perfect de anxietate și burnout.

Astfel, cu finanțare din partea spitalului la care lucrez, laboratorul meu a demarat un studiu care încearcă să stabilească dacă putem folosi practica mindfulnessului pentru a-i ajuta pe medici să devină conștienți de bucla obișnuinței în forma îngrijorării și să le reducă nivelul de anxietate și burnout. (Am scris mai pe larg despre mindfulness în capitolele 6 și 8.)

Dat fiind faptul că, în anumite contexte, învățarea bazată pe recompensă întărește comportamentele (nu uita, ea este proiectată pentru a ne ajuta să ne amintim unde se află sursele de hrană), în loc să încercăm să îi învățăm pe oameni mindfulness în cadrul unei clinici sau al unui studiu, am folosit cursul nostru de mindfulness bazat pe o aplicație (Unwinding Anxiety) ca metodă de intervenție pe care să o poată folosi în viața de zi cu zi. Am configurat aplicația astfel încât să ofere metoda mindfulness prin videoclipuri scurte (mai puțin de zece minute pe zi), animații și exerciții simultane pe care oamenii să le poată utiliza când devin anxioși. Folosind cele treizeci de module de bază, mai întâi oamenii își cartografiază buclele anxietății, apoi învață cum să le gestioneze (utilizând aceleași instrumente pe care le vei afla mai târziu, în această carte). Acest format este deosebit de important pentru medicii foarte ocupați, fiindcă ei lucrează adesea în ritm chinuitor și le este greu să facă orice le răpește din timpul în care îi ajută pe pacienți să se ajute singuri. (Eroina acestui studiu a fost asociata mea, cercetătoarea Alexandra Roy, care a adunat și analizat toate datele.)

Am descoperit că, înainte de a începe tratamentul, 60% dintre medicii care au participat la studiu sufereau de diferite forme de anxietate, de la moderată la severă, și că mai mult de jumătate dintre ei se declarau epuizați cel puțin de câteva ori pe săptămână. Am mai descoperit și o corelare puternică între anxietate și burnout (0,71 – pe o scară în care 0 înseamnă nicio corelare, iar 1 înseamnă corelare perfectă). După trei luni de utilizare a aplicației, medicii au declarat o reducere spectaculoasă a anxietății, de până la 57% (măsurată prin chestionarul validat clinic privind tulburarea de anxietate generalizată). Și cu toate că nu am inclus în curs metode specifice de combatere a burnout-ului (fiindcă se axa strict pe ajutorul pentru reducerea anxietății), am descoperit scăderi importante și la acest capitol, în special în privința cinismului (când oamenii devin tot mai sceptici în privința sistemului), care poate fi perpetuat cu ușurință de anxietate.

Declanșator: Primesc un nou e-mail legat de neîndeplinirea parametrilor de performanță.
Comportament: Mă gândesc la cât de prost este sistemul și la faptul că situația devine din ce în ce mai rea.
Rezultat: Devin tot mai cinic, ajung la burnout.

Asta nu înseamnă că o aplicație va pune la punct sistemul de sănătate. Studiul nostru a indicat de fapt factorii de burnout care nu țin de instituție, ci de individ. De exemplu, am descoperit o reducere cu până la 50% a cinismului, dar o scădere cu doar 20% a extenuării emoționale. Și este de înțeles, fiindcă cinismul ține de noi, ca medici individuali, pe când extenuarea are teribil de multă legătură cu sistemul. Dacă suntem nevoiți să sacrificăm calitatea pe altarul zeilor birocratici ai cantității în numele profitului, faptul că învățăm să ne cartografiem bucla obișnuinței ne ajută mai degrabă să gestionăm cinismul, nu extenuarea (ceea ce am și descoperit, de altfel). Iar speranța mea este aceea că, folosind metoda mindfulness, medicii și alți furnizori de servicii de sănătate vor învăța și cum să redirecționeze o parte din energia cinică zilnică spre observarea problemelor din sistem și să pledeze pentru o schimbare.

Impulsionat de datele din acest studiu şi având finanţare pentru cercetare din partea National Institutes of Health, laboratorul meu a efectuat un test controlat la o scară mai largă (ceea ce înseamnă pur şi simplu că am comparat două grupuri care erau cât se poate de similare, dar care au primit tratamente diferite). Testul s-a desfăşurat pe persoane din populaţia generală, ca să vedem dacă putem trata anxietatea într-un cadru extins. În acest studiu (condus tot de Alex) am ales la întâmplare persoane care întruneau criteriile pentru diagnosticul de tulburare de anxietate generalizată, dintre care unele îşi continuau îngrijirea medicală pe care o primiseră anterior (terapie, medicamente), iar altele participau la instruirea în metoda mindfulness bazată pe aplicaţie.

După două luni de utilizare a aplicaţiei de reducere a anxietăţii, persoanele cu tulburare de anxietate generalizată au înregistrat o scădere cu până la 63% a anxietăţii. Iar când am realizat modelul matematic pentru a vedea cum a funcţionat programul de mindfulness, am aflat că acesta a dus la o scădere a îngrijorării, care la rândul ei a determinat o reducere a anxietăţii. Ni s-a confirmat faptul că, antrenând oamenii să devină mai conştienţi şi să îşi gestioneze buclele obişnuinţelor, se putea ajunge la rezultate clinice semnificative. Nivelurile de anxietate care porneau de la moderat şi ajungeau până la sever reveniseră acum la normal.

Participanţii la studiul nostru s-au bucurat să vadă cât de mult le scăzuse nivelul de anxietate – 63% reprezintă o scădere uriaşă. Dar ce însemna o scădere cu 63% în viaţa reală? Comunitatea medicală a elaborat nişte indicatori foarte simpli, un fel de detectoare de falsuri*, cu ajuto-

* *Bullshit detector*, în original, în limba engleză. (*N. red.*)

rul cărora evaluează dacă ceva anume este *semnificativ din punct de vedere clinic* – cu alte cuvinte, cât de puternic este efectul unui tratament. Desigur, ținând cont de faptul că vorbim despre comunitatea medicală, detectorul lor de falsuri are un acronim: NNT, adică Numărul Necesar de persoane Tratate*.

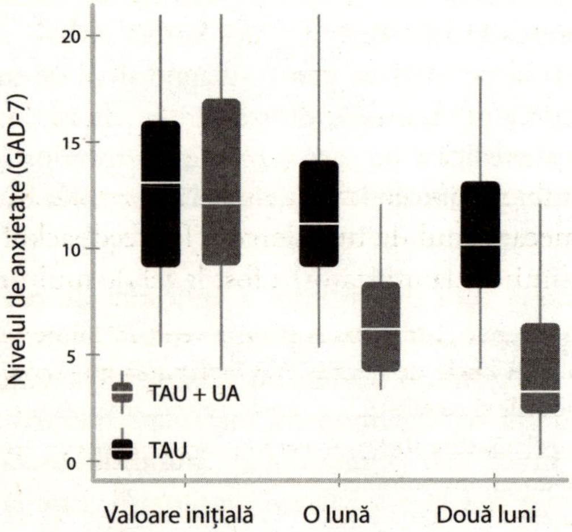

Pregătirea în metoda mindfulness bazată pe aplicație duce la o scădere semnificativă a anxietății. S-au înregistrat scăderi mai mari ale nivelului de anxietate la indivizii cu GAD care au fost selectați aleatoriu pentru aplicația de reducere a anxietății (UA) decât în cazul celor care au primit tratamentul obișnuit** (TAU).

Spre exemplu, NNT-ul unei clase de medicamente din etalonul de aur pentru tratarea anxietății (antidepresive, în cazul acesta) este de 5,15. (Asta înseamnă puțin peste cinci persoane cărora trebuie să le dai medicamentul ca să înregistrezi un efect la una dintre ele.) Este ca și cum

* *Number Needed to Treat*, în original, în limba engleză. (*N. red.*)

** *Treatment as Usual*, în original, în limba engleză. (*N. red.*)

ai juca la loterie: cinci oameni iau pastila, unul dintre ei câştigă (prin faptul că simptomele se reduc vizibil).

În cazul studiului nostru, NNT a fost de 1,6.

În calitate de clinician, am fost încântat să văd un tratament cu un NNT atât de mic. Asta înseamnă că mai mulţi oameni vor câştiga la loterie cu acelaşi număr de bilete (de exemplu, spre deosebire de un NNT de 5,15, un NNT de 1,6 înseamnă că trebuie să joci de mai puţin de două ori ca să câştigi, în loc să joci de peste cinci ori). Pentru mine, ca om de ştiinţă, la fel ca pentru oricine altcineva care vrea să înţeleagă cum funcţionează metoda mindfulness în schimbarea obiceiurilor, a fost foarte satisfăcător să aflu exact mecanismul de funcţionare. Iar feedbackul pe care l-am primit de la utilizatori a fost la fel de mulţumitor:

> Am început să fiu anxios şi mi-a venit în minte imaginea unei bucle de reacţie. Am început să-mi reconstitui gândurile şi ce să vezi? Tot ceea ce gândeam avea o traiectorie clară, care sfârşea în cel mai rău scenariu cu putinţă într-un anume moment din viitor. Simpla recunoaştere a buclei de reacţie a făcut ca gândurile mele să fie mai puţin personale şi mai puţin îngrijorătoare, astfel că am reuşit să mă raportez la ea ca la un obicei mintal sau ca la o poveste.
>
> Încep să cred că, de-a lungul anilor, am reuşit să mă păcălesc singur, crezând că anxietatea este productivă – sau că e chiar o recompensă. Apare un gând legat de muncă (declanşator), încep să mă îngrijorez sau să-mi distrag atenţia (comportament), în consecinţă devin şi mai anxios (recompensă/rezultat). În timpul primelor zile ale acestui program eram derutat de această buclă şi mă întrebam cum e posibil ca anxietatea să fie percepută ca o recompensă. Recompensă? Groaznic! Dar cred că am priceput ceva important: pentru mine, faptul că mă simţeam anxios ajunsese să pară „atitudinea corectă", să reprezinte

> răspunsul potrivit la faptul că aveam în față sarcini încă neîndeplinite. Până la urmă, pare logic ca un astfel de disconfort să te determine să devii productiv.
>
> Înțeleg de ce apelez la mâncare pentru a evita, a masca sau a-mi distrage atenția de la sentimente inconfortabile precum furia, tristețea sau neliniștea. Cine vrea să simtă așa ceva? Declanșator: sentimente inconfortabile. Comportament: mănânci ceva care diminuează temporar sentimentele neplăcute. Recompensă: tot trebuie să te confrunți cu sentimentele neplăcute, la care se adaugă și durerea de cap cauzată de excesul de zahăr! Văd limpede cum m-am lăsat prins în această buclă a obișnuinței, încercând să scap de sentimentele apăsătoare prin intermediul mâncării, dar în fond nu funcționează.

Firește, anxietatea nu dispare pur și simplu doar prin faptul că îți dai seama că se naște și se dezvoltă din repetiție, devenind un obicei care se autoperpetuează. Înțelegerea este doar primul pas. Am avut mulți pacienți care „pricepeau“ în cabinetul meu, iar când ieșeau pe ușă începeau să se chinuie să înțeleagă ce au de făcut. De-a lungul anilor am observat că oamenilor le trebuie ceva timp pentru a trece de la noțiune la înțelegere profundă – având experiența directă a relaxării anxietății. Și chiar dacă nu-ți vine să crezi, acest lucru se poate explica cel mai bine printr-un proces în trei etape, care are de-a face mai mult cu mersul pe bicicletă decât cu mintea.

Eu am crescut mergând pe bicicletă. Asta m-a ținut departe de necazuri. Mai întâi am avut o bicicletă BMX, cu o singură treaptă de viteză. Apoi am avut o bicicletă cu zece viteze și, în cele din urmă, bicicleta pentru munte, cu un set complet de douăzeci de trepte de viteză. Când mergi cu bicicleta la munte, nu știi niciodată dacă vei urca pe un deal abrupt, dacă vei merge pe o porțiune plană sau urmează să gonești la vale. De aceea sunt atât de folositoare toate treptele de viteză: prima treaptă mă ajută să urc dealurile, în vreme ce a douăzecea mă ajută să cobor în viteză muntele pe care tocmai m-am căţărat. Acesta e şi motivul pentru care maşinile au diferite trepte de viteză – ca să înainteze indiferent de terenul pe care se află.

Analogia cu treptele de viteză mi-a venit în minte după ce am elaborat programul nostru de sprijin pentru persoanele care se luptau cu stresul şi cu mâncatul pe fond nervos (numit Eat Right Now*). Toţi participanţii la program primesc acces gratuit la o şedinţă video săptămânală, în cadrul căreia pot să pună întrebări legate de mindfulness ca practică şi teorie. Îi ajut să înţeleagă conceptele şi să facă exerciţiile corect, iar dacă se împotmolesc, le pot da câteva mici ponturi ca să poată înainta. După mai bine de un an în care am condus aceste grupuri atât în mediul online, cât şi în persoană, la Mindfulness Center (primul de la UMass Medical School, care se află acum la Brown University), am observat o tendinţă în felul în care oamenii parcurgeau acest program. Cu toţii păreau să urmeze o succesiune naturală, care putea fi împărţită în trei paşi simpli. Bineînţeles că primul lucru la care m-am dus cu gândul au fost treptele de viteză, fiindcă era analogia perfectă pentru o astfel de experienţă. Prin urmare, voi folosi această analogie ca un cadru practic la care să te raportezi în timp ce parcurgi cartea de faţă.

Partea I (prima treaptă de viteză) te va ajuta să începi să-ţi cartografiezi propriile „bucle ale obişnuinţei" în forma anxietăţii.

---

* Joc de cuvinte, cu două interpretări posibile: „Mănâncă corect acum" şi „Mănâncă chiar acum". (*N. red.*)

Partea a II-a (treapta a doua de viteză) te va ajuta să îți accesezi sistemul de recompense al creierului pentru a-ți gestiona sistematic anxietatea (și alte obiceiuri).

Partea a III-a (treapta a treia de viteză) te va ajuta să îți accesezi capacitățile neuronale înnăscute pentru a ține la distanță alte obiceiuri asociate cu anxietatea (de exemplu, îngrijorarea, amânarea, judecarea de sine) și să îți însușești altele noi (de exemplu, curiozitatea, bunătatea) definitiv, dacă e posibil.

Am observat că, în general, oamenii se descurcă de minune la prima treaptă de viteză (cel puțin pe partea conceptuală), dar opun adesea un pic de rezistență la cea de-a doua. Chiar și așa, cei mai mulți sunt capabili să dezvolte destul de repede abilități pentru a trece la a treia treaptă și să șlefuiască, să finiseze și să rafineze aptitudinile dobândite la acest nivel în anii următori. Unii petrec chiar destul de mult timp în viteza a doua până când sunt pregătiți să treacă la a treia. Indiferent de locul în care te găsești în această schemă, fiecare treaptă te ajută să avansezi, iar secțiunile următoare îți vor oferi atât înțelegerea conceptuală, cât și exercițiile practice de care ai nevoie pentru a ieși definitiv din bucla anxietății (sau a altor obiceiuri).

PARTEA I

Cum să-ți cartografiezi mintea: viteza întâia

Nimeni nu poate să se întoarcă și să o ia de la început, dar oricine poate să înceapă astăzi și să scrie un alt sfârșit.

– Maria Robinson

CAPITOLUL 5

Cum să-ți cartografiezi mintea

Clinica mea de psihiatrie cu regim ambulatoriu este specializată în anxietate și dependențe. Iată povestea unuia dintre pacienții mei.

John (nu este numele lui adevărat), un bărbat la peste șaizeci de ani, fusese trimis la mine de către un medic generalist, ca să se trateze de alcoolism. Situația era dezolantă. John consuma între șase și opt pahare de băuturi alcoolice în fiecare seară, fără excepție. Când l-am întrebat ce anume îi declanșa impulsul de a bea, John mi-a spus că era liber-profesionist și că avea prostul obicei de a se concentra asupra lucrărilor care se adunau grămadă pe biroul lui. Când vedea câte mai avea de făcut, devenea anxios. Așa că își mai domolea anxietatea uitându-se la televizor sau la un film, în loc să facă efectiv treaba pe care o avea de făcut. La sfârșitul zilei constata că nu făcuse nimic, fapt care îi sporea anxietatea și atunci se apuca să bea, pentru a-și amorți acele sentimente. În dimineața următoare, John se trezea mahmur, se simțea și mai vinovat și-și spunea că în acea zi va rezolva altfel lucrurile. Dar voința lui rezista doar în jur de o oră, după care se întorcea rapid în același loc, reluând același tipar, zi după zi. (Vom vorbi mai pe larg în capitolul următor despre motivul pentru care se năruie voința.)

Am scos o coală albă de hârtie și am cartografiat împreună principala buclă a obișnuinței în forma consumului de alcool.

Declanșator: Anxietatea de după-amiaza târziu.
Comportament: Începe să bea.
Recompensă: Amorțește, uită, se îmbată.

Această buclă a obișnuinței poate părea destul de simplă pe hârtie, dar John, care era în centrul ei, nu putea să o vadă de unul singur. I-am explicat că acesta este felul în care creierul lui a fost proiectat să învețe și să supraviețuiască și că nu trebuie să se învinovățească pentru faptul că se chinuie astfel. Mulți oameni se luptă cu anxietatea și consumă alcool ca să își atenueze acele sentimente. Câți dintre noi am început să consumăm alcool la petrecerile din liceu și am aflat rapid că băutura ne face să ne simțim mai puțin conștienți de noi înșine și mai relaxați?

După ce am trecut prin noțiunile de bază împreună cu John, am reușit să cartografiem bucla obișnuinței în forma procrastinării, care era asociată celei dintâi:

Declanșator: Anxietatea resimțită dimineața, la vederea volumului de muncă.
Comportament: Procrastinare.
Recompensă: Evitare.

Pentru John, consecințele negative ale acestor bucle ale obișnuințelor erau îndeajuns de grave încât să-l determine pe medicul lui să îl trimită la cabinetul meu.

Era supraponderal (un shot de whisky – băutura pe care o consuma cu predilecție – are peste 100 de calorii; prin urmare, atingea pragul de 1 000 de calorii pe zi doar din alcool) și prezenta semne de afectare a ficatului. În plus, afacerea lui se prăbușea fiindcă rămăsese mult în urmă cu lucrul (în ciuda faptului că era chiar foarte priceput la ceea ce făcea și lucra cu plăcere).

În doar câteva minute după ce l-am cunoscut pe John și l-am ajutat să își cartografieze buclele obișnuinței, am putut vedea schimbări majore în fizionomia lui. Când a intrat în biroul meu arăta anxios și lipsit de speranță că se poate schimba. Dar după ce am cartografiat clar bucla obișnuinței – anxietatea care declanșa consumul de alcool ca modalitate de liniștire –, lucru pe care nu îl identificase până în acel moment, a devenit mai însuflețit și mai optimist.

Mulți dintre pacienții mei au rătăcit ani întregi fără să știe cum le funcționează mintea. Identificarea și înțelegerea pentru prima dată a buclei obișnuinței sunt un moment care le aduce multă satisfacție. Este ca și cum s-ar fi aflat într-o cameră întunecată și, în loc să bâjbâie încoace și-n-colo lovindu-se de lucruri și întrebându-se ce ar putea face pentru a-și schimba obiceiurile, dintr-odată aprinde cineva lumina în acea cutie neagră a minții lor.

L-am trimis pe John acasă cu niște instrucțiuni simple: să înceapă să-și cartografieze toate buclele obișnuinței țesute în jurul anxietății.

Câteva săptămâni mai târziu, John s-a întors în cabinetul meu și, chiar înainte de a se așeza, a început să-mi povestească entuziasmat tot ceea ce descoperise despre mintea lui. Pe lângă faptul că fusese capabil să își cartografieze cu minuțiozitate bucla obișnuinței în forma anxietății, înțelesese și că băutura îi alimenta atât anxietatea, cât și problemele de sănătate: mahmurelile contribuiau la anxietatea pe care o resimțea și îl demobilizau zilnic în fața lucrurilor pe care le avea de făcut. Așa că renunțase brusc la băutură.* John a înțeles că principala lui problemă era *anxietatea* și că băutura nu îl ajuta. De fapt, nu făcea decât să înrăutățească situația.

John a mai descoperit și o buclă a obișnuinței legată de modul în care interacționa cu soția lui. John era american, iar soția lui era chinezoaică, fapt care contribuia ocazional la declanșarea anxietății generate de mediile culturale diferite în care crescuseră. Per ansamblu, aveau o relație bună, dar din când în când, ea ridica vocea într-un mod specific culturii ei, dar străin lui, iar lucrul acesta îl făcea să fie anxios. De exemplu, aveau o discuție obișnuită, iar ea se entuziasma din vreun motiv. Tonul ei se schimba, iar acest detaliu era suficient ca lui să-i declanșeze anxietatea.

Declanșator: Soția vorbește într-un mod anume.

Comportament: El se îngrijorează că ar putea începe un conflict.

Rezultat: Anxietate.

John a fost de-a dreptul încântat de această descoperire, deoarece comportamentul respectiv provoca certuri între ei de ani întregi. Când tonul soției sale se schimba, John devenea anxios și reacționa strigând la ea. În schimb, ea

---

* Trebuie totuși să fac o remarcă. Acelora dintre voi care beau zdravăn și cărora le vine ideea că se pot opri dintr-odată, la fel ca John, le recomand să se sfătuiască mai întâi cu medicul lor. Dacă aș fi știut că John avea de gând să facă acest lucru, i-aș fi recomandat să urmeze un program de dezintoxicare, fie acasă, fie în cadrul unei clinici, întrucât renunțarea bruscă la alcool poate duce la probleme de sevraj, convulsii sau chiar la deces. John a avut noroc și a reușit să facă dezintoxicarea acasă, fără probleme. (*N. a.*)

era derutată și se întreba de ce strigă soțul la ea, răspundea la reacția lui și tot așa mai departe.

Declanșator: Anxietatea.
Comportament: Strigă la soție.
Rezultat: Ceartă conjugală.

După ce și-a cartografiat această serie de bucle ale obișnuinței, John m-a anunțat bucuros că relația lui cu soția era acum mult mai bună. Doar prin faptul că a identificat această buclă a obișnuinței a reușit să iasă din ea. Dar munca noastră nu era încă încheiată. John a început să lucreze asupra unui set de comportamente noi, conturate în lumina constatărilor recente. Astfel, ori de câte ori soția ridica tonul entuziasmată, el își amintea pur și simplu că reacția lui exagerată provenea din obișnuință, inspira adânc și răspundea cu calm. În felul acesta, acea bulă de anxietate s-a spart.

John este un exemplu potrivit pentru prima treaptă de viteză, în care ne descriem singuri buclele obișnuințelor care ne țin blocați în locuri dăunătoare din punct de vedere emoțional. Schițăm modul în care se potrivesc piesele între ele și cum se conduc una pe cealaltă. Uneori, simplul fapt că devenim conștienți de tiparul acestor obiceiuri ne ajută să ieșim din ele, și chiar cu rezultate bune. Alteori însă, avem nevoie de un pic de susținere de-a lungul procesului.

De câte ori te-ai luptat cu tine însuți pentru a te forța să depășești bucla obișnuinței și ai eșuat? Cum poți să repari ceva când nu înțelegi cum funcționează? Cartografierea buclelor obișnuinței este în mod clar un loc de unde să începi. Vom defini acest efort de cartografiere ca prima treaptă de viteză.

Viteza întâia

La prima treaptă de viteză, totul este să recunoști bucla obișnuinței prin reperarea componentelor ei separate: declanșator, comportament, recompensă. Ca să fiu clar, termenul *recompensă* se referă aici la creier, întrucât în el este cuprins rezultatul comportamentului care a fost la un moment dat satisfăcător; acesta este și motivul pentru care comportamentul a primit inițial întărire. Comportamentul poate să nu mai pară la fel de satisfăcător în prezent, prin urmare, te poți gândi la bucla obișnuinței ca la succesiunea: declanșator, comportament, rezultat.

Exercițiu de cartografiere a minții

Dacă ești pregătit, încearcă să cartografiezi componentele propriei bucle a obișnuinței în forma anxietății (sau de alt fel), de-a lungul următoarelor câteva zile, și vei observa câtă claritate vei obține: DCR (D = declanșator, C = comportament, R = rezultat). Deocamdată nu te preocupa să le schimbi; primul pas în acest proces este să înveți cum îți funcționează mintea. Nu te grăbi. Poți să descarci un model de cartografiere a minții de pe website-ul meu, drjud.com/mapmyhabit, sau poți să iei o coală de hârtie – așa cum am făcut eu cu John –, scrii cele trei componente și începi să îți cartografiezi buclele obișnuinței. Pornește de la cele mai vizibile.

Un mic avertisment

După cum ai văzut în exemplul lui John, cartografierea buclelor obișnuințelor pare un lucru relativ simplu. Și odată ce ai început să le vezi clar, este mult mai greu să le ignori ulterior. Lucrul acesta e important, nu? (Este.)

Foarte adesea, un pacient nou al clinicii mele sau o persoană care începe să folosească metoda mindfulness bazată pe aplicație reușește să își cartografieze foarte rapid buclele obișnuințelor. La fel ca John, adeseori conștientizează că sunt straturi peste straturi de bucle ale obișnuinței. Se entuziasmează de faptul că a aflat cum îi funcționează mintea și apoi cade într-o ciudată capcană a obișnuinței: încearcă imediat să repare ceea ce a găsit stricat. Este ca și cum ai auzi un zgomot ciudat la mașina ta, chemi mecanicul și după ce îți explică problema, te duci acasă și începi să meșterești la ea, cu gândul că poți să o repari și singur. Ce se întâmplă? Ajungi să o duci din nou la mecanic, ca să repare atât problema inițială, cât și pe cele pe care le-ai creat tu fiindcă te-ai amestecat unde nu trebuia. Ai grijă să nu cazi în această capcană!

Hai să cartografiem împreună această buclă suplimentară a obișnuinței:

Declanșator: Începi să vezi clar buclele obișnuinței.
Comportament: Încerci să le rezolvi folosindu-te de instrumentele pe care le utilizai în trecut.
Rezultat: (Surpriză!) Nu funcționează.

Mai târziu în această carte vom discuta pe larg despre cum se instalează buclele obișnuinței evident nesatisfăcătoare.

Mai mult, s-ar putea chiar să întărești alte bucle ale obișnuinței care nu te ajută cu nimic, cum ar fi frustrarea sau judecarea de sine. (Nu îți face griji. Va fi și un capitol despre cum să gestionezi astfel de bucle ale obișnuinței.)

Când încerci să învingi anxietatea și să îți schimbi obiceiurile, trebuie să știi cum îți funcționează mintea și cum s-au instituit obiceiurile, inclusiv acele bucle ale obișnuinței prin care încerci să te vindeci singur. Faptul că le înțelegi la nivel intelectual sau conceptual constituie doar primul pas. Prima treaptă de viteză este prima treaptă: faptul că înțelegi mintal cum se formează obiceiurile și cum acționează în viața ta generează viteză și elan, pentru ca mai târziu, când deja ai la îndemână toate instrumentele, să poți opera schimbări.

Când eram mic, filmul meu preferat era *Karate Kid.* Copil fiind, făceam multă mișcare, așa că m-am identificat ușor cu Ralph Macchio în rolul lui Daniel, băiatul nou din cartier care devine ținta hărțuielilor puștilor *cool.* Și ce adolescent nu ar vrea să iasă cu Ali (Elisabeth Shue), prietena pe care o cucerește în cele din urmă prin faptul că învață să fie el însuși? Deși Daniel își dorește cu disperare să învețe arte marțiale pentru a se autoapăra, Mr. Miyagi (profesorul lui, jucat de Pat Morita) nu-i împrumută pur și simplu o carte despre karate. Daniel a venit la el, entuziasmat de perspectiva de a învăța karate, dar Mr. Miyagi cunoștea capcana mintală prin care înveți ceva la nivel conceptual, te entuziasmezi, apoi încerci să practici, însă fără să știi efectiv *cum.* Nu poți să citești o carte scrisă de Bruce Lee, apoi să ieși în lume și să fii Bruce Lee. Conceptele nu devin înțelepciune ca prin magie, doar fluturând din mână. Trebuie să pui realmente în practică ceea ce afli, în așa fel încât conceptele să se transforme în pricepere *prin propria ta experiență.*

După cum bine știm, toate eforturile de genul „pune ceara, dă jos ceara“*, vopsitul gardului și lustruitul mașinii au dat roade atunci când Daniel și-a dat seama că

---

* Una dintre cele mai semnificative scene din filmul *Karate Kid* este cea cunoscută sub numele de „wax on, wax off scene“, în care maestrul Miyagi prezintă procesul de lustruire cu ceară a unei mașini ca pe o tehnică de meditație zen. (*N. trad.*)

Mr. Miyagi îl învăța cum să iasă din mintea și din corpul lui și îl ajuta să evite capcana gândului că știe deja karate; altfel ar fi riscat să se blocheze când ar fi încercat să pună în practică ceea ce văzuse în filmele cu karate. Mr. Miyagi l-a învățat pe Daniel cum să pună conceptele în acțiune.

Te recunoști în această buclă a obișnuinței?

Declanșator: Vezi o carte nouă despre anxietate (sau schimbarea obiceiului).

Comportament: Citești cartea pe nerăsuflate.

Rezultat: Înțelegi conceptele, dar nu reușești să schimbi obiceiul.

Conceptele sunt importante pentru schimbarea obiceiurilor. Și pe măsură ce începi să îți cartografiezi obiceiurile, vei folosi acele concepte. Dar remarcă următorul lucru: cartografierea nu este echivalentă cu repararea sau cu acțiunea de a fi reparat. Da, când cartografiezi un obicei nesănătos s-ar putea să renunți repede să îl mai practici, așa cum a făcut John. În fond, am primit numeroase mesaje de la persoane care au urmărit prezentarea mea TED de zece minute („A Simple Way to Break a Bad Habit"*) și apoi au renunțat la fumat, nu au mai procrastinat și așa mai departe. Dar dacă ar fi mereu atât de simplu, toți cei care se luptă să-și schimbe obiceiurile s-ar fi descotorosit de ele după ce ar fi urmărit un scurt videoclip și n-ar mai fi recidivat. Discursurile TED pot fi motivante și informative, dar adesea sunt doar atât; trebuie să avem multă răbdare ca să vedem rezultatele.

Cei mai mulți dintre noi avem obiceiuri pe care le-am cultivat un timp îndelungat; cartografierea acestora

* „Un mod simplu de a scăpa de un obicei prost." (*N. trad.*)

reprezintă doar primul pas către schimbare. Trebuie să faci cartografierea atât conceptual, cât și experimental înainte de a trece mai departe, de a încerca să le schimbi. De aceea am dedicat prima treime din carte cartografierii. Nu sări peste ea. Nu te duce direct la secțiunea de „reparații", pentru că vei cădea în capcana conceptelor, în care crezi că poți schimba obiceiurile de capul tău. Fă exercițiul de tip „pune ceara, dă jos ceara". După cum vei vedea, este extrem de important să înveți procesul din propria ta experiență.

Să-ți schimbi obiceiurile poate fi muncă grea, dar...

Timp de cinci ani le-am predat studenților de la facultatea de medicină din Yale un curs despre cum să își ajute pacienții să se lase de fumat.

Preluasem cursul de la un psihiatru senior, care inclusese într-un discurs de 45 de minute tot ceea ce învățase. Acele 45 de minute reprezentau singurul interval din cei patru ani în cadrul facultății de medicină în care studenții învățau cum să-și ajute pacienții să renunțe la tutun. Pentru a fi util și de impact, studenții trebuiau să învețe cursul pe dinafară, să îl asimileze și să îl transpună în fapt.

Cea mai bună idee care mi-a venit în minte a fost să le dau studenților un exercițiu oral. Iar asta s-a concretizat prin a le spune cu toată seriozitatea: „Repetați după mine următoarele propoziții."

N-a fost cel mai glorios moment al meu, dar cel puțin a fost o soluție să le captez atenția și să-i fac să învețe.

Repetaţi după mine: „În calitate de medic, cea mai importantă informaţie pe care ţi-o pot da astăzi este că renunţarea la fumat este cel mai bun lucru pe care îl poţi face pentru sănătatea ta." Asta este alegerea perfectă pentru a-i ajuta pe oameni să renunţe la fumat: „Într-o manieră clară, convingătoare şi personalizată, îndeamnă insistent orice fumător să renunţe la tutun." Apoi vei continua cu întrebarea: „La momentul actual, eşti dispus să încerci să te laşi de fumat?" Un pic şocaţi probabil de faptul că profesorul lor folosea un stil de predare ca la grădiniţă, cei mai mulţi dintre studenţi au murmurat papagaliceşte frazele după mine. Pentru a face cursul mai antrenant, i-am cronometrat, ca să văd cât de repede puteau să spună frazele. (Cui nu îi place o mică întrecere?) Au trecut mai bine de zece ani de la momentul în care predam acel curs până când am scris această carte, şi totuşi frazele pe care tocmai le-am citat încă mai reprezintă „etalonul de aur" prin care oamenii sunt ajutaţi să se lase de fumat. Dacă nu mă crezi, poţi să verifici.

Repetarea este lege când vine vorba de a forma obiceiuri, aşa că am vrut să îi fac să repete această frază de cât mai multe ori posibil în timpul scurt pe care îl aveam la dispoziţie (continuând, desigur, să predau şi restul cursului). Însă trebuie să existe o modalitate mai bună prin care să-i ajuţi pe oameni să-şi schimbe obiceiurile!

Ideea este următoarea: să-ţi schimbi obiceiurile *este* o treabă grea, dar nu trebuie să fie şi aridă, plictisitoare sau chiar chinuitoare.

Aşa că repetă după mine: „Să-ţi schimbi obiceiurile *este* o treabă grea, dar nu trebuie să fie ceva chinuitor."

„Să-ţi schimbi obiceiurile *este* o treabă grea, dar nu trebuie să fie ceva chinuitor."

Și încă o dată, ca să fim siguri că ne intră în cap:

„Să-ți schimbi obiceiurile *este* o treabă grea, dar nu trebuie să fie ceva chinuitor."

Tocmai ai memorat un element foarte important pentru schimbarea obiceiurilor. Pasul următor presupune să-ți accesezi mecanismul din creier prin care se formează obiceiurile și, în loc să îl forțezi împotriva naturii lui, să îi exploatezi puterile în folosul tău. În felul acesta, mușchii tăi mintali nu se vor inflama și nu va trebui să fie un proces chinuitor.

Găsește-ți propria narațiune

Filmele cele mai bune și autorii cei mai căutați construiesc un fir captivant al narațiunii urmând periplul eroului mitic, fapt care datează încă de pe la primele povestiri, dar care în 1949 a fost codificat de către scriitorul Joseph Campbell. În industria divertismentului, aceasta a devenit o formulă clasică de captare a interesului (prezinți o problemă care trebuie rezolvată și o intrigă despre cum se poate rezolva); spui povestea într-un mod incitant (incluzi tensiune, luptă, dificultăți etc.) și te asiguri că se încheie nu neapărat fericit, dar într-un mod adecvat (rezolvare). Poate că deja reușești să îți dai seama de elementele de învățare bazată pe recompensă care ne determină să urmărim plini de interes continuarea filmului preferat, ori să citim următoarea carte din seria Harry Potter:

Declanșator: Tensiunea.
Comportament: Călătoria eroului și lupta lui.
Rezultat: Rezolvarea.

Când se termină o poveste, o căutăm nerăbdători pe următoarea. Exact aceeași formulă funcționează și în epoca maratoanelor TV pe Netflix, Amazon și altele asemenea, dar cu o particularitate. Ce se întâmplă atunci când ai de difuzat o serie întreagă – *Urzeala Tronurilor*, să zicem – și vrei ca publicul să revină, sezon după sezon? Exact, scoți partea aceea care conține rezolvarea, după care schema va arăta așa:

Declanșator: Tensiunea.
Comportament: Călătoria eroului și lupta lui.
Rezultat: Nicio rezolvare.

Lipsa unei rezolvări este ca atunci când ești în pădure, te așezi ca să îți tragi sufletul după o drumeție lungă și dintr-odată îți dai seama că stai pe un mușuroi de furnici. Când începi să ai acea senzație de mâncărime, creierul tău intră în alertă maximă și strigă: *Foc! Foc! Stinge focul!* Din fericire, Netflix și complicii săi îți pun extinctorul la îndemână, cu opțiunea „episodul următor"; de fapt, pornesc de la premisa că de-abia aștepți, așa că își iau libertatea să apese butonul în locul tău.

Ca să-ți schimbi propriile obiceiuri, trebuie să te identifici cu eroul din narațiune (e simplu, ești chiar tu), cu acțiunea (orice obiceiuri ai avea), intriga (de ce trebuie să mănânci bomboane M&M verzi înainte de cele maro), tensiunea (poți să faci asta?) și rezolvarea (da, poți!).

În această carte o să rămânem aproape de firul narativ. De aceea trebuie să-ți cartografiezi cu grijă și cu răbdare buclele obișnuinței. Da, la fel ca în cazul lui Daniel-san din *Karate Kid*, care nu se dădea în vânt după lustruitul podelelor, vopsitul gardurilor și spălatul mașinilor, s-ar putea ca efortul de a-ți cartografia mintea să ți se pară o muncă urâtă și plictisitoare. Și chiar *este* o treabă grea. Dar cartografierea minții este vitală în acest proces, pentru că îți va fi de folos în călătoria ta eroică, astfel încât la final să ai de spus o poveste (adevărată) dată naibii de bună.

CAPITOLUL 6

De ce au eșuat strategiile tale anterioare anti-anxietate (și anti-obiceiuri)

Acum, când știi câteva lucruri esențiale despre modul în care îți funcționează creierul, să trecem mai departe, la soluții. Psihologii și terapeuții au identificat câteva strategii cu ajutorul cărora pot fi combătute obiceiurile dăunătoare, care variază de la anxietate până la exces alimentar și procrastinare. Totuși, reușita acestora depinde de structura genetică a fiecăruia. Din fericire, știința modernă a arătat cum anumite practici ancestrale pot determina colaborarea creierului vechi cu cel nou pentru a combate obiceiurile nesănătoase, indiferent dacă ești sau nu ești câștigător la loteria genetică.

Dar, mai întâi, să revenim la modelul cerebral despre care am vorbit anterior. Adu-ți aminte, creierul nostru vechi este proiectat să ne ajute să supraviețuim. Pe lângă învățarea bazată pe recompensă, acesta mai are un as în mânecă: ia tot ceea ce învață și transformă acea învățare în memorie „a mușchilor" cât de rapid poate. Cu alte cuvinte, creierele noastre sunt proiectate să formeze obiceiuri, astfel încât să eliberăm spațiu mintal pentru a putea învăța lucruri noi.

Imaginează-ți cum ar fi să te trezești în fiecare dimineață și să fii nevoit să înveți din nou cum să te ridici, cum să te îmbraci, să mergi, să mănânci, să vorbești – până la prânz ai fi deja extenuat. Când funcționăm pe „modul obișnuință“, acționăm rapid, fără să ne gândim, ca și cum creierul nostru vechi ne-ar spune: „Stai liniștit, mă ocup eu de asta. Nu trebuie să-ți cheltuiești aici energia, te poți gândi la alte lucruri.“ Prin intermediul acestei diviziuni a muncii, părțile mai noi ale creierului nostru, cum ar fi cortexul prefrontal, au reușit să dezvolte capacitatea de a gândi și a planifica în avans.

Și tot din acest motiv se întâmplă ca vechile obiceiuri să rămână agățate de tine chiar și după ce le-ai cartografiat cu minuțiozitate. Nimeni nu vrea să petreacă un weekend splendid în casă, făcând curat într-un dulap în dezordine, câtă vreme încă mai poate înghesui acolo niște lucruri. Numai când ajunge să fie plin ochi îți dai seama că ești nevoit să faci ordine. Ei bine, tot așa stă treaba și cu creierul tău, care nu se va ocupa de lucrurile vechi decât atunci când ajung la un nivel critic. Părțile mai noi ale creierului tău preferă să se ocupe mai degrabă de „lucrurile mai importante“, cum ar fi: să planifice următoarea vacanță, să răspundă la e-mailuri, să învețe ultimele trucuri prin care să își păstreze calmul într-o lume nebună și să vadă care sunt cele mai noi curente în materie de nutriție.

Pe lângă faptul că este locul în care se petrec procesele de gândire și planificare, cortexul prefrontal este și cel pe care te poți baza ca să-ți controlezi impulsurile. Creierul tău vechi funcționează în logica economiei și a penuriei; se îngrijorează mereu să nu suferi de foame. Dacă vezi o gogoașă, creierul tău vechi ar vrea să se năpustească asupra ei din impuls, gândind: *Calorii! Supraviețuire!* Poate îți mai amintești de goana bizară după produse – hârtie igienică, făină, paste – din supermarket pe la începutul pandemiei de COVID-19. Dacă ești la magazin și vezi coșul de cumpărături al altcuiva înțesat cu lucruri, dai fuga și iei și tu tot ce a mai rămas pe raft, chiar dacă ai suficient din toate acasă. În schimb, creierul tău nou îi spune celui vechi: „Ia stai puțin. Tocmai ai mâncat de prânz. Asta nu e o mâncare sănătoasă și nici măcar nu îți e foame!" sau „Avem destulă hârtie igienică acasă. Nu e cazul să cumperi mai multă". Creierul tău nou este acea voce rațională care îți amintește să-ți mănânci legumele înainte de a trece la desert. De asemenea, este acea parte cerebrală care te ajută să respecți hotărârile pe care le-ai luat de Anul Nou (și, în mod ironic, este aceeași voce care te judecă atunci când dai greș – dar voi vorbi pe larg despre asta mai târziu).

Hai să analizăm acum câteva strategii despre care ți s-a spus că te vor ajuta să faci față anxietății sau altor emoții negative ori că te vor ajuta să îți schimbi obiceiurile proaste înrădăcinate (strategii pe care poate deja le-ai încercat) și de ce s-ar putea să nu funcționeze. Vom pune astfel bazele pentru a înțelege cum se aplică ele la buclele obișnuinței în forma anxietății, precum îngrijorarea peste măsură.

Strategia anti-obicei nr. 1: Voința

Când îți accesezi rezerva de voință, creierul tău nou ar trebui să îl trimită pe cel vechi la plimbare și să comande pur și simplu salată în loc de hamburger, nu-i așa? Dacă ești anxios, ar trebui să poți să-ți impui să te relaxezi, apoi să fii mai relaxat. Voința pare că ar trebui să funcționeze, dar are două limitări majore.

Prima: cercetările recente[16] pun sub semnul întrebării anumite teorii mai vechi cu privire la voinţă. Unele dintre aceste studii au demonstrat că, pentru o subcategorie de oameni, voinţa se moşteneşte genetic; altele însă au susţinut că voinţa în sine este un mit.[17] Chiar şi studiile care admit caracterul real al voinţei au descoperit că persoanele care practică mai mult stăpânirea de sine nu reuşesc să-şi atingă cu succes ţelurile. De fapt, cu cât depun mai mult efort, cu atât sunt mai epuizate.[18] Răspunsul scurt este acela că dacă te încordezi, scrâşneşti din dinţi şi te forţezi să „continui fără comentarii", s-ar putea să aplici o strategie contraproductivă, care probabil te poate ajuta pe termen scurt (sau măcar îţi dă impresia că faci ceva), dar este ineficientă pe termen lung, acolo unde chiar contează.

A doua: dacă voinţa poate fi bună în condiţii normale, atunci când eşti stresat (tigrul cu colţi ascuţiţi, e-mail de la şeful tău, cearta cu soţia, extenuarea, foamea), creierul tău vechi preia controlul şi îi contestă autoritatea celui nou, pe care practic îl deconectează până când se risipeşte stresul.[19] Aşadar, exact atunci când ai nevoie de voinţă – ce rezidă în cortexul prefrontal/creierul nou, aminteşte-ţi –, ea nu e acolo, iar creierul tău vechi te face să mănânci brioşe până când te simţi mai bine şi creierul tău nou se reconectează. Raportează-te la cortexul prefrontal în felul următor: fiind cea mai tânără parte a creierului tău şi cea mai puţin dezvoltată din punct de vedere evolutiv, este şi cea mai slabă. Asta înseamnă că ne punem toată speranţa în cea mai firavă parte din tărtăcuţa noastră şi ne aşteptăm ca ea să ne ferească de ispite. Oare e de mirare că mulţi dintre noi se simt atât de vinovaţi? Pentru majoritatea, absenţa voinţei poate însemna mai degrabă o eroare de conexiune în creierul nostru (şi în evoluţia noastră) decât o vină personală.

Să aplici efortul de voință în cazul anxietății este logic, dar un pic eronat pentru populația largă. Când prietena mea Emily (avocata dârză care se poate concentra pentru a ieși din orice belea, reală sau imaginară) avea atacuri de panică, își spunea: „Ai impresia că vei muri, dar nu vei muri. E vorba doar de creierul tău care se joacă cu tine. *Tu* decizi ce se întâmplă mai departe." Ea este una dintr-un milion de oameni cu un creier foarte bine antrenat să răspundă la ordine. Dacă și pentru noi, toți ceilalți, ar fi ușor să ne ordonăm să nu mai fim anxioși în momentele în care anxietatea își arată capul hidos, aș lucra bucuros într-un alt domeniu. Dar creierul nostru nu funcționează așa, mai ales atunci când stresul și anxietatea deconectează exact acele regiuni care ar trebui să ne ajute să rezistăm în fața unor atacuri puternice. Dacă nu mă crezi (sau nu crezi studiile), încearcă asta: data viitoare când ești anxios, spune-ți singur „calmează-te" și vezi ce se întâmplă. Dacă vrei o dificultate în plus, spune-ți aceste cuvinte pe tonul aspru pe care îl foloseau părinții tăi.

Strategia anti-obicei nr. 2: Substituirea

Dacă ai poftă să faci ceva, fă altceva în schimb. La fel ca voința, substituirea se bazează pe creierul nou. Strategia aceasta este susținută de multe cercetări și este una dintre cele la care se recurge adesea în psihiatrie. De exemplu, dacă vrei să renunți la fumat, dar îți e poftă de o țigară, mănâncă bomboane în loc să fumezi. Strategia asta merge pentru o anumită categorie de persoane (și a fost una dintre abordările care mi-au fost predate și mie în perioada rezidențiatului), dar după cum au demonstrat cercetările mele de laborator și altele asemenea, s-ar putea ca ea să nu dezrădăcineze pofta în sine. Bucla obișnuinței rămâne intactă, dar comportamentul s-a schimbat cu ceva mai sănătos. (Bine, bine, putem dezbate mai târziu cât de sănătoase sunt bomboanele, dar ai prins ideea.) De vreme ce bucla obişnuinţei se află tot acolo, este foarte probabil că vei reveni la vechiul obicei după o vreme.

Şi aceasta este o strategie pe care suntem îndemnaţi să o folosim în gestionarea stresului şi anxietăţii. Când eşti anxios, uită-te la poze cu căţeluşi drăgălaşi pe platformele de socializare, ca să îţi distragi atenţia. Una dintre persoanele care au folosit aplicaţia noastră pentru anxietate chiar îşi setase un program prin care primea automat fotografii cu căţeluşi, ca să nici nu mai fie nevoie să le caute. Tot ce avea de făcut era să deschidă contul de Twitter şi găsea acolo o rezervă inepuizabilă de poze cu căţeluşi, gata pregătită. Acest lucru nu i-a vindecat anxietatea (şi nici procrastinarea). Şi după cum vei vedea în Partea a III-a, creierul nostru începe să se sature de aceste strategii.

Strategia anti-obicei nr. 3: Pregătirea terenului

Dacă eşti ispitit de îngheţată, nu ţine în frigider cutii pline cu îngheţată. Din nou, această strategie se adresează creierului nou şi firav. Câteva laboratoare care au studiat pregătirea terenului au constatat că persoanele cu o voinţă solidă au tendinţa să-şi structureze viaţa în aşa fel încât din start să nu fie nevoite să apeleze la stăpânirea de sine.[20] Dacă te obişnuieşti să faci gimnastică în fiecare dimineaţă şi să cumperi mâncare sănătoasă de la magazin, poţi transforma menţinerea formei fizice şi gătitul hrănitor într-o rutină, deci este foarte probabil să rămâi cu acest obicei. Dar sunt două precizări de făcut aici: (1) trebuie chiar să îţi faci un obicei din practicarea lucrurilor sănătoase; (2) când aluneci pe alături, eşti predispus să cazi în vechea configurație de obiceiuri și să rămâi acolo, deoarece creierul ți-a adâncit obiceiurile vechi mai mult decât pe cele noi. Văd mereu această situație la clinica mea. Pacienții mei încearcă această strategie pentru o vreme, dar după un timp se apucă iar de fumat, de băut sau de luat droguri (este foarte greu să ocolești magazinele cu băuturi, asta doar dacă nu locuiești pe vreo insulă pustie fără alcool sau în Utah). Din acest motiv, unele săli de sport fac adesea reduceri pentru membri la început de an. Ei știu că te vei înscrie, vei merge timp de câteva săptămâni, vei chiuli de câteva ori când va fi frig și ploaie, apoi nu te vei mai duce deloc, iar în cele din urmă aparatele de la sală vor rămâne complet neatinse; și toate astea pentru ca în luna ianuarie din anul următor să repeți ritualul, fiindcă te simți vinovat din cauza faptului că nu ești în formă.

Cum funcționează strategia pregătirii terenului în cazul anxietății? După o zi grea la lucru, nu poți să nu îți ții anxietatea în congelator sau să ocolești magazinele cu anxietate pentru a nu fi tentat să iei una dintre cele treizeci și una de arome în drum spre casă. Oricât de bine ar suna sintagma „o zonă fără anxietate“ la tine acasă, chiar dacă ți-ai construi o astfel de zonă, anxietatea tot apare.

Strategia anti-obicei nr. 4: Mindfulness

Jon Kabat-Zinn este probabil cel mai cunoscut expert occidental în materie de mindfulness. În anii '70, în timp ce se afla într-o tabără de meditație în tăcere, i-a venit ideea să dezvolte și să testeze un program de opt săptămâni de mindfulness, care să poată fi predat și studiat într-un cadru medical. În felul acesta a apărut reducerea stresului bazată pe mindfulness, sau MBSR (*mindfulness-based stress reduction*). În următorii patruzeci de ani,

MBSR a devenit cel mai cunoscut și studiat curs de mindfulness din lume.

Kabat-Zinn definește mindfulnessul ca fiind „conștientizarea care ia naștere din atenția îndreptată în mod deliberat către momentul prezent, fără să fie critică". Practic, Kabat-Zinn indică două aspecte ale experienței: conștientizarea și curiozitatea.

Hai să dezvoltăm un pic această idee. Îți mai amintești cum creierul nostru vechi reacționează la întărirea pozitivă și negativă pentru a stabili ce are de făcut, apoi se pricepe de minune să transforme acel comportament într-un obicei?

Dacă nu ești conștient de faptul că faci ceva din obișnuință, vei continua să procedezi astfel – din obișnuință. Kabat-Zinn denumește asta funcționare pe pilot automat. Dacă ai condus de mii de ori pe același drum, călătoria ta devine ceva destul de obișnuit. Ești tentat să îți golești mintea și să te gândești la alte lucruri în timp ce conduci – uneori până într-acolo încât nici măcar nu îți mai aduci aminte cum ai ajuns de la serviciu înapoi acasă. E magie? Nu, e obișnuință.

Creșterea gradului de conștientizare prin mindfulness te ajută să „ridici capota" și să vezi ce se petrece în creierul tău. Poți învăța să-ți identifici buclele obișnuinței chiar în timp ce se manifestă, în loc să te „trezești" la sfârșitul lor, când aproape ai lovit mașina.

Odată ce devii conștient de buclele obișnuinței – momentele în care funcționezi pe pilot automat –, poți fi curios cu privire la ceea ce se întâmplă. De ce fac asta? Ce a declanșat acest comportament? Ce recompensă primesc efectiv pentru el? Vreau oare să fac asta în continuare?

La început poate să sune ciudat, dar curiozitatea este o atitudine esențială care, alături de conștientizare, te ajută să îți schimbi obiceiurile – iar asta este o legătură susținută și de cercetările mele de laborator, și de ale altora. Curiozitatea poate deveni o recompensă puternică în sine. Îți mai amintești când ai fost, de curând, curios cu privire la ceva? Acea emoție în sine e destul de bună – și îi semnalează creierului tău vechi că acest lucru e mai satisfăcător decât o acadea urmată de un munte de vinovăție.

Stând departe de obiceiuri îi permiți creierului tău nou să facă ceea ce știe el mai bine: să ia decizii raționale și logice.

Care dintre aceste situații crezi că te-ar ajuta mai mult să îți schimbi un obicei – când ești cuprins de un chef nebun să mănânci înghețată, copleșit de rușine și autocritică, sau când devii pur și simplu *conștient* de un comportament, apoi devii curios să afli mai multe despre el și începi să cartografiezi ceea ce face mintea ta cu adevărat?

Curiozitatea este esențială pentru a deveni deschis și receptiv în fața schimbării. Dr. Carol Dweck, cercetătoare de la Universitatea Stanford, a vorbit despre asta în urmă cu câțiva ani și a subliniat contrastul dintre *mentalitatea orientată către dezvoltare* și *mentalitatea fixă*.[21] Când ești blocat în vechile bucle ale obișnuinței (inclusiv autocritica), nu ești deschis către dezvoltare. (În laboratorul meu chiar am cartografiat o parte din creier care este asociată cu asta.)

Deși cercetarea științifică despre mindfulness este încă în stadiu incipient, au apărut câteva rezultate semnificative. Studii ale mai multor laboratoare au descoperit că mindfulnessul vizează legăturile esențiale ale învățării bazate pe recompense. De exemplu, laboratorul meu a descoperit că pregătirea în metoda mindfulness este esențială în lucrul cu fumătorii, pe care îi ajută să își identifice bucla obişnuinţei şi să desfacă legătura dintre poftă şi fumat. Altfel spus, pacienţii puteau să observe pofta, să devină curioşi cu privire la cele ce se petreceau în corpurile (şi minţile) lor şi să reziste tentaţiei, în loc să fumeze, cum făceau de obicei. Eliminarea acestei bucle a obişnuinţei a dus la o rată de renunţare la fumat de cinci ori mai mare decât etalonul de aur al tratamentelor.[22]

Laboratorul meu a descoperit nişte schimbări remarcabile în comportamentele bazate pe obişnuinţă ale oamenilor după ce aceştia înţelegeau procesul buclei obişnuinţei şi aplicau tehnicile mindfulness. Faptul că au învăţat să fie atenţi a dus la schimbări de comportament nu doar în cazul fumatului, ci şi al problemelor de alimentaţie şi chiar al anxietăţii, după cum ai putut vedea din studiile noastre clinice.

Şi am văzut acest lucru funcţionând puternic şi în viaţa mea. Există un corolar al maximei „cu cât ştii mai puţin, cu atât spui mai multe", despre care am scris la începutul acestei cărţi: „Nu trebuie să faci ceva, doar fii acolo!" Acesta este un paradox simplu şi puternic, care a avut efecte mari asupra vieţii mele, atât din punct de vedere personal, cât şi profesional. Dacă un pacient devine anxios sau îngrijorat câtă vreme se află în biroul meu (lucru care se poate întâmpla pur şi simplu prin faptul că îmi povesteşte ceva ce s-a petrecut sau discutând despre un eveniment ce urmează să aibă loc), aş putea să mă las prins de acea contagiune socială şi să devin la rândul meu anxios sau îngrijorat. („Oh, nu, lucrul ăsta chiar e grav. Oare cum o să-l/s-o pot ajuta?")

De ce? Mai întâi, pentru că dacă pornesc pe calea deschisă de anxietate şi cortexul meu prefrontal are probleme de gândire, s-ar putea să reacţionez din obişnuinţă la *propria mea anxietate* și să mă grăbesc să îl „ajut" pe pacient doar ca să îmi alung anxietatea. Bineînțeles că asta face ca lucrurile să ia o turnură și mai rea, fiindcă pacientul nu simte că l-am înțeles sau nu simte că soluția oferită este cu adevărat bună, căci nu i-am depistat cauza principală a anxietății (iar asta din cauză că ne-am concentrat, din neatenție, asupra mea). Enunțul „nu trebuie să faci ceva, doar fii acolo" este și un bun memento pentru faptul că „a fi" înseamnă „a face". Cu alte cuvinte, prin faptul că sunt acolo, că îmi ascult pacienții, adesea fac ceea ce este cel mai bine pentru ei la momentul respectiv: mă pun în locul lor, înțeleg, mă conectez. Apoi, îmi mai place maxima aceasta fiindcă îmi amintește că voința mea instinctivă, aceea de a face ceva, este în sine o buclă a obișnuinței (bine intenționată, dar eronată), pe care pot să o observ. Observarea este, de fapt, singura acțiune „necesară" și, în mod ironic, cea mai eficientă.

Ești gata pentru o nouă întrebare la care să reflectezi în vreme ce îți cartografiezi bucla obișnuinței anxietății (sau a altor obiceiuri pe care le ai)? Dacă nu este aceasta metoda prin care încerci să îți schimbi un obicei, revizuiește toate strategiile pe care le-ai încercat de-a lungul anilor. Care dintre ele a funcționat? Care a eșuat? Reușitele și eșecurile se potrivesc cu ceea ce știi acum despre modul de funcționare a creierului tău (în special cu învățarea bazată pe recompensă)? Dacă ești începător pe calea schimbării obiceiurilor, ești în locul potrivit, fiindcă nu ți-ai creat obiceiuri „proaste" în încercarea de a-ți schimba tocmai obiceiurile proaste (adică nu te-ai fixat asupra unor strategii care au dat greș și le-ai tot reluat în ciuda ineficienței lor). Rămâi pe drumul acesta și continuă să îți cartografiezi buclele obișnuinței. Fii atent la tentația de a te grăbi să le rezolvi (și cartografiază și asta ca pe o buclă a obișnuinței). Pune ceară, dă jos ceara.

CAPITOLUL 7

Povestea lui Dave, partea întâi

Dave (nume fictiv), unul dintre pacienții mei, mi-a spus la prima ședință că a început să aibă atacuri de panică pe autostradă, în urmă cu un an sau doi. Conducea alene, fără să se gândească la ceva în mod special, când deodată i-a trecut prin minte cât de periculos este să conducă mașina cu viteza de 100 de kilometri pe oră. „Parcă eram într-un glonț uriaș care gonea pe autostradă", a descris el sentimentul. Atacurile de panică au devenit atât de severe, încât Dave a renunțat de tot să mai conducă pe autostradă.

Din păcate, atacurile respective nu s-au limitat doar la condus. Într-o seară, pe când se afla într-un restaurant japonez cu prietena lui, i-a venit dintr-odată gândul că ar putea fi alergic. A devenit atât de anxios, încât au fost nevoiți să părăsească imediat restaurantul. Din punct de vedere rațional, știa că era o absurditate – nu avea alergie la pește și era puțin probabil să fi dezvoltat una exact în acea seară. Dar gândirea rațională nu avea nicio șansă în fața vocii din capul lui care striga: „Asta nu suferă amânare! Pericol! Plecăm *acum.*"

Dave a mai spus că nu își putea aminti vreo perioadă în care să nu fi fost anxios – nici măcar în copilărie. Pe la douăzeci de ani a încercat să se liniștească bând alcool (lucru care a înrăutățit situația); i s-au prescris pastile (dar i-a fost prea teamă să le ia); s-a dus la psihologi, la terapeuți și chiar la un hipnotizator, dar, după cum a spus chiar el, „nimic nu a funcționat". Dave mi-a mai mărturisit apoi că unul dintre principalele lui mecanisme de adaptare era să mănânce. Anxietatea îl determina să mănânce ceva, iar mâncarea îl anestezia sau îl distrăgea temporar de la anxietate. Această buclă a obișnuinței l-a făcut să ia foarte mult în greutate. Și din această cauză, Dave avea acum hipertensiune arterială, un ficat gras și apnee severă.

Declanșator: Anxietatea.

Comportament: Consum alimentar.

Rezultat: Câteva minute de distragere a atenției de la anxietate.

Și iată-l la patruzeci de ani, cu tulburare de anxietate generalizată, tulburare de panică și o creștere în greutate semnificativă. Anxietatea lui se acutizase atât de tare, încât multe zile Dave fusese îngrozit chiar și să se dea jos din pat. Când l-am cunoscut, căuta cu disperare ceva, orice, care să îl ajute să iasă la lumină.

În timpul primei vizite am scos o coală de hârtie și am scris cuvintele *declanșator*, *comportament* și *recompensă* în forma unui triunghi, cu săgeți care porneau de la *declanșator* către *comportament*, către *recompensă* și înapoi spre *declanșator*. Am împins foaia pe birou și l-am întrebat pe Dave:

– Este corectă imaginea asta? Un gând de teamă (declanșatorul) – de genul „Oh, s-ar putea să fiu alergic la pește" – te impulsionează să pleci sau să eviți o situație (comportament), iar asta te face să te simți mai bine (recompensă)?

– Da, a răspuns Dave.

– Lucrul acesta a creat anumite bucle ale obișnuinței despre care creierul tău crede că te mențin în siguranță, dar care de fapt îți alimentează anxietatea și panica?

– Exact asta este, pe scurt.

În doar câteva minute, am cartografiat împreună cu Dave sistemul de supraviețuire al creierului său, care fusese deturnat și îi transformase viața într-un ciclu nesfârșit și autogenerator de îngrijorare anxioasă. Anxietatea declanșa îngrijorarea și evitarea, care declanșau și mai multă anxietate și evitare. Și pe deasupra, mecanismul lui de adaptare prin mâncat dusese la obezitate și hipertensiune.

L-am trimis pe Dave acasă cu un obiectiv simplu: să-și cartografieze buclele obișnuinței. Care sunt declanșatorii anxietății? Care sunt comportamentele? Care sunt recompensele? Am vrut ca el să le vadă pe toate și apoi să înțeleagă ce primea de pe urma tuturor acelor comportamente.

Partea aceasta din urmă a fost deosebit de importantă. Creierul nostru configurează bucle ale obișnuinței prin învățarea bazată pe recompensă. Altfel spus, dacă un comportament este satisfăcător, învățăm să îl repetăm. Pentru mine era clar că Dave învățase să evite situațiile înfricoșătoare (și să mănânce pe fond de stres) pentru că acesta era un comportament satisfăcător.

Iar aceste recompense, deși erau iraționale și complet inutile pe termen lung, îl țineau blocat în bucla obișnuinței. Gradul de satisfacție pe care îl dă un comportament este cel care determină comportamentele viitoare, *nu* comportamentul în sine. Altfel spus, comportamentul în sine este mai puțin important decât rezultatul său; dacă problema s-ar rezolva doar prin faptul că reușești să identifici un comportament și apoi îi spui persoanei în cauză să înceteze repetarea acelui comportament, aș renunța bucuros la munca mea. „Nu mai face asta“ nu a avut niciodată succes ca slogan, din motive întemeiate. După ani de cercetare și de practici clinice, sunt pe deplin convins că voința este mai degrabă un mit decât un mușchi mintal adevărat.

Motivul pentru care am folosit povestea lui Dave este acesta: oferă un exemplu bun pentru simplitatea și importanța cartografierii buclelor obișnuinței. Nu îți trebuie mult timp și nici măcar o ședință cu un psihiatru sau un psihanalist. Îți trebuie doar conștientizare (care este gratis).

De exemplu, dacă ești într-o ședință importantă, iar bucla obișnuinței tale este să vorbești neîntrebat, poți vedea ce se întâmplă când o cartografiezi mintal *înainte* de a trece la fapte:

Declanșator: Gândul „Am o idee grozavă!“.
Comportament: Întrerupi pe oricine ar vorbi și dai drumul ideii.
Rezultat: Strici dinamica ședinței.

Vom reveni la povestea lui Dave pe măsură ce înaintăm în carte, ca să îți poți da seama de progresul pe care l-a făcut prin faptul că și-a cartografiat și gestionat mintea în același fel în care înveți și tu să ți-o gestionezi acum.

Buclele obișnuinței (anxietatea sau altceva) te controlează până când reușești să le vezi clar. Primul pas pe care trebuie să îl faci pentru redobândirea controlului este să fii pur și simplu atent și să le cartografiezi. De fiecare dată când creezi o hartă, funcționezi tot mai puțin pe pilot automat și ai mai mult control, fiindcă vezi încotro te îndrepți.

Dar puțină anxietate nu este de folos?

Creierul nostru se pricepe extraordinar de bine să facă asocieri. În felul acesta învățăm. Asociem prăjitura cu ceva delicios, iar când vedem o prăjitură, o mâncăm automat. Dacă facem o toxiinfecție alimentară la un restaurant, învățăm rapid să evităm acel loc. De fapt, asocierea între restaurantul respectiv și dezgust poate fi atât de puternică, încât s-ar putea să simțim greață chiar și numai când trecem pe lângă el. Însă această excelență a creierului are niște limite. O siglă de restaurant nu este toxică în sine, dar învățăm să o asociem mintal cu indicatorul „nu te duce acolo" din mintea noastră. Iar aceasta – fiind o mașinărie foarte bună de învățare prin asociere – poate face cu ușurință o asociere eronată între anxietate și funcționare.

Dr. Louis Muglia, coordonatorul meu de doctorat, m-a învățat expresia „adevărat, adevărat, dar fără nicio legătură". Acesta a fost mementoul lui pentru mine în vremea în care făceam experimente în laborator pentru a verifica un lanț al cauzalității. Altfel spus, puteam să studiez comportamentul *X* și să văd că se întâmplă *Y*, dar voiam să dovedesc (mie însumi, coordonatorului meu și lumii întregi) că *X* a cauzat *Y*. *X* se putea întâmpla (adevărat). *Y* se putea întâmpla în același timp sau imediat după *X* (adevărat). Dar asta nu dovedea faptul că *X* a făcut să se întâmple *Y*.

Mintea noastră procedează tot timpul așa. Unul dintre exemplele mele preferate îl reprezintă jucătorii profesioniști de baseball care aleargă să înscrie un punct. De fiecare dată când se pregătesc să intre pe gazon, trec prin tot felul de ritualuri – sapă cu piciorul în gazon de un număr anume de ori, își ating casca într-un loc aparte și tot așa. Pentru mulți jucători, aceste comportamente specifice se asociază cu succesul: fă *X*, *Y* și *Z* și e foarte probabil să lovești mingea. Sigur că este posibil să îndeplinească ritualul (adevărat) și să lovească mingea (adevărat), dar nimic nu poate dovedi că între cele două adevăruri există vreo legătură.

Și bineînțeles, mulți dintre noi asociază în același fel succesul cu anxietatea. După ce predau un seminar, aproape fără excepție, cineva mă abordează și îmi spune cu convingere (ah, cât îmi plac convingerile!) că n-ar fi ajuns niciodată acolo unde este în acel moment dacă n-ar fi avut anxietatea drept pilot. Adesea văd asta și în programul meu clinic pentru anxietate. De exemplu, o persoană și-a descris situația în felul următor: „Eu pur și simplu am început să atribui succesul anxietății. Am avut rezultate foarte bune în școală și am crezut că anxietatea mă impulsiona, așa că, în adâncul sufletului, îmi era teamă să renunț la anxietate, chiar ezitam." Un alt comentariu: „Și eu simțeam la fel. Mă temeam că, dacă renunț la anxietate, îmi voi pierde capacitatea de a mă motiva la fel de bine ca înainte."

În timpul acestor discuții, fie că erau cu pacienți sau cu participanți la workshop, aproape că auzeam vocea coordonatorului meu răsunându-mi în minte. *Este adevărat, adevărat, dar fără nicio legătură?* întreba Lou. Atunci începeam să explic cum corelația nu este echivalentă cu cauzalitatea. Apoi mă lansam într-o explorare a experiențelor lor pentru a-i ajuta să afle singuri dacă asociau în mod greșit sentimentul anxietății cu rezultatele bune.

O observație fascinantă pe care am făcut-o a fost aceea că oamenii erau foarte atașați de ideea că anxietatea era esențială pentru succesul lor. Am discutat despre asta cu Caroline Sutton, editoarea cărții mele, iar ea a făcut o afirmație șocantă, dar care suna foarte plauzibil: oamenii creează o imagine romanțată a anxietății sau stresului lor. O poartă ca pe o medalie de onoare fără de care ar fi niște persoane inferioare sau, mai rău, fără de care și-ar pierde sensul ori scopul. Pentru mulți, stresul echivalează cu succesul. După cum a spus ea: „Dacă ești stresat, înseamnă că te implici. Dacă nu ești stresat, ești un ratat."

Ideea aceasta, cum că ar trebui să fim măcar puțin anxioși ca să avem rezultate bune, a fost romanțată și în literatura de cercetare. În 1908, când domeniul psihologiei era încă în fașă, doi cercetători de la Harvard care studiau comportamentul animalelor, Robert Yerkes și John Dodson, au publicat o lucrare intitulată „The Relation of Strength of Stimulus to Rapidity of Habit Formation"[23]. În acest text au descris o observație interesantă: anume că șoarecii dansatori japonezi* învățau mai eficient o sarcină atunci când primeau un șoc moderat ca întărire negativă, prin comparație cu cazurile în care primeau un șoc mai blând sau unul sever. Și au tras concluzia că animalele aveau nevoie de un fel de stimulare, dar nu prea multă, ca să învețe mai bine. Lucrarea a fost menționată doar de zece ori în următorii cincizeci de ani, dar cu toate acestea, în patru dintre articolele care o citează, descoperirea lor a fost descrisă ca lege psihologică (acum înscrisă probabil definitiv pe internet ca Legea Yerkes-Dodson sau Curba Yerkes-Dodson).**

Într-o lucrare publicată în 1955, psihologul britanic de origine germană Hans Eysenck a sugerat că „Legea"

---

* Șoareci *nankin*. Numele de „dansatori" se datorează mișcărilor în cerc pe care le execută fără oprire, ca și cum și-ar urmări coada. (*N. trad.*)

** Transformarea istorică de la teorie obscură la lege este descrisă competent de Martin Corbett într-o lucrare publicată în 2015, cu titlul „From Law to Folklore: Work Stress and the Yerkes-Dodson Law", în *Journal of Managerial Psychology*, vol. 30, nr. 6, 2015, pp. 741–52, doi: 10.1108/JMP-03-2013-0085. (*N. a.*)

Yerkes-Dodson ar putea fi valabilă pentru anxietate: a speculat că impulsionarea crescută *ar putea* îmbunătăți performanțele subiectului în executarea sarcinilor.[24] Doi ani mai târziu (1957), P.L. Broadhurst, unul dintre foștii studenți ai lui Eysenck, care lucra ca cercetător la Universitatea din Londra la momentul respectiv, a publicat o lucrare intitulată curajos „Emotionality and the Yerkes-Dodson Law". În paginile acesteia declara că procedeul ținerii șobolanului cu capul sub apă (adică privarea lui de aer) pentru o perioadă mai lungă – fapt pe care îl descria ca fiind o măsură a „intensității motivației impuse" – crește viteza de înot a animalului până la un punct de unde nu se mai înregistrează scăderi.[25] Utilizând alternativ termenii *motivare*, *stimulare* și *anxietate*, el a conchis cu îndrăzneală: „Din aceste rezultate reiese clar că Legea Yerkes-Dodson este confirmată." (Mă întreb dacă și-a pus problema că șobolanii pe care îi ținea cel mai mult cu capul sub apă încercau doar să-și tragă răsuflarea pentru o clipă înainte de a înota.) După studiile pe șoareci dansatori și șobolani înecați, curba în formă de U inversat sau de clopot*, care reprezenta performanța bazată pe anxietate, a fost analizată din punct de vedere psihologic în raport cu existența: un pic de anxietate este benefică pentru a obține rezultate bune, dar nu prea multă anxietate.

Dar să derulăm timpul înainte cu o jumătate de secol, când o recenzie a literaturii de psihologie privitoare la stres și performanță stabilea că numai 4% dintre lucrări susțineau curba în formă de clopot, în vreme ce 46% descoperiseră o relație liniară negativă, care practic înseamnă că orice nivel de stres inhibă performanța.[26] În ciuda

---

* Curba-clopot, sau curba lui Gauss, este reprezentarea grafică a repartizării unor valori raportate la o medie standard. (*N. trad.*)

acestor diferențe clare (fir-ar să fie de date!), ultrarăspândita „Lege“ Yerkes-Dodson a devenit tradiție, poate a căpătat chiar un statut mitic în vremurile moderne, având în vedere creșterea exponențială a numărului de citări (aproape 10 în 1990, aproape 100 în 2000 și peste 1 000 un deceniu mai târziu).

Anxietatea privită ca medalie de onoare, ca o componentă vitală a competențelor de lucru, ca identitate asumată (*Slavă Domnului că sunt anxios! Ce m-aș fi făcut dacă nu eram așa?*), combinată probabil cu estetica unui model explicativ pseudoștiințific (curbele-clopot sunt foarte populare), toate acestea au dus la situația în care nu doar terapeuții (dintre care unii au scris cărți întregi pornind de la această premisă), ci și pacienții și publicul larg sunt reticenți la reevaluarea acestei explicații.

Dacă o voce din subconștientul tău îți spune că anxietatea este un lucru bun, este timpul să vezi dacă relația de tip cauză–efect este reală. Anxietatea te ajută întotdeauna să obții rezultate bune? Ai rezolvat lucruri când nu erai anxios? S-ar putea să nu te aștepți la ceea ce urmează să spun, dar oricum o voi spune: anxietatea îți slăbește energia, te face să gândești mai greu, iar câteodată chiar se întâmplă să te încurce? (Pfff!) Și ca un corolar, când olimpicii sau muzicienii profesioniști dau lovitura, ți se pare că sunt neliniștiți? (Indiciu: uită-te la videoclipuri mai vechi cu un joc de 60 de puncte al lui Michael Jordan și vezi unde își ține limba, uită-te la filmarea cu Chloe Kim, de la Jocurile Olimpice din 2018, când a câștigat medalia de aur la snowboard; sau aruncă o privire la Usain Bolt și vezi ce zâmbet larg avea când a bătut recordul mondial la proba de 100 de metri.)

Pe măsură ce avansezi în schimbarea obiceiurilor (anxietate sau orice altceva), nu te preocupa să găsești *toți* declanșatorii. Când îți cartografiezi buclele obișnuinței, te poți bloca ușor dacă te concentrezi asupra declanșatorilor și astfel pierzi din vedere lucrurile care te-ar putea ajuta efectiv să schimbi ceva. De obicei se întâmplă asta când oamenii se concentrează prea mult pe întrebarea *de ce*. De ce au început să dezvolte o buclă a obișnuinței sau alta? Este ca și cum, dacă s-ar putea întoarce în timp și și-ar psihanaliza toate aniversările ca să vadă când anume au început să le placă prăjiturile, ar reuși ca prin farmec să își rezolve impulsul care spune „vezi o prăjitură, mănânc-o". Faptul că știi că un anumit lucru a devenit obicei nu îl rezolvă miraculos în clipa de față. De fapt, declanșatorii reprezintă partea *cel mai puțin importantă* din bucla obișnuinței. Învățarea bazată pe recompensă este, după cum spune și numele ei, bazată pe recompensă, nu pe declanșatori. Acela e miezul problemei. Dar nu îți face griji, ajungem și acolo în Partea a II-a. Deocamdată cartografiază-ți buclele obișnuinței în continuare.

CAPITOLUL 8

Câteva cuvinte despre mindfulness

Redau aici din nou definiția mindfulnessului formulată de Jon Kabat-Zinn:

> [Mindfulness este] conștientizarea care ia naștere prin atenția îndreptată în mod deliberat către momentul prezent, fără să fie critică.

Dacă mai ții minte, creierul nostru vechi reacționează la întărirea pozitivă și negativă ca să stabilească ce are de făcut, apoi se pricepe foarte bine să transforme acele comportamente în obiceiuri. Cea mai mare parte din acest proces se petrece inconștient. Dacă nu suntem conștienți de faptul că facem un lucru din obișnuință, vom continua să-l facem așa – din obișnuință. (Aceasta este partea cu funcționarea pe pilot automat despre care am vorbit în capitolul 6.)

Dar *putem* deveni mai conștienți de aceste tipare ale obișnuinței în acțiune. Mindfulnessul ne ajută să facem asta: să ridicăm nivelul de conștientizare pentru a vedea cum acționează creierul nostru de oameni ai cavernelor.

Mulți dintre noi sunt derutați de legătura dintre mindfulness și meditație și se întreabă dacă înseamnă unul și același lucru sau sunt diferite între ele. Un mod simplu în care poți să vizualizezi această relație este să-ți imaginezi o diagramă Venn* în care mindfulnessul este un cerc mare, iar meditația este un cerc mai mic, aflat în interiorul lui.

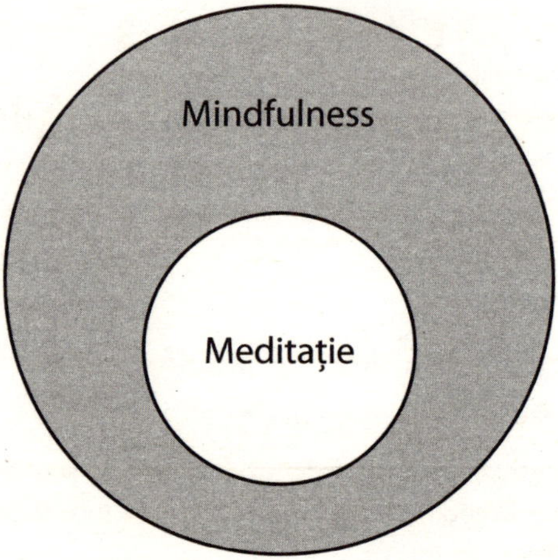

Altfel spus, meditația intră în categoria modalităților de practicare a mindfulnessului. Nu trebuie să meditezi ca să fii conștient, dar meditația te ajută să devii din ce în ce mai conștient de ceea ce se întâmplă în clipa prezentă. Meditația este ca un fel de gimnastică pentru creierul tău: îți permite să îți formezi și întărești mușchii mindfulness.

Conștientizarea te mai ajută și să fii atent la declanșatori și la reacțiile automate. Iar asta vizează mult mai mult decât buclele obișnuinței în forma anxietății sau a îngrijorării;

---

* Metoda diagramelor Venn reprezintă o modalitate de verificare a validității inferențelor (imediate și mediate) prin reprezentări grafice. Metoda constă în intersectarea unui număr de cercuri, fiecare dintre acestea reprezentând un termen al inferenței. (P. Bieltz, D. Gheorghiu, *Logica, manual pentru clasa a IX-a licee și clasa a XI-a școli normale*, Editura Didactică și Pedagogică, București, 1996.) (*N. trad.*)

de fapt, se aplică la orice element la care reacționăm. Dar am un mic avertisment: au apărut o mulțime de informații greșite care susțin că mindfulnessul este o stare de spirit specială (non-anxioasă), sau pur și simplu o tehnică de relaxare. Adeseori văd asta la pacienții mei: cu cât încearcă mai mult să își curețe mintea de gânduri anxioase sau se gândesc la cum ar putea scăpa de anxietate, cu atât devin mai anxioși. Cea mai frecventă confuzie este rezumată într-o întrebare care îmi este adresată adesea atunci când predau în tabere de spiritualitate sau când le prezint pacienților mei ideea de mindfulness: „Cum să scap de gândurile din mintea mea?" Acest lucru sugerează în mod greșit că scopul meditației ar fi „golirea minții".

Vă doresc mult succes – am încercat și eu vreo zece ani, când transpiram în tricou în miezul iernii, în taberele lungi de meditație în tăcere, și nu a mers. În plus, mi-am petrecut aproape tot timpul din vremea studenției și a rezidențiatului încercând să asimilez cât mai multă informație cu putință. De ce aș vrea să-mi golesc mintea acum?

Mindfulnessul *nu* înseamnă să oprești, să golești sau să te debarasezi de ceva. Gândurile, emoțiile și senzațiile fizice ne fac să fim oameni. Iar gândirea și planificarea sunt lucruri esențiale pe care trebuie să le gestionăm. Dacă nu aș fi capabil să-mi folosesc creierul rațional ca să pot stabili un istoric medical clar și un diagnostic sigur, mi-ar fi al naibii de greu să îmi îngrijesc cum trebuie pacienții.

Așadar, mai degrabă decât să presupună să ne schimbăm gândurile sau să nu avem deloc gânduri ori sentimente care alcătuiesc întreaga noastră experiență, mindfulnessul presupune să schimbăm *relația noastră* cu acele gânduri și emoții.

Dar nu este ceva simplu de făcut. De fapt, un studiu efectuat la Harvard în 2010 a demonstrat că ne petrecem aproximativ 50% din starea de veghe rătăcind cu mintea (cu mintea aiurea, ca să fiu mai exact).[27] Asta înseamnă foarte mult timp în care funcționăm pe pilot automat.

Pentru că această stare mintală este atât de obișnuită, ea poate fi măsurată în creier. Există chiar o rețea a regiunilor din creier denumită rețeaua modului implicit, sau DMN (*the default mode network*). Această rețea DMN a fost descoperită de Marcus Raichle și echipa lui de la Washington University din St. Louis. A fost denumită astfel deoarece reprezintă locul în care se refugiază mintea noastră ori de câte ori nu este angrenată într-o activitate specifică.[28]

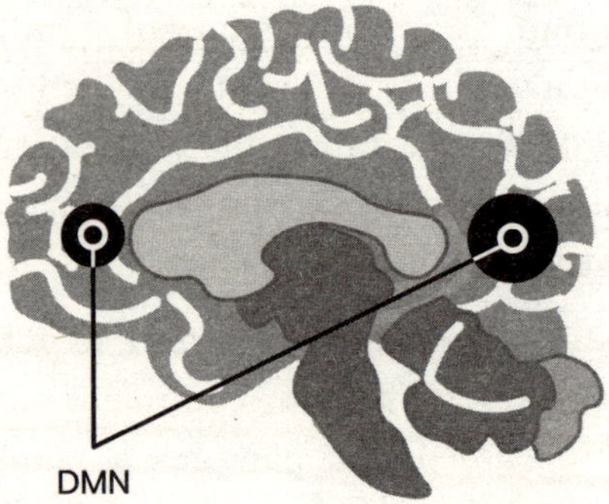

DMN se activează atunci când mintea noastră rătăcește, când se gândește la lucruri din trecut sau din viitor, când este prinsă în tipare repetitive precum ruminația, anxietatea sau în alte stări emoționale puternice și atunci când tânjim după diferite substanțe. Și, într-un fel sau altul, eșuăm în gânduri și amintiri despre lucruri legate de noi. Regretăm lucruri pe care le-am făcut în trecut, ne îngrijorăm pentru evenimentele viitoare și așa mai departe.

Un punct central al DMN, numit cortexul cingular posterior (*posterior cingulate cortex*, PCC), conectează o mulțime de alte regiuni cerebrale. PCC este interesant pentru că se activează atunci când oamenilor le sunt arătate poze care le amintesc de dependențele lor sau care prezintă chiar declanșatori ai acestora.[29] De exemplu, PCC se activează la stimuli: la cocaină (de pildă, o poză în care apare o linie de cocaină pe o oglindă) în cazul persoanelor dependente de această substanță; în același fel se activează la stimuli legați de fumat (o poză cu o persoană care fumează) în cazul dependenților de nicotină și la stimuli asociați jocurilor de noroc (de exemplu, o poză în care apare cineva care joacă la ruletă) la indivizii dependenți de jocuri de noroc. Practic, PCC se încinge cu totul când cădem pradă poftelor sau altor tipuri de bucle ale obișnuinței în forma perseverenței obsesive, precum ruminația (când ne concentrăm asupra unui pericol și ne gândim la el iar și iar); aceasta din urmă este o marcă distinctivă a depresiei și a îngrijorării anxioase. Ca să mă asigur că acest concept este clar, îți voi da câteva exemple:

Bucla obișnuinței ca poftă

Declanșator: Vezi prăjitura.
Comportament: Mănânci prăjitura.
Rezultat: Te simți bine.

Bucla obișnuinței ca ruminație

Declanșator: Simți că nu ai energie.
Comportament: Te gândești la cât ești de slab, la cum nu vei reuși să faci nimic etc.
Rezultat: Te simți (și mai) deprimat.

Bucla obișnuinței ca anxietate

Declanșator: Te uiți la lista neterminată cu lucruri pe care le ai de făcut.
Comportament: Te îngrijorezi că nu ai terminat-o.
Rezultat: Te simți anxios.

Ca o paranteză, indivizii deprimați se pricep atât de bine la crearea buclelor obișnuinței în forma gândurilor obsesive, încât două treimi dintre ei întrunesc și criteriile de diagnosticare psihiatrică cu tulburări de anxietate. Această similitudine între depresie și anxietate este un exemplu de buclă a obișnuinței în forma gândurilor obsesive care practic scapă de sub control – căci se hrănesc din propria substanță. De ce se întâmplă asta? Ei bine, un studiu realizat de Yael Millgram și colegii ei de la Universitatea Ebraică a sugerat că dacă ne familiarizăm cu o stare de spirit, tindem să rămânem în ea.[30] Când suntem triști sau anxioși tot timpul, acea tristețe sau anxietate devine familiară, un loc spre care gravităm, ceva ca o rutină matinală sau un drum obișnuit către serviciu. Orice deviație ni se pare străină, poate înfricoșătoare sau chiar declanșatoare de anxietate. Din punctul de vedere al impulsului de supraviețuire, acest lucru este de înțeles: dacă ne aventurăm pe teritorii necunoscute, trebuie să fim cu ochii în patru, căci încă nu știm dacă suntem în siguranță sau nu. Dar nu uita, nu toate obiceiurile sunt proaste. Ele devin proaste numai atunci când se întorc împotriva noastră sau ne împiedică în loc să ne ajute să mergem înainte. Putem să ajungem să ne identificăm cu buclele obișnuinței mintale până într-acolo încât acestea devin identitatea noastră, devin ceea ce credem că suntem. De fapt, una dintre primele femei care au testat programul meu de reducere a anxietății mi-a trimis următorul e-mail:

> Există vreo diferență între modurile în care ar trebui să abordăm relaxarea: „Am un gând anxios" sau „Sunt anxioasă?"... Învăț să folosesc tehnicile suficient de bine încât să gestionez episoadele de tip reflexiv – anxietate care apare după o zi plină, stresul legat de un deadline depășit, un eveniment viitor... Mă lupt cu acel tip de anxietate care decurge din felul în care mă percep pe mine însămi și acea pătură aparent impenetrabilă de tipul nu-sunt-îndeajuns-de-bună în care este înfășurat.
>
> Anxietate adânc întipărită în oase.

Anxietatea părea că este o parte din ea; îi era atât de întipărită în oase, încât nu o mai putea deosebi de persoana ei.

Dacă cercetătorii și medicii clinicieni pot să găsească și să înțeleagă legăturile dintre comportamentul oamenilor și ceea ce se petrece în creierul lor, vom putea găsi căi prin care să țintim clar și cu precizie mecanismele subiacente și avem o șansă mai mare să îi ajutăm pe oameni să facă o schimbare reală și durabilă. În calitate de medic clinician, cred că gândurile obsesive îi împiedică *cel mai mult* pe pacienții mei. Și cel mai adesea, acest tip de gândire a săpat un tipar adânc în creierul lor, până în punctul în care ajung să se identifice cu obiceiurile lor. „Sunt un fumător." „Sunt un anxios." Întrucât buclele obișnuinței în forma gândurilor obsesive par să fie un pericol vizibil și constant pentru pacienții mei, iar mindfulnessul i-ar putea ajuta, ca cercetător am fost motivat să mă folosesc de toate cunoștințele științifice pentru a face ceva.

În teorie, mindfulnessul și meditația ne ajută să devenim mai conștienți de gândurile obsesive. În loc să ne blocăm într-un tipar de gândire, putem să vedem că suntem blocați și să ne smulgem din acel tipar. Ba chiar putem să ne creăm obiceiuri mai bune pe parcurs. (Voi discuta mai mult despre cum putem să facem asta în capitolele următoare.)

DMN se activează atunci când suntem prinși în gândurile obsesive (și în pofte). Întrucât mindfulnessul ar trebui teoretic să îi ajute pe oameni să nu cadă pradă acestor bucle și să nu le mai permită să se identifice cu gândurile lor, ipoteza noastră este că mindfulnessul ar putea avea efecte pozitive asupra acestei rețele neuronale.

În primul nostru studiu am folosit un scaner RMN ca să comparăm activitatea cerebrală a persoanelor care nu practicaseră niciodată meditația cu a celor care erau deja experimentate. I-am instruit pe începători cum să mediteze, apoi le-am cerut ambelor grupuri să mediteze în timp ce se aflau sub scanere. Și, ce să vezi, doar patru regiuni cerebrale au arătat activitate diferită între meditatori și non-meditatori – două dintre acestea fiind punctele principale ale DMN.[31] Și da, DMN era cu mult mai liniștit la meditatorii cu experiență.

Aceasta a fost o descoperire nouă în domeniu, prin urmare am repetat experimentul, ca să fim siguri că rezultatele noastre erau ferme, și au fost. Am făcut chiar și câteva experimente bazate pe *neurofeedback* în timp real, ca să ne asigurăm că deconectarea din DMN pe care o observam coincidea cu experiența subiectivă a participantului care își observa gândurile, emoțiile și poftele, în loc să le cadă pradă.[32]

Dar dovada concretă a faptului că am identificat și țintit anumite rețele neuronale vine numai atunci când le putem echivala cu schimbări de comportament în lumea reală. Laboratorul meu a încercat să observe dacă putem folosi pregătirea în metoda mindfulness pe bază de aplicație ca să îi ajutăm pe oameni să renunțe la fumat și dacă asta ar schimba activitatea în DMN (în cadrul acestui studiu ne-am concertat asupra PCC). Am primit o bursă de la National Institutes of Health pentru a realiza un studiu în care să comparăm aplicația noastră *Craving to Quit** cu aplicația inițiată de Institutul Național de Oncologie, *QuitGuide***, care folosește alte strategii, cum ar fi informațiile medicale, ce nu implică mindfulnessul. Am scanat creierii participanților înainte de a primi tratament și încă o dată peste o lună, ca să vedem dacă schimbările din cortexul cingular posterior (PCC) ar putea anticipa în ce măsură erau aceștia în stare să renunțe la fumat.[33] Am descoperit o legătură strânsă între reducerea activității din PCC în cazul grupului care utilizase aplicația noastră, însă nu și la cei care folosiseră aplicația oferită de Institutul Național de Oncologie.

Am descoperit că teoria noastră – aceea că mindfulnessul schimbă activitatea cerebrală și se corelează cu rezultatele noastre clinice – era adevărată. Acesta este un exemplu foarte bun de cercetare translațională, pe care medicii clinicieni și cercetătorii o mai numesc *laborator de cercetare la patul bolnavului*. Scopul este să transpui idei, concepte și întrebări esențiale pentru cercetare în tratamente care pot determina schimbări de comportament în contexte din lumea reală. Mai sunt multe de făcut în acest domeniu; va fi nevoie mai ales de studii pe scară mare cu privire la efectele pe termen lung. Dar putem întreprinde acest gen de studii acum, când avem o înțelegere mecanicistă a modului de funcționare a minții. Această înțelegere poate deja să explice de ce practicarea metodei mindfulness funcționează cel mai bine în cazuri de depresie

* Poftă de eliberare. (*N. trad.*)

** Ghid de renunțare. (*N. trad.*)

și anxietate: fiindcă vizează elementul comun, gândirea obsesivă. Persoanele care suferă de depresie se gândesc obsesiv la trecut. Cei anxioși se gândesc obsesiv la viitor. Indiferent de conținut (trecut/viitor), mindfulnessul intervine și îi ajută să demonteze *procesul* de a gândi obsesiv; și face asta atât de bine, încât Serviciul Național de Sănătate din Marea Britanie a adoptat metoda mindfulness (terapia cognitivă bazată pe mindfulness) ca tratament de primă linie pentru depresie.

Sper că acest capitol te-a ajutat să înțelegi mai bine ce este mindfulnessul și cum anume vizează buclele obișnuinței din creierul tău. Un lucru important este faptul că poți folosi această informație ca să iei atitudine. Odată ce ți-ai cartografiat buclele obișnuinței mintale, vezi cât de mult poți să îți concentrezi atenția asupra lor pe parcursul zilei și încearcă să numeri de câte ori ajung în capul „listei de redare" a creierului tău. Există anumite bucle obsesive pe care le poți cartografia? Poți să numeri de câte ori încep să ruleze în mintea ta? Care dintre ele ajunge în fruntea clasamentului?

CAPITOLUL 9

Care este tipul tău de personalitate mindfulness?

Organismele monocelulare precum protozoarele au un mecanism binar simplu pentru supraviețuire: se deplasează către substanțele nutritive și se îndepărtează de cele toxice. Molusca marină are un sistem nervos doar puțin mai complex, dar, în fond, învață să facă același lucru.

Este oare posibil ca o mare parte dintre comportamentele umane să poată fi atribuite unei strategii de supraviețuire similare, de tip „apropiere și evitare"? Spre exemplu, în fața amenințării sau a pericolului poți să te îndrepți către pericol și să lupți, poți să te întorci cu spatele și să fugi, sau poți să rămâi înțepenit pe loc, cu speranța ca ceea ce te amenință să nu te vadă (sau să-ți simtă mirosul). Acestea sunt reacțiile tale de tip luptă/fugi/încremenește și reprezintă un răspuns automat pe care fiecare dintre noi îl are în fața pericolului. Gândește-te la cel mai recent moment în care cineva a strigat către tine „Ai grijă!" sau ai auzit un zgomot puternic. Poate că ai fost surprins și tu de viteza cu care te-ai ferit din calea unei mașini, de felul în care te-ai ascuns când ai auzit un zgomot asurzitor sau de cum ai înțepenit când s-au stins brusc luminile – fără să ai nevoie de timp de gândire în vreunul dintre cazuri. Pentru a-ți garanta siguranța, părțile primitive ale creierului și ale sistemului tău nervos se ocupă de tot în locul tău (din fericire!). Așa cum încercarea de a te gândi cum să scapi de obiceiurile proaste nu funcționează, tot așa încercarea de a te gândi cum să scapi de un pericol este riscantă în cazul în care trebuie să acționezi rapid. Procesul de gândire este mult prea lent atunci când pericolul este aproape – răspunsul tău trebuie să fie la nivel de reflex. Ar putea oare aceste instincte să explice anumite elemente obișnuite ale personalității noastre?

În urmă cu doi ani, echipa noastră de cercetare a descoperit că un „manual de meditație" din secolul al V-lea, intitulat *Visuddhimagga* (*Calea spre purificare*), descria faptul că multe dintre tendințele, comportamentele noastre bazate pe obișnuință și trăsăturile personalității noastre mintale intră într-una dintre aceste trei categorii luptă/fugi/încremenește.[34] De ce s-a obosit autorul manualului să alcătuiască aceste categorii? Ca să poată da recomandări personalizate celor care învățau să mediteze și să schimbe tiparele comportamentale bazate pe obișnuință. Este posibil ca manualul să fie prima descriere a ceea ce numim noi astăzi „medicină personalizată" – adică adaptarea tratamentului la fenotipul pacientului.

În plus, autorul manualului nu a avut acces la aparatură modernă, precum dispozitivele de monitorizare cardiacă sau a presiunii sangvine, nici aparatură pentru RMN sau encefalogramă cu care să observe fiziologia și activitatea cerebrală. S-a bazat pe lucrurile pe care le putea vedea, cum ar fi tipul de mâncare preferat, mersul, stilul vestimentar și altele asemenea. Iată cum descria el metoda aceasta în *Visuddhimagga*:

Prin ținută, prin faptă,
Prin ce mănâncă, ce vede și așa mai departe,
Prin stările care apar,
Poate fi recunoscut temperamentul.[35]

Observațiile lui au împărțit tendințele comportamentale în trei categorii care se regăsesc surprinzător de mult în știința modernă din zilele noastre:

Categoria I: Abordare/luptă
Categoria a II-a: Evitare/fugă
Categoria a III-a: Nici apropiere, nici fugă, încremenire

Să analizăm în detaliu.

Imaginează-ți că mergi la o petrecere. Dacă faci parte din categoria I (cel care abordează), probabil te vei minuna de calitatea mâncărurilor servite și vei începe să te amesteci entuziasmat în mulțimea de prieteni. În schimb, dacă faci parte din categoria a II-a (cel care evită), s-ar putea să emiți judecăți de valoare asupra mâncării sau invitaților, iar mai târziu în cursul serii, să te găsim într-o dispută cu cineva pe tema unor detalii sau a unui subiect. Dacă ești din categoria a III-a (nici nu abordezi, nici nu eviți), cel mai probabil te vei lăsa dus de val și vei urma modelul celorlalți.

Grupul nostru de cercetare a făcut recent un pas înainte. Am descoperit că tendințele comportamentale descrise în manual coincid în mare măsură cu mecanismele moderne de învățare bazată pe recompensă – abordare/luptă, evitare/fugă, încremenire. Persoanele care fac parte din categoria celor care abordează (I) pot avea tendința de a fi mai motivate de comportamente de întărire *pozitivă*. Cele din categoria evitanților (II) pot manifesta tendința de a fi mai motivate de comportamente de întărire *negativă*. Persoanele din cea de-a treia categorie pot fi undeva la mijloc – neatrase sau neîmpinse către o cale de întărire pozitivă ori negativă/tendință spre situații plăcute ori neplăcute, precum cele din categoriile precedente.

Aceste categorii s-au potrivit atât de bine cu știința actuală, încât am făcut o evaluare modernă și am folosit metode de cercetare psihometrice care să ne valideze chestionarul tendințelor comportamentale sau BTQ (*behavioral tendencies questionnaire*). Acesta are numai treisprezece întrebări și poate fi completat de oricine.

CHESTIONARUL TENDINȚELOR COMPORTAMENTALE

Aranjează cele trei variante de răspuns în ordinea care reflectă cel mai bine comportamentul pe care îl ai în general (nu cel pe care consideri că ar trebui să îl ai, nici cel pe care l-ai putea avea într-o situație specifică). Notează primul răspuns spontan, fără să te gândești prea mult la întrebare. Scrie „1“ în căsuța din dreptul răspunsului care ți se potrivește cel mai bine, „2“ în dreptul celei de-a doua alegeri și „3“ lângă răspunsul care te caracterizează cel mai puțin.

1. Dacă aș organiza o petrecere, ...
   - ❑ aș vrea să fie foarte animată și să participe multă lume.
   - ❑ aș vrea să fie prezenți doar anumiți oameni.
   - ❑ ar fi ceva improvizat și nonconformist.

2. Când trebuie să fac curat în cameră, ...
   - ❑ sunt mândru de faptul că la final arată minunat.
   - ❑ observ de îndată problemele, imperfecțiunile sau dezordinea.
   - ❑ am tendința să nu observ dezordinea și nici nu sunt deranjat de ea.

3. Prefer ca spațiul în care locuiesc să fie...
   - ❑ frumos.
   - ❑ organizat.
   - ❑ haotic în mod creativ.

4. Când îmi îndeplinesc sarcinile de serviciu, îmi place...

- ❑ să mă implic cu pasiune și energie.
- ❑ să mă asigur că totul este conform standardelor.
- ❑ să iau în considerare posibilități viitoare/să caut cea mai bună cale de urmat.

5. Când discut cu alte persoane, pot fi perceput ca un om...

- ❑ afectuos.
- ❑ realist.
- ❑ profund.

6. Dezavantajul stilului meu vestimentar constă în faptul că poate trece drept...

- ❑ decadent.
- ❑ lipsit de imaginație.
- ❑ nepotrivit sau discordant.

7. În general, mă mișc...

- ❑ mult.
- ❑ repede.
- ❑ haotic.

8. Camera mea este

- ❑ bogat decorată.
- ❑ perfect aranjată.
- ❑ dezordonată.

9. În general, am tendința să...

- ❑ îmi doresc intens anumite lucruri.
- ❑ critic, dar să-mi păstrez gândirea limpede.
- ❑ fiu în lumea mea.

10. La școală aveam reputația elevului...

- ❑ popular.
- ❑ intelectual.
- ❑ visător.

11. Felul în care mă îmbrac de obicei poate fi descris ca...

- ❑ elegant și atrăgător.
- ❑ îngrijit și ordonat.
- ❑ relaxat.

12. Par o persoană...

- ❑ afectuoasă.
- ❑ serioasă.
- ❑ distrată.

13. Când ceilalți sunt entuziasmați de ceva, eu...

- ❑ mă molipsesc și vreau să mă implic.
- ❑ tind să fiu sceptic.
- ❑ deviez de la subiect.

Acum adună numerele din fiecare categorie ca să obții punctajul brut al primei opțiuni, al celei de-a doua și al celei de-a treia. Categoria cu cel mai *scăzut* punctaj reprezintă tendința ta dominantă.

Prima = tipul care abordează; Cea din mijloc = tipul evitant; Ultima = tipul care se lasă dus de val. De exemplu, dacă ai obținut 18 puncte la prima opțiune, 25 la cea de mijloc și 35 la ultima, ai o tendință mult mai mare să te încadrezi în categoria tipului care abordează.

Te poți raporta la chestionarul tendințelor comportamentale ca la un chestionar de personalitate mindfulness. Și sper că îți va fi de folos în viața de zi cu zi. Dacă îți percepi și înțelegi mai bine tendințele comportamentale cotidiene, poți să afli mai multe despre tine și despre reacțiile tale obișnuite la lumea internă și externă. Poți, de asemenea, să afli și tipurile de personalitate ale membrilor familiei, ale prietenilor, ale colegilor de serviciu, în așa fel încât să trăiești și să lucrezi mai armonios cu ei.

Fiind mai racordat la felul tău de a fi, te vei putea baza pe puterea tendințelor tale obișnuite. De exemplu, o persoană care manifestă tendințele predominante ale tipului care abordează s-ar putea descurca foarte bine în domeniul vânzărilor sau al marketingului. Evitantul s-ar descurca de minune cu o sarcină care presupune un nivel ridicat de precizie și atenție la detalii, fiindcă persoanele din această categorie adoră să se concentreze sau să observe lucruri și se dezvoltă în astfel de situații. Iar cel care se lasă dus de val s-ar putea să exceleze în găsirea unor soluții creative în timpul unei ședințe de brainstorming sau la începutul unui proiect de anvergură.

De asemenea, faptul că îți înțelegi tendințele obișnuite te va ajuta să te dezvolți ca persoană și să eviți suferințele inutile. De exemplu, dacă ești genul care abordează, poți să cartografiezi toate obiceiurile din viața ta în care tinzi să întreci măsura, atunci când vrei prea mult dintr-un lucru bun și de fapt faci mai rău (de exemplu, mănânci prea mult, devii gelos în relațiile de prietenie etc.). Dacă ești genul evitant, poți să fii atent la comportamentele asociate, cum ar fi faptul că judeci exagerat de mult (pe tine sau pe ceilalți) ori te concentrezi excesiv asupra preciziei și pierzi imaginea de ansamblu. Iar dacă ești genul care se lasă dus de val, te poți concentra pentru a deveni mai conștient de situațiile în care eziți să iei singur o decizie și ești de acord cu ceilalți doar ca să nu cauzezi conflicte.

Pe paginile următoare vei găsi rezumate generale pentru fiecare tip de personalitate. Ține minte că acestea sunt tendințe, nu etichete. Foarte adesea, oamenii au o tendință predominantă, dar pot înclina către o tendință sau alta în funcție de situație. De exemplu, atât eu, cât și soția mea putem fi încadrați în mare măsură în categoria evitantului. Asta poate explica de ce suntem amândoi cadre universitare: ne place la nebunie să ne petrecem timpul analizând premise și teorii, făcând cercetare și observând lucruri. Ca tendință secundară, amândoi ne apropiem mai mult de categoria celor care se lasă duși de val. Așa că, dacă unul dintre noi este încordat sau are o zi proastă, celălalt tinde să fie mai optimist și să ofere sprijin, în loc să alimenteze combustia creată de judecare.

De altfel, faptul că ne cunoaștem tendințele comportamentale a ajutat-o pe soția mea să-și repereze mai ușor tiparele obișnuinței. Dacă se întâmplă ca ea să îmi povestească ceva ce i s-a întâmplat unei colege de serviciu, iar eu am tendința să judec acea persoană, soția mea îmi atrage atenția cu multă delicatețe asupra buclei obișnuinței mele de a judeca, astfel încât să mă opresc un pic și să văd situația mai limpede.

Tipul care abordează: ai tendința să fii optimist și afectuos și poți fi chiar popular. Ești echilibrat și isteț în rezolvarea sarcinilor de zi cu zi. Cel mai probabil ești atras de lucrurile plăcute. Îți pui speranțele în ceea ce crezi, iar temperamentul tău plin de pasiune te face popular printre oameni. Ai o postură încrezătoare (cu alte cuvinte, ai un mers mândru). La răstimpuri poți fi tentat să devii un pic avid de succes. Dorești experiențe plăcute și companie bună.

Tipul evitant: ai tendința să gândești limpede și să analizezi. Intelectul tău îți permite să vezi lucrurile logic și să identifici imperfecțiunile. Înțelegi cu ușurință concepte și ai tendința să menții totul curat și îngrijit, în timp ce rezolvi lucrurile rapid. Ești atent la detalii. Se poate chiar să ai o postură rigidă (adică ai un mers țeapăn și grăbit). Din când în când s-ar putea să observi că judeci exagerat de mult și ești foarte critic. Poți lăsa impresia că ești perfecționist.

Tipul care se lasă dus de val: ai tendința să fii relaxat și tolerant. Poți să te gândești la viitor și să speculezi cu privire la ceea ce s-ar putea întâmpla. Ai o gândire profundă și filozofică. Din când în când te trezești rătăcind în propriile gânduri și fantezii. Fiindcă ești un visător, poți deveni uneori neîncrezător și îngrijorat cu privire la diferite lucruri. Din când în când s-ar putea să observi că aprobi ceva ce au sugerat alții și că probabil ești prea ușor de convins. De asemenea, poți observa că ești mai puțin organizat decât alții și lași impresia că ești visător.

Cu cât înțelegi mai mult felul în care îți funcționează mintea, cu atât vei reuși să o gestionezi mai bine. Cu cât îți explorezi mai mult tendințele comportamentale, cu atât vei fi mai capabil să extragi tot ce e mai bun din propriile puteri, să te dezvolți și să înveți din momentele în care tendințele tale devin o piedică.

Gândește-te că aceste tendințe te vor putea ajuta să vezi anumite obișnuințe care s-au adâncit în mintea ta și în care este foarte probabil să cazi. Este extrem de util să fii conștient de lucrurile acestea atunci când treci prin procesul de schimbare a obiceiurilor, fiindcă dacă nu vezi tendințele de bază, nu le poți schimba (nici nu te debarasezi de tendințele nefolositoare, nici nu te sprijini pe cele ajutătoare). Una dintre pacientele mele de la clinică a exprimat asta foarte frumos: când i se întâmpla să se blocheze într-o buclă a obișnuinței în forma judecării de sine („A fost o prostie. De ce am făcut asta?"), își spunea pur și simplu *Oh, e doar creierul meu*, iar asta o ajuta să nu ia lucrurile atât de personal.

Prin urmare, ține minte care este tendința ta comportamentală (sau care sunt tendințele) în timp ce continui lectura acestei cărți și vezi dacă îți poți accesa punctele forte care să te ajute să îți gestionezi anxietatea și să îți schimbi obiceiurile per ansamblu. Poate reușești chiar să ieși din anumite tendințe comportamentale bazate pe obișnuință, atunci când acestea încep să îți stea în cale. În regulă, simți că până la momentul acesta te descurci destul de bine să-ți cartografiezi mintea și că poți face pasul următor? Hai atunci să trecem la Partea a II-a.

PARTEA a II-a

Cum să actualizezi valoarea de recompensă a creierului: viteza a doua

1. Trebuie să lași durerea să vină.
2. Trebuie s-o lași să te învețe.
3. Nu trebuie s-o lași să rămână.

– Ijeoma Umebinyuo

CAPITOLUL 10
Cum ia decizii creierul (de ce preferăm tort în loc de broccoli)

Probabil că una dintre cele mai frustrante bucle ale obișnuinței în forma anxietății cu care se confruntă oamenii este procrastinarea. De ce oare o astfel de buclă tinde să se perpetueze un timp atât de îndelungat? Una dintre grijile care declanșează cel mai adesea procrastinarea este frica de eșec sau de inadecvare. O participantă la programul meu pentru tratarea anxietății a exprimat-o astfel:

> Îmi dă mari bătăi de cap „bucla îngrijorării", în care anxietatea îmi este alimentată de un meniu combinat, alcătuit din autocritică și gânduri de îngrijorare. Una dintre cele mai grave consecințe pe care le are acest cerc vicios asupra mea este PROCRASTINAREA. Chiar în momentul de față amân pentru mai târziu...

O altă pacientă a descris propria buclă a obișnuinței astfel:

> Mi-am petrecut întreaga dimineață prinsă într-o buclă a evitării. Deschid proiectul, arunc o privire pe platformele de socializare, pierd o jumătate de oră. Sar înapoi la proiect, iau telefonul pentru „doar o tură" de jocuri, pierd o oră. „Recompensa" pe care o primesc este aceea că nu trebuie să mă confrunt cu sentimentul neplăcut că am rămas în urmă, că am prea multe de făcut. Jocurile sau

platformele de socializare mă anesteziază pentru o vreme, îmi permit să mă ascund de acest sentiment.

Declanșator: Lucrează la proiect.
Comportament: Accesează un joc pe telefonul mobil (procrastinare).
Rezultat: Evită, pierde o oră de lucru.

Ironia constă tocmai în faptul că acea evitare temporară a „sentimentului neplăcut de a rămâne în urmă cu lucrul" o face să rămână și mai în urmă. Iată și continuarea:

În ultimii 15 ani am experimentat o serie întreagă de instrumente și tehnici, am cinci aplicații diferite și abonamente nelimitate pe care le folosesc zilnic ca să îmi monitorizez timpul și să blochez diferite site-uri și jocuri între anumite intervale orare, îmi țin telefonul aproape tot timpul pe modul „Nu deranjați". Am nevoie de îndrumare ca să pot aborda reacția emoțională creată de această problemă. Pentru că, în esență, indiferent câte instrumente și tactici folosesc, dacă vreau cu adevărat să procrastinez, tot o fac. Întotdeauna găsesc o cale.

Ceea ce încerc să descopăr este cum să interacționez cu dorința subiacentă – sau mai corect spus, cu fricile subiacente. Cauza anxietății. Am lucrat ani întregi atât singură, cât și cu un terapeut, ca să mă asigur că activitățile pe care le întreprind sunt cele pe care vreau să le fac. Problema este că încă am spaime adânci, cumplite, vechi de zeci de ani, cum că nu sunt suficient de bună, că voi fi respinsă etc. Și, din păcate, fiecare dintre aceste spaime este alimentată de o mulțime de evenimente în care lucrurile chiar așa s-au întâmplat. Indiferent cât de mult mi-aș dori să fac ceva, sunt copleșită de spaimă și eșuez din nou în bucla evitării, care îmi oferă acea alinare temporară. Dacă strategiile și instrumentele ar fi fost soluția, deja aș fi depășit problema, pentru că le-am încercat pe toate... Nici nu mai știu de câte ori am auzit, de-a lungul timpului, de la ceilalți: „Păi, trebuie doar să faci un

> efort de voință și ai să reușești!" Aș vrea să-i întreb, oare ei chiar cred că nu m-am gândit deja la asta, sau își imaginează că m-am gândit, dar nu am destulă tărie de caracter. Niciunul dintre gândurile astea nu este prea flatant.

Nu numai că nu ar fi admisă în clubul ultra-exclusivist al celor cu voință puternică – în care prietena mea Emily și Mr. Spock din *Star Trek* sunt doi dintre cei câțiva membri –, dar în ultimii douăzeci de ani nimeni nu a ajutat-o să vadă care este cheia pentru schimbarea comportamentului (valoarea recompensei) și cum funcționează în cazul ei.

De ce creierul tău preferă tort în loc de broccoli?

Răspunsul nu este atât de simplu – „fiindcă tortul are gust mai bun". Răspunsul adevărat ne arată mai amănunțit *de ce* procedăm într-un anume fel și cum putem elimina o gamă largă de obiceiuri proaste, de la mâncatul pe fond nervos până la procrastinare.

Hai să începem cu motivul și cu felul în care creierul nostru își formează obiceiuri. Lucrul acesta va implica o mică revenire la capitolul 3, dar ai răbdare. Pe scurt: obiceiurile eliberează spațiu din creierul nostru ca să ne permită să învățăm lucruri noi. Dar nu fiecare acțiune devine un obicei. Creierul tău trebuie să aleagă ce să păstreze ca obicei și ce să nu mai repete. Adu-ți aminte, înveți un obicei în funcție de *cât de satisfăcător* este comportamentul. Cu cât este mai satisfăcător comportamentul, cu atât obiceiul devine mai puternic.

Acest lucru este important, așa că îl voi repeta: *Cu cât comportamentul este mai satisfăcător, cu atât obiceiul devine mai puternic.*

În fond, creierul nostru stabilește o ierarhie a comportamentelor bazată pe valoarea recompensei pe care o oferă. Comportamentul cu cea mai mare recompensă este cel ales de creier și pe care îl practicăm ulterior. Din perspectivă neurobiologică, acest lucru are legătură, probabil, cu cantitatea de dopamină care ne invadează centrii cerebrali implicați în recompensare atunci când învățăm un comportament pentru prima dată. Asta ne duce înapoi la creierul nostru de oameni ai cavernelor, care este proiectat în așa fel încât să ne ajute să acumulăm caloriile necesare supraviețuirii. De exemplu, zahărul și grăsimile au multe calorii, prin urmare, când mâncăm tort, o parte a creierului nostru gândește în schema *Calorii – supraviețuire!*. Și uite așa începem să preferăm tort în loc de broccoli. Un studiu efectuat la Institutul Max Planck a descoperit de curând următorul lucru: creierul primește două doze de dopamină – prima vine când gustăm mâncarea, iar cea de-a doua când mâncarea ajunge în stomac.[36] În funcție de caloriile promise, creierul nostru își amintește care sunt alimentele cele mai satisfăcătoare (mai multe calorii = mai multă satisfacție); acesta este motivul pentru care părinții nu pun niciodată pe masă desertul în același timp cu restul mâncărurilor. Dacă ni s-ar da de ales, ne-am sătura cu tort înainte de a mânca legumele.

Însă nu numai caloriile contează. Creierul nostru învață valoarea recompensei și pentru oameni, locuri și lucruri. Gândește-te la toate petrecerile aniversare la care ai mers când erai copil. Creierul tău combină toate aceste informații – gustul tortului și cât de mult te-ai distrat cu prietenii – într-un singur compus ce reprezintă valoarea recompensei.

Valoarea recompensei a fost corelată cu o anumită parte a creierului numită cortex orbitofrontal (*the orbitofrontal cortex*, OFC). Acesta reprezintă o răspântie din creier unde sunt reunite informațiile emoționale, senzoriale și comportamentele anterioare.[37] OFC preia aceste informații, le pune laolaltă și le utilizează ca să alcătuiască acel compus de valoare a recompensei unui comportament, astfel încât să o accesăm rapid în viitor, ca pe o informație gata „prelucrată".

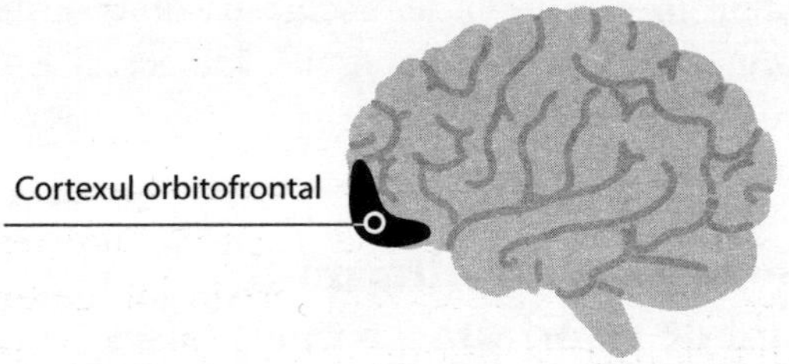

Când ești deja adult și vezi o felie de tort, nu mai este nevoie să înveți din nou gustul sau să îți amintești cum te distrai pe vremea când mâncai tort; în schimb, asocierea aceea pe care ai făcut-o în copilărie se va manifesta. Faptul că mănânci tort te face să te simți bine și declanșează un răspuns automat, bazat pe obișnuință.[38] Gândește-te la procesul de învățare a unui obicei ca la o strategie de tipul „stabilește și uită" – stabilești valoarea recompensei și uiți detaliile.

De aceea este și atât de dificil să scapi de obiceiuri.

Dacă te străduiești să renunți la mâncatul automat al oricărei felii de tort pe care o vezi, cineva îți va spune, probabil, să faci un efort de voință și pur și simplu să nu mai mănânci tort. Dar oare poți să scapi de obiceiul de a mânca doar prin gândire? Această modalitate poate să dea roade uneori, dar cel mai adesea, pe termen lung, nu funcționează. Iar asta din cauză că mecanismul creierului tău nu merge așa.

Ca să schimbi un comportament, nu poți pur și simplu să te concentrezi asupra lui. Ci trebuie să transmiți *experiența simțită a recompensei* pentru acel comportament. Dacă ar fi suficient să ne gândim cum să scăpăm de un comportament, ne-am spune pur și simplu să nu mai fumăm, să nu mai mâncăm tort, să nu mai ridicăm tonul la copii când suntem stresați, să nu mai fim anxioși în general, și – pac! – ar funcționa. Dar nu funcționează. Singurul mod viabil în care ne putem schimba obiceiurile este să actualizăm valoarea recompensei.[39] De aceea se numește învățare bazată pe recompensă.

Conștientizare: actualizează-ți sistemul de valorizare a recompensei

Deci cum actualizăm valorile recompensei și scăpăm de îngrijorare, procrastinare și alte obiceiuri proaste? Printr-un singur act: conștientizarea.

Pentru ca creierul nostru să poată constata că valorile învățate în trecut sunt acum depășite, trebuie să îi aducem informații noi. Acordând atenție rezultatelor comportamentelor tale la momentul prezent, poți să îți trezești creierul, să îl scoți de pe modul pilot automat și să vezi cât de satisfăcător (sau de nesatisfăcător) este obiceiul pe care îl practici acum. Această informație nouă restabilește valoarea recompensei unui obicei vechi și mută comportamentele benefice undeva mai sus în ierarhia valorilor, transformându-le pe acestea din urmă în obiceiuri (vom discuta mai mult pe această temă în Partea a III-a a trilogiei buclelor obișnuinței).

Să luăm un exemplu. Nu e nevoie să le spun pacienților mei că ar trebui să se forțeze să renunțe la fumat, că le face rău – ei știu deja asta, au aflat încă de când acel bărbat atrăgător care era imaginea țigărilor Marlboro a murit din cauza emfizemului (de fapt, nu mai puțin de patru bărbați care au fost imaginea Marlboro au murit de boală pulmonară obstructivă cronică).[40] Niciun pacient nu a venit vreodată la mine ca să mă roage să îl ajut să fumeze *mai mult*. Ceea ce fac eu este să merg exact la țintă: experiența directă. Îi învăț pe oameni să fie atenți la ei înșiși atunci când fumează.

Cei mai mulți încep să fumeze în adolescență, așa că au stabilit o valoare a recompensei destul de mare pentru țigări: sunt tineri și grozavi la școală, se răzvrătesc împotriva părinților și altele asemenea. Îi îndemn să fie atenți când fumează, ca să își dea seama cât de satisfăcător este fumatul pentru ei *aici și acum*. O femeie care făcea acest exercițiu de atenție a declarat că fumul de tutun „miroase ca brânza puturoasă și are gust de chimicale. *Câh!*".

Observi în ce fel a conștientizat? Ea nu a gândit: *Fumatul îmi face rău*. În schimb, a adus curiozitatea și conștientizarea în actul ei de a fuma *în timp ce* făcea asta – și atunci a observat mirosul și gustul de chimicale din țigară. Fumatul chiar are un gust rău când ești atent. Anxietatea este destul de clară în privința asta: pacienții nu vin niciodată la mine ca să-mi spună că nu sunt destul de anxioși sau să-mi ceară vreun medicament care să le sporească anxietatea. Anxietatea e deranjantă.

Acest tip de conștientizare este extrem de important când vrei să restabilești valoarea recompensei în creier, ca să reușești astfel să scapi de obicei.

Aceasta este esența treptei a doua de viteză.

Spune-mi dacă te recunoști în asta:

Te întorci acasă după o zi lungă la școală sau la serviciu. Poate că a fost o zi dificilă, ești puțin stresat sau ești pur și simplu obosit. Încă nu e ora cinei, dar te duci în bucătărie pentru o gustare. Înhați o pungă cu chipsuri sau un baton de ciocolată și începi să mănânci distrat, în timp ce stai și te uiți la televizor, îți verifici e-mailul ori vorbești la telefon.

Până să-ți dai seama, ai dat gata jumătate din punga de chipsuri și te simți umflat, într-o stare nu prea bună. Hai să cartografiem asta:

Declanșator: Momentul zilei, stres, foame.
Comportament: Mănânci o gustare cu mintea aiurea.
Rezultat: Hm, ce gust au avut chipsurile astea? N-am prea fost atent.

Da, exact așa. De aceea este atât de greu să scapi de obiceiurile vechi și enervante. Îți aduci aminte de acel mecanism „stabilește și uită“ de mai devreme? Creierul tău a reunit toate acele ocazii în care te-ai relaxat și ai mâncat chipsuri în timp ce te uitai la televizor și le-a combinat într-o valoare unitară a recompensei: chipsuri + TV= relaxare. Comportamentul tău de zombi, în care mănânci fără să gândești, se declanșează încă de când intri pe ușă. Valoarea de recompensă a relaxării nu se actualizează până când nu acorzi atenție acțiunilor tale *în momentul în care le desfășori*. Prin urmare, bineînțeles că vei continua să repeți acest comportament, întrebându-te de ce nu poți pur și simplu să-i pui capăt.

După cum am văzut, învățarea bazată pe recompensă (după cum indică și denumirea ei) este bazată pe recompensă. Comportamentul duce la un rezultat, iar acel rezultat atrage comportamentul viitor. Dacă este satisfăcător, îl repeți; dacă nu este, renunți la el. Budiștii descriu asta ca raportul cauză–efect; etologii o numesc întărire pozitivă și negativă (sau învățare prin întărire ori condiționare operantă).

Indiferent cum i-ai spune, dacă vrei să schimbi acest mecanism, trebuie să-ți faci cortexul orbitofrontal să se aplece asupra propriilor dejecții, ca să priceapă cât de rău miros. Așa învață creierul tău. Dacă pentru el valoarea recompensei rămâne aceeași, comportamentul nu se schimbă. Iar valoarea recompensei se poate schimba numai când apelezi la conștientizare ca să vezi *adevăratul ei caracter*. Aceasta NU este valoarea recompensei pe care ai stabilit-o când aveai cinci sau treisprezece ani și puteai mânca o pungă întreagă de chipsuri, apoi te duceai să înoți fără să ai crampe. Eu vorbesc despre valoarea recompensei de la acest moment din viața ta. Numai atunci poți să apeși pe butonul roșu de resetare a recompensei.

Când creierul tău „dă cu nasul" de oricare dintre obiceiurile tale, se întâmplă ceva magic: începi să te eliberezi de sub vraja acelui obicei. Nu vreau să treci repede peste asta, așa că voi repeta într-o manieră ușor diferită de data aceasta și voi scrie cu caractere italice, special pentru tine: *Dacă vei fi foarte atent – fără să faci nicio presupunere, fără să te bazezi pe experiențe trecute care să te ghideze – și vei observa că un comportament nu este satisfăcător în momentul prezent, îți garantez că vei începe să fii tot mai puțin interesat să-l repeți.*

Iar asta se întâmplă deoarece creierul tău actualizează valoarea recompensei pe baza celei mai recente informații pe care i-o dai (în cazul acesta, prin faptul că ești atent la cum te simți). Când se schimbă valoarea, cortexul tău orbitofrontal își redefinește ierarhia recompenselor și mută comportamentul cel mai puțin satisfăcător undeva mai jos în lista „declanșare/reacție automată". Poți să vezi (și să simți) destul de clar că acel comportament nu mai este atât de satisfăcător cum îți aminteai, prin urmare, ești mai puțin încântat să îl reiei pe viitor.

Dezvrăjirea în stil Moș Crăciun

La fel ca un copil care se agață de barba lui Moș Crăciun și își dă seama pentru prima dată că Moșu' e doar un tip oarecare îmbrăcat într-un costum roșu și cu o barbă falsă – în orice caz, *nu* e cel adevărat –, atunci când ești atent la rezultatele comportamentelor tale suficient de mult cât să actualizezi valoarea recompensei în cortexul orbitofrontal, *nu mai poți da înapoi, prefăcându-te că nu ai văzut schimbarea.* După ce ai aflat adevărul, nu te mai poți convinge singur că există Moș Crăciun.

Odată ce ești pe deplin conștient că procrastinarea te face să întârzii și mai mult proiectul, sau că înfulecând o pungă plină cu chipsurile preferate te balonezi și asta îți dă o stare mizerabilă, nu poți să o iei de la capăt și să pretinzi că nu e așa.

De fiecare dată când ești atent la acțiunile tale, devii mai conștient de ceea ce primești cu adevărat de pe urma lor. Dacă observi că, atunci când mănânci prea multe, chipsurile te fac să te simți rău, data viitoare nu vei mai fi la fel de încântat să mănânci o pungă întreagă. Și nu pentru că trebuie să te forțezi să nu le mănânci, ci pentru că pur și simplu îți aduci aminte ce s-a întâmplat data trecută (și mai înainte de data trecută, și încă mai înainte, și tot așa). Iar asta este valabil și pentru îngrijorare, procrastinare sau alte bucle ale obișnuinței în forma anxietății pe care le-ai învățat de-a lungul anilor.

Aceasta este excelenta tehnică de învățare bazată pe recompensă a sistemului tău cerebral – și nu are nimic de-a face cu voința. Acum știi cum îți funcționează creierul, așa că poți să îl gestionezi, în loc să te gestioneze el pe tine.

Definirea vitezei a doua: darul dezvrăjirii

Viteza a doua se concentrează asupra rezultatelor pe care le obții prin acțiunile tale.

Este vorba despre învățarea bazată pe recompensă sau vechea legătură cauză–efect.

După ce ți-ai identificat și cartografiat buclele obișnuinței (prima treaptă de viteză) și ești pregătit să exersezi condusul cu viteza a doua, pune-ți această întrebare simplă: *Ce câștig am de la acest comportament?*

Ca să găsești răspunsul va trebui să fii foarte atent la senzațiile viscerale concrete, la emoțiile și gândurile care vin ca rezultat al comportamentului în cauză.

ATENȚIE: Acesta *nu* este un exercițiu al minții. Ferește-te să cazi în capcana în care înțelegi cum funcționează evaluarea recompenselor în creier, apoi încerci să te gândești la un mod prin care să elimini obiceiurile nocive și să dezvolți unele benefice. Dacă ai încercat vreodată să îți schimbi obiceiurile alimentare, probabil că următorul lucru ți se va părea cunoscut:

Declanșator: Momentul zilei, stresul, foamea.

Comportament: Îți spui că nu ar trebui să iei o gustare. Peste cinci minute atenția îți este distrasă, iar voința ta cedează și mănânci gustarea fără să îți dai seama.

Rezultat: Te simți rău. Îți spui că nu ar fi trebuit să faci asta.

Întrucât gândirea ne este foarte utilă când avem de luat decizii și când facem planuri, avem deseori tendința să îi acordăm prea multă credibilitate părții raționale a creierului. Adu-ți aminte, este cea mai slabă regiune cerebrală, deci nu o poți lăsa pe ea să ducă greul. Lasă-i partea distractivă, creativă. Când este vorba să îți schimbi comportamentul, lasă treaba asta pe seama părții care poate duce greutăți (OFC și alte regiuni cerebrale implicate în învățarea bazată pe recompensă). Cum îl determini pe tipul musculos să-ți asculte ordinele? Angajezi pe cineva care să devină antrenorul campionului de categorie grea. Antrenorul îl va ajuta să vadă că eforturile îl fac mai puternic, așa că va vrea imediat să facă asta pentru tine. Gândește-te la conștientizare ca și cum ar fi antrenorul tău cerebral.

Așadar, dacă mintea ta începe să transforme această acțiune într-un exercițiu mintal – încearcă să-ți găsească o cale de a scăpa de îngrijorare sau de alt obicei –, observă doar și cartografiază asta ca pe o buclă a obișnuinței (ca în exemplul de mai sus). Apoi întreabă-te: *ce primesc din asta?* Nu formula întrebarea la nivel intelectual.

Când îți pui această întrebare, dă o pauză de câteva clipe minții care se ocupă cu gândirea, apoi activează-ți conștientizarea și observă ceea ce se petrece în corpul tău. În acest moment este destul de simplu pentru conștientizare să îți antreneze creierul. Evident, dacă mănânci o pungă întreagă de chipsuri nu te va ajuta să te pregătești pentru maratonul acesta, nici nu îți va scădea tensiunea arterială. Dacă procrastinezi, nu vei reuși să termini proiectul – de fapt, vei face exact pe dos, mai ales atunci când se adaugă și presiunea unui termen limită. Conștientizare. Aici se află darurile dezvrăjirii, care așteaptă sub brad să fie deschise. Trebuie să fii prezent ca să le deschizi.

Ești pregătit să te aventurezi pe tărâmul dezvrăjirii? Să pornim.

Acum, când ai aflat ideea principală ca să-ți antrenezi creierul, încearcă să o pui în practică și vezi dacă te obișnuiești cu ea. Vezi dacă poți începe să conduci cu viteza a doua: cartografiază o buclă a obișnuinței (anxietatea sau altceva) ca să te pui în mișcare, apoi treci într-a doua concentrându-te la rezultatele comportamentului. Mai întâi conștientizează-ți experiențele încorporate, apoi concentrează-te asupra întrebării: *Ce câștig din asta?* Care este rezultatul acestui comportament atunci când pur și simplu iei aminte la el? Cum te simți?

CAPITOLUL 11

Nu te mai gândi: povestea lui Dave, partea a doua

Ne-am oprit cu povestea lui Dave la momentul în care eu îi dădusem instrucțiuni ca să-și cartografieze buclele obișnuinței apărute în jurul anxietății și îl trimisesem acasă cu aplicația noastră de reducere a anxietății, ca să îl ajut în demersul acesta. Mai exact, acea cartografiere presupunea să se concentreze asupra raportului cauză–efect între comportament și recompensă. Trebuia să vadă singur cât de nesatisfăcătoare erau comportamentele lui bazate pe obișnuință. În felul acesta ar fi putut să facă progrese importante. De fapt, la prima lui vizită în clinică i-am dat instrucțiunile ca să poată conduce atât cu viteza întâia, cât și cu cea de-a doua.

S-a demonstrat că învățarea bazată pe recompensă este cel mai eficient mecanism de acest gen cunoscut în știință. Prin urmare, de ce nu ar fi mai ușor să îi valorificăm puterea pentru a ne dezvăța de vechile obiceiuri în același fel în care le învățăm? De ce să nu ne concentrăm pentru a vedea cât de satisfăcător este un obicei, iar dacă este satisfăcător, să îl repetăm? Însă dacă nu mai este satisfăcător, să nu îl mai facem, nu? În teorie, pare – și este – simplu. Totuși, aici putem cădea ușor în capcana cugetării, despre care am scris în capitolul anterior: poți să știi că un lucru îți face rău, dar faptul că te gândești la asta nu va schimba în sine comportamentul. Gândul nu are suficientă putere. Pentru a schimba valoarea recompensei trebuie să antrenezi forțele de tracțiune mai puternice, ca să facă treaba pentru tine. Iar valoarea recompensei nu se schimbă fără ca antrenorul (conștientizarea) să o ajute să vadă clar ce merită păstrat și ce nu. Obiceiurile vechi se pot schimba destul de repede cu antrenamentul cerebral potrivit, dar nu se schimbă instantaneu (vă voi da mai multe detalii despre asta puțin mai târziu).

Dave s-a întors peste câteva săptămâni, vizibil schimbat. Chiar înainte să ia loc a început să îmi povestească entuziasmat despre schimbările prin care trecuse.

– Mi-am cartografiat buclele obișnuinței în forma anxietății și mă simt mult mai bine doar fiindcă știu cum mi se declanșează anxietatea. Aplicația mă ajută să învăț cum să îmi gestionez anxietatea, mi-a spus.

Oh, bun. Conduce încrezător cu prima viteză, m-am gândit.

Apoi el a zâmbit și a continuat:

– A, și am slăbit șase kilograme și jumătate.

– Ce? am întrebat.

– Mi-a devenit destul de clar, faptul că mâncam pentru a face față anxietății nu mă ajuta. De fapt, îmi făcea mai mult rău, fiindcă mă simțeam foarte prost în legătură cu greutatea mea. Odată ce am constatat asta (că dacă mănânc nu scap de anxietate), a fost destul de simplu să pun capăt acestui vechi obicei.

Acesta este un exemplu excelent de transpunere a teoriei în practică. Dave a învățat cum să conștientizeze nu doar ca să își cartografieze vechile bucle ale obișnuinței, ci și, mult mai important, ca să vadă și să simtă prin propria experiență cât de nesatisfăcător era comportamentul lui, acela de a mânca pentru a face față anxietății. Cortexul său orbitofrontal îi spusese că obiceiul de a mânca avea o valoare de recompensă (în raport cu anxietatea), dar când s-a uitat cu atenție la „calitatea" recompensei, a înțeles clar că aceea numai recompensă nu era. Cu această conștientizare, cortexul lui orbitofrontal nu doar a actualizat informațiile, ci a și acționat în consecință. Conducea acum cu viteza a doua! Conștientizarea îl pusese în mișcare spre direcția bună.

În următoarele câteva luni, l-am văzut pe Dave la fiecare două săptămâni ca să verific dacă progresa și să îi mai dau sfaturi, să îi spun asupra căror zone trebuia să se concentreze ca să își gestioneze anxietatea. Până la momentul în care scriu aceste rânduri (după șase luni de tratament), a dat jos 43 de kilograme (și încă se ține tare), ficatul lui nu mai e *foie gras*, și-a rezolvat problemele cu apneea, iar tensiunea arterială a revenit la valorile normale.

Devine și mai interesant

Într-o zi, de curând, ieșeam de la Universitatea Brown, unde tocmai terminasem de predat un curs de schimbare a obiceiurilor (cursul meu preferat). Clădirea se află pe South Main Street din Providence, Rhode Island. Mergeam pe trotuar când o mașină a încetinit și a oprit chiar în dreptul meu. Șoferul a coborât geamul.

– Salut, doctore Jud! a strigat Dave cu un zâmbet larg.

Sunt convins că am părut foarte surprins – Dave conducea pe o stradă principală? El era tipul care ura autostrăzile.

– Ei bine, da, lucrez ca șofer de Uber acum. Sunt în drum către aeroport, a spus. După care a pornit fericit mai departe.

Doar prin faptul că și-a înțeles mintea și a observat metodic bucla obișnuinței în care era prins (prima viteză), Dave a reușit să facă o transformare uimitoare. Dar asta este doar o parte a poveștii. A reușit, de asemenea, să își acceseze sistemul de învățare bazat pe recompensă și să folosească asta ca să ajungă din nou pe scaunul șoferului (viteza a doua), în sensul propriu.

Dave are o poveste extraordinară. Dar să mergi cu viteza a doua nu este întotdeauna ușor. De fapt, de multe ori este de-a dreptul chinuitor să privești cu atenție consecințele vechilor tale obiceiuri. Putem chiar să fim dezvrăjiți de însuși procesul dezvrăjirii (exersarea mersului cu viteza a doua) și să ne îndreptăm în direcția opusă, spre viteza anterioară. De ce?

Creierul nostru a evoluat încercând să minimizeze cantitatea de suferință pe care o avem de suportat. Într-o logică a supraviețuirii, acest lucru are sens. Dacă atingi cuptorul încins, simți căldura și îți retragi mâna din reflex, fapt care te ferește de arsuri.

Lumea aceasta este plină de panacee care ți se vând cu scopul de a te feri de durere și a te face să te simți bine. Haine, mașini, pilule, experiențe – toate sunt ambalate și prezentate cu fundițe de genul „asta îți va ușura durerile și chinurile", „asta te va face să te simți bine" sau „asta te ajută să uiți de griji". Dar dacă rămâi în zona ta de confort, nu te vei dezvolta niciodată. Viața îți va arunca în cale tot felul de lucruri, iar tu ai de ales: fie te lași prins în capcana creării de obiceiuri care îți aduc răsfăț, distragere a atenției sau anesteziere prin cumpărarea de haine ori consumul de pastile, fie înveți să te adaptezi situațiilor dificile și chiar să câștigi ceva din ele, iar în felul acesta te dezvolți (vom discuta mai multe pe marginea subiectului în capitolul următor).

Un alt lucru ar fi acela că viteza a doua pare să dureze o veșnicie. Vezi obiceiul vechi și înțelegi rapid că nu ai niciun beneficiu de pe urma lui. Apoi te întrebi de ce nu se schimbă nimic după ce ai priceput toate acestea. Văd adesea la clinică și în programul de schimbare a obiceiurilor astfel de reacții, mai ales de la persoane care se luptă cu îngrijorarea anxioasă (această buclă a obișnuinței este clar nesatisfăcătoare). Își cartografiază bucla obișnuinței, după care îmi declară că îngrijorarea nu le oferă altceva decât și mai multă anxietate. Apoi încep să întrebe de ce nu s-au oprit deja din obiceiul de a se îngrijora. În mod clar, au înțeles că ceea ce fac nu le aduce nicio satisfacție și se întreabă de ce nu s-a petrecut încă declicul. În momente ca acestea îi întreb de cât timp au dezvoltat bucla obișnuinței în forma îngrijorării (ori a mâncatului pe fond de stres, sau în oricare altă formă ar fi). Cei mai mulți dintre ei spun „de o viață întreagă". Apoi îi întreb de cât timp sunt în program. Răspunsurile cele mai frecvente sunt „de două săptămâni" sau „de trei săptămâni". (Faptul că se aud singuri spunând asta îi ajută, de obicei, să obțină o perspectivă mai largă.)

Într-o lume a gratificărilor instantanee, este destul de ușor să te lași antrenat într-o buclă a obișnuinței în forma nerăbdării:

Declanșator: Vezi soluția (pentru anxietate, obicei, probleme).
Comportament: Vrei ca problema să se rezolve imediat.
Rezultat: Ești frustrat fiindcă problema nu s-a rezolvat.

Simplul fapt de a-ți cartografia buclele obișnuinței și a vedea lipsa lor de valoare nu va șterge miraculos anii întregi în care le-ai tot practicat. Aici intervine răbdarea. Unele obiceiuri se desprind mai repede decât altele (chiar și lui Dave i-au trebuit trei luni ca să facă progrese mari cu anxietatea). Pentru obiceiurile care s-au întipărit adânc, creierul tău are nevoie să vadă lipsa recompensei iar și iar înainte ca obiceiul nou (de a nu mai relua comportamentul vechi) să poată prelua comanda. Cu alte cuvinte, trebuie să adâncești acea cale neuronală nouă care să-ți indice „nesatisfăcător" suficient de des cât să devină un comportament automat.

Este ca în orice experiment științific. O singură informație diferită rezultată din cercetare, dintr-o mie de alte informații aproximativ la fel, reprezintă o anomalie, până când aduni suficiente date care să demonstreze că, de fapt, informația care părea excepția este cea corectă. Conștientizarea te ajută să obții informația actualizată și corectă, astfel încât să poți avea încredere în datele noi pe care le primești, nu să le respingi ca fiind eronate. Probabil sesizezi ironia – obiceiurile vechi se bazează pe date depășite, ieșite din uz, dar tocmai pentru că sunt vechi, ne sunt familiare; și pentru că sunt familiare, avem încredere în ele (ideea de schimbare ni se pare înfricoșătoare). Gândește-te că valoarea recompensei are un termen de valabilitate – este bună pentru o perioadă anume, până când îi expiră termenul. Este important să verifici dacă obiceiurile tale vechi îți mai aduc vreun beneficiu. Despre asta este vorba în treapta a doua de viteză.

La fel ca Dave, oamenii se eliberează din bucla obișnuinței dezvrăjindu-se de ea, dar trebuie să aibă grijă la caracterul ciclic (prima treaptă de viteză) și la valoarea actuală a recompensei unui comportament (treapta a doua de viteză) ca să facă asta. Și cu cât se folosesc mai mult de conștientizare și se simt mai dezvrăjiți, cu atât adâncesc mai tare calea dezvrăjirii în creierul lor. Repetarea funcționează atunci când ridici greutăți și îți lucrezi bicepșii; funcționează și atunci când îți întărești musculatura mintală. Dacă te-ai pregăti pentru un maraton, antrenorul tău nu te-ar trimite să alergi 24 de kilometri din prima zi. În același fel, încearcă să îți distribui uniform antrenamentul mintal pe zile. De fapt, cea mai bună cale să-ți antrenezi creierul înainte de schimbarea unui comportament este să îți transformi viața într-o sală de gimnastică mintală. Cu alte cuvinte, pe parcursul zilei, folosește pașii/treptele de viteză pe care le înveți din această carte ca să te poți dezvăța de obiceiurile vechi și să înveți unele noi în context – chiar în spațiul și timpul actual. Ține minte: toată această învățare bazată pe recompensă se referă la stabilirea unei memorii dependente de context.

Intervale scurte, repetate des

Dacă îți transformi viața de zi cu zi într-o sală de gimnastică mintală, vei avea și avantajul de a pune capăt acelei scuze foarte populare: „Nu am timp să exersez." Când apare obiceiul, oricum trebuie să te ocupi de el, așa că ai putea să-ți iei câteva secunde ca să îl cartografiezi și să conștientizezi rezultatele comportamentului tău bazat pe obișnuință. Dacă se întâmplă de mai multe ori pe parcursul zilei, ai mai multe ocazii pentru a face antrenamentul mintal, ca să devii mai puternic (și mai dezvrăjit de vechile obiceiuri) cu fiecare nouă conștientizare. Mă gândesc la lucrul acesta în termenii „intervale scurte, repetate des". Dacă folosești conștientizarea în raport cu obiceiurile tale vechi pentru scurt timp, de mai multe ori pe zi, te vei dezvăța mai repede și mai eficient de ele și vei învăța altele noi. De aceea îl punea Mr. Miyagi pe Daniel-san să dea cu ceară și să vopsească până la epuizare. Maestrul trebuia să fie sigur că Daniel va adânci acele căi până când aveau să devină memorie motrice. Doar atunci Daniel avea să fie pregătit de luptă.

Dacă te simți dezvrăjit de condusul în viteza a doua, poate că povestea lui Dave te va inspira și te va ajuta să înțelegi că, deși exercițiile acestea nu sunt ușor de făcut, sunt totuși simple.

Continuă să practici bucla obișnuinței. Cartografiază-ți bucla respectivă (prima treaptă de viteză); întreabă-te: *Ce câștig din asta?*; și fii atent la senzațiile corporale, la gândurile și emoțiile care apar ca rezultat al comportamentului (treapta a doua de viteză). Repetă.

CAPITOLUL 12
Învață din trecut (și dezvoltă-te)

Cum merge cu demontarea buclei obișnuinței? Poți să mai conduci încă un pic cu viteza a doua, întrebându-te *Ce câștig din asta?* și văzând mai clar rezultatele acelor obiceiuri vechi? Cortexul tău orbitofrontal s-a reîmprospătat, și-a actualizat informațiile ca să restabilească valorile de recompensă în creierul tău?

Analizează următoarele relatări despre ce au trăit alte persoane ca să vezi dacă te afli pe drumul cel bun. Voi începe cu câteva exemple din programele noastre de alimentație corectă (Eat Right Now) și de reducere a anxietății. Să explorăm elementele din prima și a doua treaptă de viteză din jurnalele lor.

Iată prima relatare:

> M-am dus să pun o linguriță de miere în ceai, dar m-am trezit ducând mai întâi o linguriță plină cu miere la gură – „Sunt atât de obosită", îmi spuneam în timp ce făceam asta –, dar de cum am simțit gustul mierii, mi-a venit în minte: *Oh, asta nu mă va ajuta deloc.* Și nici măcar nu avea un gust bun. Așa că până la urmă am fost recunoscătoare că lucrurile s-au întâmplat așa. Mi-a făcut bine să observ că doza de zahăr chiar nu m-a ajutat să mă simt mai bine și nici măcar nu era bună.

Declanșator: Zahărul.

Comportament: Deturnarea neuronilor motorii, care a determinat ducerea linguriței de miere la gură în loc de ceai.

Rezultat: Nu a avut gust bun și nici nu a dat vreo stare de bine.

Ce părere ai despre momentul în care persoana și-a spus *Oh, asta nu mă va ajuta deloc?* Viteza a doua? Sau nu? Adu-ți aminte de *avertismentul* din capitolul 10 – evită capcana gândirii. Dacă ea s-ar fi ghidat doar după acel gând, poate și-ar fi spus pur și simplu să nu mai facă asta și apoi s-ar fi blocat tot încercând să scape de comportamentul respectiv. În cazul ei, acest tipar de gândire dăduse greș în trecut.

Nu te îngrijora – persoana a trecut de ispita cugetării și a activat viteza a doua. A văzut cât se poate de limpede raportul cauză–efect (zahărul nu avea gust bun și nici nu o făcea să se simtă mai bine).

Dar mai este ceva. Ea a scris și faptul că s-a simțit recunoscătoare pentru că lucrurile s-au întâmplat așa. Acesta este un semn ferm că a învățat, ceea ce a făcut-o să se simtă bine. Suntem recunoscători că am învățat ceva folositor, fiindcă având acea cunoaștere, este foarte puțin probabil să mai repetăm un comportament nociv în viitor.

Să înveți și să progresezi reprezintă o recompensă în sine.

Un alt participant la programele noastre a scris:

> M-am trezit cu un pic de anxietate în legătură cu ceea ce s-a întâmplat în seara precedentă, dar, în loc să îi cedez, am devenit curios în ce fel simțeam. Iar lucrul acesta în sine a părut să îmi reducă nivelul de anxietate.

Declanșator: Anxietatea legată de seara precedentă.

Comportament (nou): Curiozitate față de senzațiile corporale.

Rezultat: Mai puțină anxietate.

Am denumit astfel acest comportament pentru că e vorba de o acțiune *nouă*, care diminuează anxietatea persoanei respective și în același timp subliniază posibilitatea de eliberare a acesteia dintr-o buclă a obișnuinței folosind curiozitatea. (Da, asta e o virtute a celei de-a treia trepte de viteză. O vom explora în Partea a III-a.) Dar acum, înapoi la exemplu. Relatarea participantului continuă:

> Așa că mi-am pus întrebarea cu rol de dezvrăjire din ambele perspective:
>
> „Ce am câștigat când am fost anxios în legătură cu acele senzații corporale?"
>
> (Răspuns) Nimic, în afară de și mai multă anxietate.
>
> „Ce am câștigat când am fost curios cu privire la senzațiile mele și la anxietatea pe care o experimentam?
>
> O stare de anxietate diminuată, care mi-a permis să adorm la loc.

Declanșator: Anxietatea legată de seara precedentă.

(Vechiul) comportament: Devenea anxios din cauza senzațiilor corporale.

Rezultat: Vedea cum anxietatea duce la și mai multă anxietate.

Acesta este un exemplu foarte bun pentru trecerea la treapta a doua de viteză. Remarcă autoreflecția activă a persoanei cu privire la rezultatul pe care l-a obținut când a cedat anxietății și îngrijorării. Observă cum nu s-a mai lăsat prinsă în capcană. În schimb, a cartografiat bucla și ceea ce a primit *înainte* de pe urma ei. Iar asta a fost suficient ca să treacă în viteza a doua, unde a introdus curiozitatea drept comportament diferit.

Eu numesc asta *treapta a doua de viteză retrospectivă*. „Condusul“ retrospectiv în treapta a doua de viteză este ca și cum ne-am pune întrebarea *Ce câștig din asta?* după ce s-a întâmplat ceva. Este important acest lucru. Și îl subliniez fiindcă arată că treapta a doua de viteză funcționează *chiar și după consumarea faptului*. Poți să înveți dintr-o situație chiar în momentul în care are loc. Dar poți să înveți din ea și după ce s-a petrecut, când o vezi în oglinda retrovizoare. Participantul nostru cu somn anxios a reușit să reflecteze asupra experiențelor sale anterioare, când se afunda în anxietate ca în vizuina iepurelui; faptul că a constatat cât de nefolositor fusese acest comportament pentru somnul său l-a ajutat să evite căderea în aceeași capcană. Câteodată este chiar mai bine să reflectezi retrospectiv ca să înveți ceva, pentru că ești mai puțin afectat emoțional. Lasă praful să se aștearnă, evaluează pagubele, ia notițe și apoi trage concluziile. Și poți face asta iar și iar, de câte ori vrei, câtă vreme îți este încă accesibilă suculența experienței trăite.

Când spun suculență mă refer la faptul că încă îți poți aminti cât de satisfăcătoare (sau de nesatisfăcătoare) au fost senzațiile, emoțiile și gândurile care au rezultat din respectivul comportament. Asta nu înseamnă să descifrezi sau să te atenționezi mintal cu privire la ceva. Nu este vorba despre ceva ce *ar fi trebuit* să faci. Treapta a doua de viteză retrospectivă îți amintește faptele privind în urmă: ce anume s-a întâmplat și cât de satisfăcător a fost, fără să facă modificări asupra amintirii. Toată sporovăiala aceea mintală care dă o anumită formă amintirilor nu face altceva decât să îți stea în cale și să te împiedice să îți amintești scenariul; și astfel îți este mai greu să te conectezi cu experiențele integrate ce rezultă din rememorare. Experiența integrată, senzorială, este acea sevă care îți semnalează gradul de satisfacție pe care l-a perceput creierul tău. Dacă experiența mai are sevă, dacă încă este suculentă atunci când ți-o amintești, înseamnă că mai poți învăța de pe urma ei.

Îți dau un exemplu, ca să fiu sigur că înțelegi cum funcționează treapta a doua de viteză retrospectivă. Am lucrat cu mulți oameni care se luptau cu pofta necontrolată de mâncare. Ajungeau în biroul meu doborâți de faptul că aveau acea poftă necontrolată, după care începeau să se „admonesteze“: *ar fi trebuit* să fac asta, *n-ar fi trebuit* să fac cealaltă. Ar fi trebuit „să le facă pe toate“.

Ca să elimin obsesia aceasta inutilă legată de ceea ce ar fi putut să fie, le-am cerut pacienților mei să își amintească cea mai recentă dată când au mâncat în exces, cea care le-a rămas încă proaspătă în memorie. Aceasta este esența treptei a doua de viteză retrospectivă: să te uiți înapoi și să cartografiezi rezultatele pe care le-ai obținut de curând practicând bucla obișnuinței. Le cer să facă asta fără judecare de sine – adică doar să descrie ceea ce s-a întâmplat (comportamentul) și urmările (rezultatul).

După ce descriu scena excesului – poate că au pierdut controlul sau au acționat pe pilot automat –, pacienții povestesc adeseori cum s-au trezit în dimineața următoare simțindu-se balonați, mahmuri sau extenuați fizic și mintal. Și ne concentrăm asupra acestui punct: rezultatul excesului, *partea cu dimineața de după*. Cum îți simțeai corpul? *Groaznic.* În ce stare emoțională erai? *Groaznică.* Starea mintală? *Groaznică.* Apoi îi întreb: „Acum, după ce ai privit în urmă la toate astea, ce ai învățat?“ Iată un exemplu:

Declanșator: Te iei la ceartă cu un membru al familiei.

Comportament: Faci exces de mâncare.

Rezultat: Te simți groaznic atât fizic, cât și emoțional și mintal (și fără nicio îmbunătățire în relațiile de familie).

După terminarea acestui mic exercițiu de condus cu viteza întâia și cu cea de-a doua (retrospectivă), adeseori se petrece o revelație:

„Deci excesul acela nu a fost chiar o eroare totală."

„Nu, dacă tragi învățămintele din el", este răspunsul meu.

Asta este, pe scurt, treapta a doua de viteză retrospectivă. Câtă vreme acea amintire a buclei obișnuinței este suficient de proaspătă în memorie, te poate ajuta să te dezvrăjești.

Mentalitatea contează

Există un truc pentru a-ți utiliza eficient treapta a doua de viteză retrospectivă, pentru a stoarce toată seva din experiența anterioară și a trage maximum de învățăminte din ea. Poate îți amintești de Carol Dweck, pe care am menționat-o în capitolul 6. Este cercetătoarea de la Stanford care a patentat termenii de *mentalitate fixă* și *mentalitate orientată către dezvoltare*. Dr. Dweck definește mentalitatea fixă ca fiind aceea în care crezi că inteligența ta elementară și abilitățile tale sunt inflexibile: sunt cele pe care le ai și trebuie să le folosești cum poți mai bine. În schimb, mentalitatea orientată către dezvoltare este convingerea că abilitățile tale pot evolua și se pot îmbunătăți cu timpul.

Dr. Dweck a studiat mentalități timp de câteva decenii. Potrivit unei definiții, o mentalitate este un set de presupuneri, metode sau simboluri deținute de una sau mai multe persoane, ori de un grup de oameni. Mai simplu spus, este perspectiva unei persoane asupra lumii. Mentalitatea sau perspectiva noastră asupra lumii poate fi atât de înrădăcinată, încât determină felul în care interpretăm evenimentele, influențându-ne alegerile și modul de învățare. Poate contribui chiar la ceea ce numim inerție mintală sau spirit de turmă, atunci când viziunile similare ale oamenilor asupra lumii sunt puse laolaltă și încep să se hrănească reciproc. Gândește-te aici la mentalitatea de gloată. Cu alte cuvinte, mentalitatea este o treabă importantă.

Cum dezvoltăm o anumită mentalitate? Uite un indiciu: are legătură cu învățarea bazată pe recompensă. Hai să folosim un exemplu simplu, să zicem, ciocolata. Dacă ești stresat (declanșator), mănânci ciocolată (comportament) și te simți un pic mai bine (recompensă), creierul tău învață ceva: dacă ești stresat trebuie să mănânci ciocolată ca să te simți mai bine.

Mă raportez la asta ca la un mod anume în care învățăm să vedem lumea: ne punem ochelari de culoarea ciocolatei, iar data viitoare când suntem stresați, creierul ne va spune: *Hei, mănâncă niște ciocolată, te vei simți mai bine.* De aici vine și vorba „a vedea totul în roz" și „a vedea totul numai în negru". Acestea sunt eufemisme pentru persoane care văd întotdeauna lumea într-un singur mod: rozul sugerează că suntem mereu dispuși să vedem partea plină a paharului, iar negrul sugerează mentalitatea în care vezi numai jumătatea goală a paharului. Și da, poți învăța să vezi lumea numai în culoarea ciocolatei, a îngrijorării sau a altui tip de mentalitate. Cu cât privești mai mult prin acele lentile, cu atât mai repede vei uita că ele sunt ceva exterior – și vor deveni o parte a identității tale.

Ideea este destul de simplă: înveți să vezi lumea într-un anumit mod pornind de la experiențele tale anterioare. De fiecare dată când faci ceva ce întărește acea învățare, lentilele mentalității tale devin un pic mai groase și începi să te simți un pic mai confortabil cu ele.

Dweck a studiat mai cu seamă mentalitatea în educație și în infrastructurile școlare, însă cercetările ei sunt destul de relevante pentru aproape orice situație, deoarece mentalitatea dă tonul coloristic al felului în care vedem noi lumea. E renumită pentru faptul că a descris cele două tipuri de mentalități opuse pe care le-am menționat anterior: mentalitate fixă și mentalitate orientată către dezvoltare.

Conform studiilor ei, indivizii pot fi plasați într-un *tot indisolubil*, potrivit viziunii lor implicite asupra sursei abilităților. Dacă tu crezi că succesul se bazează doar pe abilități înnăscute, adică pe cele cu care ai venit în lume, intri în categoria celor cu mentalitate fixă. În schimb, dacă părerea ta este că progresul se bazează pe muncă asiduă, învățare și pregătire, ai o mentalitate orientată către dezvoltare. Cu care dintre cele două mentalități te identifici mai mult?

Poate că nici măcar nu ești conștient de mentalitatea ta înrădăcinată, indiferent dacă te afli în zona de mentalitate fixă sau în cea orientată către dezvoltare; trebuie doar să-ți privești comportamentele ca să îți dai seama cam pe unde te situezi. De obicei, lucrul acesta reiese destul de clar din felul în care reacționezi la eșec, spre exemplu. Indivizii cu o mentalitate fixă se tem de eșec, pentru că asta este o mărturie negativă a abilităților lor de bază și o reamintire a limitărilor lor înnăscute. În schimb, indivizii cu o mentalitate orientată către dezvoltare nu sunt atât de deranjați de eșecuri deoarece înțeleg că își pot îmbunătăți performanța; într-adevăr, din greșeli învățăm.

Este logic, fiindcă dacă ești înclinat să crezi că te-ai născut cu anumite capacități intelectuale, de fiecare dată când vei greși, îți vei aminti cât ești de limitat. „Oh, nu sunt în stare să fac mai mult, asta e capacitatea mea." Însă dacă ai o mentalitate orientată către dezvoltare, poți să interpretezi greșeala ca pe o ocazie de a învăța ceva, în loc să o vezi ca pe un eșec.

Să luăm ca exemplu o plimbare pe stradă. Dacă ai o mentalitate fixă și te împiedici de ceva, s-ar putea să te învinovățești fiindcă ai fost atât de nepriceput. În aceeași situație, dacă ai o mentalitate orientată către dezvoltare, s-ar putea să-ți spui: *Hm, m-am împiedicat. Ce pot să învăț din asta?* Având o astfel de mentalitate, poți chiar să investighezi noțiunea de eșec în sine. Ce înseamnă să eșuezi? Dacă înveți ceva, ceea ce s-a întâmplat mai poate fi considerat eșec?

Dweck chiar consideră că mentalitatea orientată către dezvoltare îi permite unei persoane să aibă o viață mai puțin stresantă și mai încununată de succes. Și acest lucru e logic, pentru că dacă ai o astfel de mentalitate, înveți mereu și câștigi din experiențe. În cartea ei *Mindset. O nouă psihologie a succesului*, Dweck dă următorul sfat: „Dacă părinții vor să le dăruiască ceva copiilor lor, cel mai nimerit ar fi să-i învețe să agreeze provocările, să se lase intrigați de greșeli, să se bucure de efort și să învețe mereu lucruri noi. Astfel, copiii nu vor ajunge dependenți de laude. Și vor avea o viață-ntreagă în față pentru a-și consolida și a-și reface încrederea în sine."*[41]

* Traducere de Simona Karner, Curtea Veche Publishing, București, 2017, ediția a II-a, p. 258. (*N. red.*)

Îmi place foarte mult acest îndemn: *să se bucure de efort*. E destul de greu să te bucuri de ceva atunci când scrâșnești din dinți încercând să determini o schimbare, când te dai cu capul de pereți. Dar ce se întâmplă când începi să fii curios în legătură cu experiența, când începe să îți placă provocarea, să te lași intrigat de greșeli?

Cred că este util să extinzi aceste idei asupra propriilor tale experiențe, astfel încât să poți folosi conștientizarea pentru a te îndrepta spre o mentalitate orientată către dezvoltare, în loc să rămâi blocat într-o mentalitate fixă, atunci când ești în viteza a doua.

Ca să înțelegi cum ai putea face asta, pune-ți următoarea întrebare: ce simți atunci când ai o perspectivă fixă – sau altfel spus, când ești închis față de ideile ori feedbackul altora despre ideile tale?

Poate ți-ai dat seama că trupul ți-e îngrădit și încordat, ca și cum ai împiedica alte informații să ajungă până la tine și să-ți contamineze viziunea asupra lumii. Este interesant că pot exista analogii evolutive pentru acest lucru. De exemplu, când ești vânat și încolțit de proverbialul tigru cu colți ascuțiți, treaba ta este să te chircești, astfel încât să devii o țintă cât mai mică și să-ți protejezi organele vitale.

Dar când ai o mentalitate orientată către dezvoltare, ce simți? Ești deschis din toate punctele de vedere către idei noi. Simți asta în propria ta experiență? Ești deschis învățării numai dacă ai o mentalitate orientată către dezvoltare.

Ce mentalitate adopți de obicei (sau din obișnuință) atunci când cazi pradă unei vechi bucle a obișnuinței din care ai încercat cu disperare să te eliberezi? Când te judeci cu asprime sau te învinovățești, cu siguranță ești închis, fiindcă te simți atacat (chiar dacă tu însuți ești atacatorul). Uite un exemplu.

Una dintre pacientele mele avea un obicei nu prea sănătos, să bea cam 500 ml de votcă în fiecare seară (adică echivalentul a opt shoturi de lichior tare). Venea acasă după o zi stresantă la serviciu și începea să bea ca să se relaxeze, în timp ce pregătea cina. A venit să îmi ceară ajutorul după câțiva ani de practică a acestui obicei, când și-a dat seama că îi afecta atât sănătatea mintală, cât și pe cea fizică. I-am dat câteva instrucțiuni de bază despre cum să utilizeze prima treaptă de viteză pentru a-și cartografia bucla obișnuinței (partea asta a fost foarte ușoară pentru ea), după care a trebuit să analizeze cu atenție rezultatele faptului că bea, în treapta a doua. În decurs de aproximativ o lună, timp în care a înțeles destul de clar că alcoolul nu îi era prieten, a reușit să scadă numărul zilnic de pahare la patru. Peste încă o lună, a legat mai multe zile de abstinență și a tras de ele până a ajuns la aproape o săptămână fără niciun pahar. În următoarea vizită la cabinet, când mi-a povestit despre progresul făcut, nu era prea fericită: vedea asta ca pe un eșec. De ce nu putea să se lase definitiv de băutură? Ba mai mult, se acuza pentru „eșecul "ei.

Cum putea să treacă de la o mentalitate fixă – în care se vedea ca pe un eșec și era nesigură că va putea renunța la băutură – spre o mentalitate orientată către dezvoltare?

Când studenții sau pacienții mei sunt striviți de greutatea unei anxietăți nesfârșite, a unui obicei încăpățânat, a unei dependențe care le-a scăpat de sub control, îi încurajez să privească aceste experiențe ca pe niște profesori. Profesorii ne ajută să învățăm. Când învățăm ceva, ne simțim bine (este satisfăcător). Cei mai buni profesori își folosesc puterile magice pentru a ne ajuta să înțelegem care sunt beneficiile greutăților prin care trecem, chiar și atunci când ne chinuim din răsputeri și ne închidem din reflex sau fugim din calea durerii. În aceste momente îmi întreb pacienții și studenții dacă pot face o plecăciune în fața acestor greutăți ca în fața unor profesori, care îi ajută să se deschidă și să învețe ceva de acolo, în loc să se închidă, din obișnuință, la primul semn de dificultate.

Când pacienta mea mi-a spus că a eșuat fiindcă nu a reușit să stea departe de băutură mai mult de șase zile la rând, a adăugat:

– Am impresia că fac doi pași înainte, unul înapoi.

Am întrebat-o ce simte în legătură cu faptul că în ultimele câteva luni a învățat atât de multe despre cum îi funcționează mintea și că de la jumătate de litru de votcă pe zi a ajuns la dorința de extindere a perioadelor de abstinență.

– Mă simt bine, a răspuns. (În momentul acela a pornit spre o mentalitate orientată către dezvoltare.)

Apoi am întrebat-o despre acei „pași înapoi“. Reușise să afle câte ceva despre sine și despre propriile obiceiuri, ceva ce poate altminteri nu ar fi învățat? (Mai ales dacă era blocată într-o buclă a obișnuinței în forma judecării de sine și într-o mentalitate fixă.)

– Dacă ai învățat ceva, asta înseamnă că ai făcut un pas înapoi?

– Nu, presupun că nu, a răspuns ea, dându-și seama că învățarea în sine însemna (și era) un pas înainte.

Am mai vorbit un pic despre progresul pe care îl înregistrase într-o perioadă scurtă și despre cum ar putea să își interpreteze fiecare „abatere“ ca pe o formă de instruire, să se deschidă către ea ca în fața unei experiențe care o va ajuta să meargă mai departe. Văzând cum poate învăța din experiențe și, în același timp, cum poate ieși din bucla obișnuinței de a se învinovăți, a plecat din biroul meu cu un mers vioi. Aproape că aștepta cu nerăbdare să apară următoarele încercări.

Îmi place foarte mult zicala aceea care spune că „fugind de o problemă nu faci decât să amâni rezolvarea ei". *Doi pași înainte și unul înapoi* devine un gând perimat atunci când încetăm să ne mai punem singuri piedici. Dacă suntem atenți și avem mintea deschisă pentru a învăța, toate experiențele noastre ne conduc mai departe.

Oprește-te puțin și vezi dacă îți poți aminti o buclă recentă a obișnuinței. Cartografiaz-o mintal (prima treaptă de viteză). Întreabă-te: *Ce câștig din asta?* Verifică dacă nu cumva te încorsetezi și te judeci (mentalitate închisă), apoi imaginează-ți că bucla obișnuinței este un profesor (mentalitate orientată către dezvoltare). Întreabă-te: *Ce pot să învăț din asta?* Și vezi ce simți în privința acelor rezultate (treapta a doua de viteză retrospectivă). Repetă.

CAPITOLUL 13
Cum să schimbi un obicei: experimentul cu ciocolată al Danei Small

Unul dintre experimentele mele preferate din domeniul neuroştiinţelor este cel realizat de o prietenă, dr. Dana Small, neurocercetătoare şi cercetătoare în domeniul alimentaţiei la Yale. Munca ei presupune crearea unor experimente prin care să testeze felul în care este afectat creierul de diferite alimente şi surse de calorii. În acest scop, a inventat tot soiul de dispozitive bizare, prin care să le furnizeze persoanelor cărora le scanează creierul diverse produse – de la diferite milk-shake-uri până la anumite mirosuri. (Imaginează-ţi un participant la cercetare stând întins într-un aparat RMN, iar tu te afli într-o cameră de comandă, la o distanţă de şase metri, şi încerci să îi torni în gură diferite tipuri de milk-shake, timp în care el trebuie să îşi ţină capul nemişcat. Nu e treabă uşoară!)

Dr. Small şi-a început cercetările în domeniul alimentaţiei ca tânără şi îndrăzneaţă doctorandă la Northwestern University, unde încerca să măsoare activitatea cerebrală a oamenilor când aceştia consumau ciocolată.[42] Pe vremea aceea folosea un scaner pentru tomografie cu emisie de pozitroni – PET, pe scurt – ca să măsoare activitatea cerebrală, fiindcă aparatul acesta este un pic mai blând decât un RMN. (În scanerul PET, subiecții puteau mânca în timp ce le erau scanați creierii, nu erau nevoiți să stea complet nemișcați, așa cum se cere pentru un RMN.)

Dr. Small le spunea participanților la studiu să își aleagă ciocolata preferată, apoi le dădea să mănânce bucățele din aceasta pe durata procesului de scanare cerebrală. În timp ce le dădea ciocolata, le cerea să spună, pe o scară de la -10 la +10, cât de mult ar mai vrea încă o bucată: -10 era nota pentru „Groaznic – dacă mai mănânc o bucată mi se face rău", iar +10 era nota pentru „Vreau foarte tare încă o bucată". Având în vedere faptul că fiecărui subiect i se dădea ciocolata preferată, tendința naturală era să înceapă notarea de la +10.

Totuși, notele începeau să scadă pe parcurs până pe la +5: „Plăcut. Ar mai merge o bucată." Apoi notele ajungeau la un punct neutru, în vreme ce dr. Small continua să le dea ciocolată.

Nu e nicio surpriză că notele scădeau și mai mult, până la -5, care însemna „Neplăcut. Nu mai vreau să mănânc", apoi ajungeau la -10: „Îngrozitor. Dacă mai mănânc, mi se face rău".

Într-un interval relativ scurt, oamenii treceau de la dorința sinceră de a mai mânca la dezgust.

În timp ce se petreceau toate acestea, dr. Small le măsura activitatea cerebrală; și a descoperit ceva fascinant. Cortexul cingular posterior – acea regiune cerebrală care se activează când suntem absorbiți de experiență, dar care se liniștește atunci când meditäm, când suntem pe deplin conștienți sau, altfel spus, când ne relaxăm – era singura regiune activă în *ambele* cazuri, atât în plăcere, cât și în dezgust. Ceea ce înseamnă că activarea acelui cortex se petrecea în timpul poftei *și* al aversiunii. „Chiar aș vrea mai mult“ și „Aș vrea neapărat să înceteze“ îl activaseră în egală măsură.

Studiul Danei Small a demonstrat că atunci când dorim mai mult se activează aceeași regiune cerebrală ca atunci când dorim mai puțin. Numitorul comun este pofta sau dorința, mai exact spus, capcana în care cazi atunci când vrei mai mult sau când vrei mai puțin. Te rog să remarci elementul de atracție-respingere: atragem spre noi un lucru plăcut (sau ne agățăm de un lucru care ne place atunci când îl avem) și respingem un lucru neplăcut, adică facem un efort să ne distragem atenția atunci când experimentăm ceva neplăcut.

De ce este important acest aspect în dinamica schimbării obiceiurilor? Hai să începem cu exemplul buclei obișnuinței în forma mâncatului în exces. Dacă îți place mult ciocolata – poți s-o înlocuiești cu mâncarea sau cu activitatea ta preferată –, imediat ce vezi niște ciocolată, vrei să o mănânci. După ce ai mâncat-o, te simți bine cel puțin încă un moment, prin urmare, creierul tău va spune: *E bine, mai fă asta.* Dar dacă repeți activitatea de prea multe ori, ce se întâmplă? Ei bine, depinde dacă ești atent la ceea ce se petrece sau nu.

Dacă ești asemenea persoanelor din experimentul cu ciocolată al Danei, ești atent fiindcă ți se cere să fii atent. Faptul că trebuie să exprimi cât de mult mai vrei ciocolată te ajută să vezi clar când ai mâncat destul. Dar în lumea reală, cel mai adesea mâncăm cu mintea hoinărind (sau practicăm orice alt comportament fără să acordăm atenție), așa că avem tendința de a nu observa când am ajuns la punctul care face trecerea de la plăcere la dezgust.

Însă dacă te antrenezi să fii conștient, este cu totul altă poveste. Laboratorul meu a cartografiat tocmai aceste procese de dezvrăjire folosind grupuri-țintă alcătuite din persoane care participau la programul nostru de alimentație conștientă.[43] Prin simplul fapt că devin conștienți de actul de a mânca, participanții învață să se bucure de ciocolată; dar acordând o atenție deosebită gestului în sine, își pot schimba tiparele de alimentație și pot evita consumul excesiv și supraalimentarea.[44] Într-un studiu pilot am descoperit o scădere în greutate medie de 3,6 kg la participanți, după două luni de utilizare a programului „Eat Right Now“, fără niciun fel de instrucțiuni de dietă. Am subliniat doar cât de important este să fie atenți când mănâncă și să se oprească atunci când se satură. Studiul acesta a dovedit că mindfulnessul poate fi o cale diferită și eficientă de abordare a pierderii în greutate, fără să apeleze la tehnicile tradiționale bazate pe eforturile de voință.

Concentrarea atenției asupra rezultatelor comportamentelor tale ca metodă de schimbare a obiceiurilor funcționează și dincolo de sfera alimentației; poate fi eficientă și în cazul obiceiurilor precum îngrijorarea. Un exemplu bun ar fi planificarea pentru viitor. Planificarea este ca ciocolata – în cantități mici, are gust bun, dar prea multă poate deveni contraproductivă, fiindcă poate fi un catalizator pentru anxietate, dacă se axează pe lucrurile care ar putea să iasă prost.

Așadar, dacă te lupți cu bucle ale obișnuinței care implică lipsa de cumpătare, cum ar fi mâncatul exagerat, planificarea exagerată sau gândirea exagerată, vezi dacă poți să întreprinzi experimentul Danei în versiune proprie; data următoare când vei fi absorbit în bucla obișnuinței, fii atent la *orice* exagerare pe care o faci. Întreabă-te: *Ce câștig din asta?* (treapta a doua de viteză) și vezi dacă poți să identifici exact punctul în care se face trecerea de la delicios la neutru și apoi la neplăcut. Te ajută acest lucru să te oprești înainte de a se petrece trecerea (sau cel puțin să o lași mai moale)?

Atitudinea este totul

Aruncarea gunoiului este rareori percepută ca fiind un punct culminant al zilei. Dar hai să ne gândim puțin la rolul pe care îl are această acțiune. Dacă e momentul să duci gunoiul și faci asta cu o atitudine negativă, ghici ce? Înveți să asociezi aruncarea gunoiului cu ceva negativ sau neplăcut. Pe de altă parte, dacă înțelegi că oricum trebuie să duci gunoiul și nu faci un caz din asta, vei învăța că dusul gunoiului nu e mare lucru. Și îți va fi mai ușor data viitoare, și următoarea, și tot așa mai departe, chiar și în miezul iernii sau când plouă cu găleata. Schimbarea atitudinii chiar și față de cel mai insignifiant lucru poate avea un efect uriaș asupra vieții tale.

Iată un citat care a fost atribuit mai multor surse și care rezumă această idee într-un mod frumos:

> Ai grijă la gândurile tale. Ele devin cuvinte. Ai grijă la cuvintele tale. Ele devin acțiuni. Ai grijă la acțiunile tale. Ele devin obiceiuri. Ai grijă la obiceiurile tale. Ele devin caracter. Ai grijă la caracterul tău. El devine destinul tău.

Lucrul acesta nu e valabil doar pentru aruncatul gunoiului, ci pentru oricare alt lucru din viața ta. Dacă de fiecare dată când începi să te lupți cu o buclă a obișnuinței te gândești „oh, nu mai vreau asta“ sau „nu voi fi în stare să fac față la așa ceva – asta n-o să meargă niciodată“ –, atunci e foarte posibil să îți adaugi un nou obicei nociv:

Declanșator: Începi să lupți.

Comportament: Te gândești că va ieși prost (mentalitate fixă).

Rezultat: Probabilitate crescută să iasă prost.

De asemenea, va trebui să te confrunți și cu bucla inițială a obișnuinței pentru mult mai mult timp, pentru că vei continua să le întărești pe ambele: pe cea cu care te luptai deja *și* bucla obișnuinței în forma de „atitudine greșită".

Pe de altă parte însă, dacă poți aduce în această experiență o curiozitate jucăușă, în vreme ce conduci cu viteza întâia și a doua, obții un câștig trei-în-unu: (1) obiceiul cu care te lupți devine mai simplu de gestionat; (2) înveți să renunți la atitudini nocive (vezi că nu sunt satisfăcătoare); și (3) îți dezvolți obiceiul sănătos de a fi curios (vei afla cât de satisfăcător este în a treia parte a cărții). Vezi dacă poți să-ți verifici mai des atitudinea.

Când un lucru este de-a dreptul ridicol ori absurd, e greu să mai fie luat în serios, prin urmare, nu mai are putere asupra ta. În felul acesta, mindfulnessul te ajută să privești cu mai multă atenție la lucrurile care îți absorb mintea și te face să vezi cât de absurd este faptul că ceva ajunge să iasă prost doar fiindcă te-ai convins singur că va ieși prost. Această înțelegere te poate determina și să te ierți pentru greșeala inițială de a-ți fi fixat acest obicei nociv. Îți mai amintești de pacienta mea care se surprindea în momentele în care intra într-o buclă a obișnuinței în forma judecării de sine? Și își spunea pur și simplu (chicotind): *Oh, e doar creierul meu.* Este important să fim mereu buni cu noi înșine, în loc să ne învinovățim pentru felul în care ne este configurat creierul.

Poți să aduci aceeași atitudine jucăușă în orice alte gânduri sau emoții care apar. În loc să te lupți cu ele sau să le respingi, poți pur și simplu să le recunoști *în spirit ludic* ca fiind gânduri și emoții. În asta constă atitudinea de curiozitate. Poți să fii realmente curios în legătură cu acele sentimente și să începi să urmărești care sunt răspunsurile tale bazate pe obișnuință referitoare la ele; în felul acesta îți poți da seama cât de mult îți dirijează viața. Dacă le vei trata cu acea curiozitate, este foarte puțin probabil să mai aibă puterea pe care au avut-o cândva asupra ta. Devine evident faptul că sunt doar gânduri sau senzații corporale. Da, este posibil să îți dirijeze viața pe moment, dar nu te reprezintă.

Poți chiar să transformi acele gânduri și emoții în propriii tăi profesori. În loc să fii frustrat că te lupți sau că nu faci progrese mai rapid, fii curios. De vreme ce gândurile sau emoțiile sunt deja prezente, le poți folosi ca să explorezi diferite moduri de a reacționa la ele. Uite un exemplu. Observi că ești frustrat.

Declanșator: Începi să te simți frustrat.
Comportament: Observi reacția bazată pe obișnuință și te întrebi: „Ce câștig am din asta?“
Rezultat: Vezi cât de nesatisfăcător este vechiul obicei; ești dezvrăjit de tentația de a mai hrăni frustrarea (treapta a doua de viteză).

Vezi dacă poți să adopți o atitudine blândă, o curiozitate ludică în procesul de schimbare a obiceiurilor. Dacă observi că începi să te temi în timp ce te confrunți cu o buclă a obișnuinței bazată pe frică, sau că ești cuprins de anxietate când îți cartografiezi o buclă a obișnuinței bazată pe anxietate, vezi dacă poți să te distanțezi un pic de acele senzații. Inspiră adânc și amintește-ți că așa funcționează creierul tău, care încearcă să te ajute, și că a deraiat un pic de pe șine. Dacă apare frustrarea sau vreo altă atitudine negativă, ce faci? Te închizi sau te blochezi în vreo buclă a obișnuinței în forma mentalității fixe? Dacă se întâmplă așa, fă o pauză ca să cartografiezi și să afli ce câștigi prin asta. Ideea este să vezi exact cât de nesatisfăcătoare este această atitudine și să începi procesul de renunțare la ea. În timp, după ce are loc dezvrăjirea, când va apărea din nou acea atitudine, observ-o și adu-ți aminte că este doar un obicei stupid pe care ți l-ai fixat. Acest simplu act de atenție te va ajuta să ieși din bula vechiului obicei și să abordezi o atitudine nouă, de deschidere și curiozitate.

CAPITOLUL 14

Cât durează să schimbi un obicei?

Într-o zi, pe când mă aflam la o conferință și mă pregăteam în culise pentru prelegerea pe care urma să o țin, am auzit-o pe cea care vorbea înaintea mea discutând despre originile unei întrebări care îmi este adresată adesea: „Chiar durează numai 21 de zile ca să-ți formezi un nou obicei?“

Pentru a-și susține întrebarea, l-a citat pe chirurgul estetician Maxwell Maltz, care a observat că era nevoie de aproximativ 21 de zile pentru ca un pacient să se obișnuiască cu schimbările de fizionomie apărute după o rinoplastie. Însă eu nu am găsit nicio evaluare științifică sau studiu care să susțină afirmația lui. Prin urmare, deși 21 este un număr general acceptat (deoarece a fost vehiculat peste tot pe internet de suficient de multe ori încât să supraviețuiască probabil oricărui cititor al acestei cărți), nu există nicio dovadă că teoria asta ar fi adevărată.

Buclele obișnuinței se formează ușor: fă ceva, iar dacă este satisfăcător, când se va ivi din nou ocazia (și declanșatorul), probabil vei repeta acel lucru.

În schimb, dacă încerci să fixezi un obicei – unul care nu are o recompensă fermă și imediată –, sunt șanse foarte mici să reușești, pentru că trebuie să ții cont de tot, de la genetică, la starea ta motivațională față de situație și până la comportamentul în sine. Formarea obiceiului este un pic mai complicată decât ne-ar putea face să credem afirmația despre cele 21 de zile.

Lucrul acesta a fost confirmat de studii, nu foarte multe la număr. De exemplu, în 2009, Phillippa Lally și colegii ei de la University College London au publicat un studiu intitulat „How Habits Are Formed: Modelling Habit Formation in the Real World". Au descoperit că este nevoie de un interval de 18 până la 254 de zile pentru ca un comportament să devină „automatism".[45] Pe lângă faptul că acest interval era foarte mare, de vreme ce studiul în sine nu a durat decât 12 săptămâni, s-a bazat în totalitate pe crearea unui tipar matematic. În plus, numai 39 din 62 de participanți la studiu au dovedit o „potrivire" cu tiparul (potrivire înseamnă ca punctele de referință să fie aproape de curba grafică teoretică). Nu contest această lucrare – e foarte greu să faci un asemenea studiu când sunt atâtea variabile în joc.

Dar putem reduce acele variabile – și dacă procedăm astfel, poate obținem un interval realist în care se pot forma noi obiceiuri – prin câteva acțiuni: alegem un singur comportament pe care să îl studiem și măsurăm schimbările în valoarea lui de recompensă.

Și exact asta a făcut laboratorul meu.

De fapt, există de câteva decenii niște lucrări de referință care depășesc cu mult stadiul de aspirație și care sunt credibile nu doar pentru că sunt pe internet, ci pentru că au fost studiate și repetate în multiple paradigme experimentale (șoareci, maimuțe, oameni). În anii '70, doi cercetători, Robert A. Rescorla și Allan R. Wagner, au prezentat un nou model matematic renumit în zilele noastre, care le poartă numele.[46] Hei, voi, tocilari matematicieni care citiți asta, ia uitați-vă la formula următoare. (Toți ceilalți puteți să treceți peste acest paragraf, promit să nu vă dau test din asta mai târziu.)

Modelul Rescorla-Wagner* de învățare prin întărire arată așa:

$$V_{t+1} = V_t + \alpha\delta t$$

Acest model postulează faptul că valoarea recompensei actuale (V_{t+1}) pentru un comportament dat este dependentă de valoarea de recompensă anterioară (V_t) + un semnal de învățare ($\alpha\delta t$). Semnalul de învățare este dependent de ceea ce numim eroare de predicție (δt), care este discrepanța între rezultatul actual al unui comportament și rezultatul așteptat. Acel semnal de învățare cartografiază regiuni cerebrale precum OFC (între altele). Nu-ți face prea multe griji legate de α; este un parametru static la nivel de subiect (o constantă).

Voi repeta această formulă într-un limbaj non-matematic. Practic, atunci când îți formezi un comportament (de exemplu, mănânci o felie de tort), creierul tău stabilește mai întâi o amintire în legătură cu gradul de satisfacție al comportamentului respectiv (tortul este delicios!). Adu-ți aminte, această valoare este determinată pe baza unei serii întregi de factori, inclusiv contextul, starea emoțională și așa mai departe (de exemplu, oameni, locuri și lucruri asociate comportamentului), care alcătuiesc împreună o singură valoare compusă. Odată ce a învățat valoarea recompensei, creierul tău se așteaptă ca data următoare

---

* Boll și alții, *European Journal of Neuroscience*, vol. 37, 2013, pp. 758–67. (*N. a.*)

când vei repeta comportamentul, să primești aceeași cantitate de satisfacție de pe urma lui; iar această așteptare se bazează pe gradul de satisfacție pe care l-a oferit în trecut comportamentul respectiv. Însă problema este următoarea: creierul tău se așteaptă ca valoarea să fie aceeași ca în trecut (mănânci tort = mănânci tort), deși contextul este diferit (mănânci tort când îți e foame = mănânci tort când ești sătul). Dacă bei lapte care a depășit termenul de valabilitate, te oprești din consum imediat ce simți gustul alterat, deoarece creierul tău îți semnalează discrepanța între ceea ce ai prevăzut/așteptat să primești și ceea ce ai primit efectiv (aceea este eroare de predicție pentru voi, iubitorii de matematică, aceia care nu ați sărit pagina). Dacă de obicei mănânci tort fără să fii atent la rezultatul actual – de exemplu, cât de satisfăcător este în prezent? –, creierul tău nu va semnala că este ceva în neregulă sau greșit (nicio eroare de predicție, fiindcă tort = tort). Dar dacă *ești* atent la rezultatul actual, iar faptul că mănânci două felii de tort nu este la fel de satisfăcător ca atunci când aveai cinci ani și puteai să mănânci așa ceva la micul dejun, prânz și cină fără să iei în greutate, eroarea de predicție îi semnalează creierului tău că este timpul să actualizeze valoarea recompensei.

Aceasta este baza matematică pentru treapta a doua de viteză. Așa înveți. Așa îți schimbi obiceiurile.

Înțelegerea acestor lucruri poate avea consecințe în viața reală, inclusiv în privința vitezei cu care vei renunța la obiceiurile „proaste“ și vei învăța altele „bune“ (nu îți bate capul cu matematica).

Ca să vedem exact cât de mult și cât de rapid scade valoarea recompensei pentru mâncatul în exces și pentru fumat prin utilizarea treptei a doua de viteză, am proiectat un

„instrument de evaluare a poftei" chiar în cadrul aplicațiilor de alimentație conștientă. Le cerem participanților să folosească acest instrument ori de câte ori se simt ispitiți de vreo poftă. Pasul 1 arată cam așa:

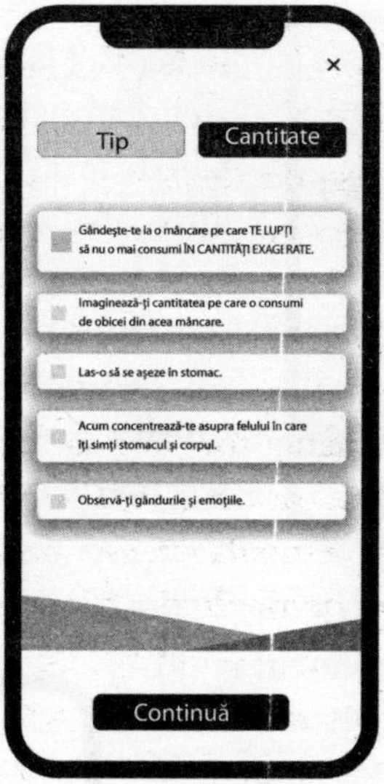

După care le cerem să evalueze cât de puternică este pofta în momentul prezent.

Pasul 1 îi ajută pe oameni (și pe noi, echipa de cercetare) să obțină o estimare corectă a gradului de satisfacție în legătură cu un comportament *chiar în acest moment*. De exemplu, să spunem că au poftă să mănânce tort și trec prin exercițiul de evaluare a poftei, în care își imaginează cum mănâncă tortul. Dacă valoarea recompensei este mare, pofta lor fie va rămâne la același nivel, fie va crește (fiindcă acum, după ce și-au imaginat, chiar ar vrea să mănânce). Nivelul poftei poate crește și mai mult dacă le este foame.

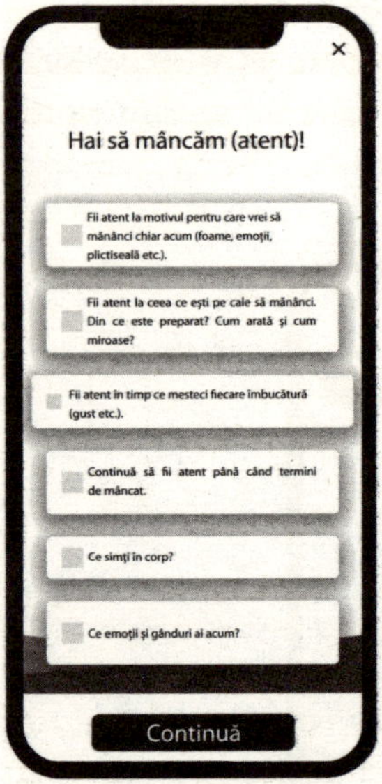

La Pasul 2 le cerem subiecților noștri să facă un exercițiu mintal de mâncare/fumat, pentru ca rezultatul actual să se înregistreze în creierul lor:

În această fază, dacă sunt foarte atenți atunci când mănâncă trei felii de tort (în loc să se oprească după una) sau fumează o țigară, ei văd (sau simt) singuri cât de satisfăcător este comportamentul. Le solicităm să ne raporteze imediat acest lucru, notând cât se simt de mulțumiți.

Îi rugăm, de asemenea, să repete notarea peste câteva minute, în aplicația noastră de alimentație conștientă, pentru că uneori senzația de stomac balonat nu se înregistrează imediat ce ai înfulecat o felie de tort sau câteva prăjituri. Le cerem să facă această evaluare de fiecare dată când au vreo poftă, ca să se asigure că în creierul lor ajung informații corecte și actualizate cu privire la cât de satisfăcător este un comportament; iar asta îi ajută să înlocuiască amintirile

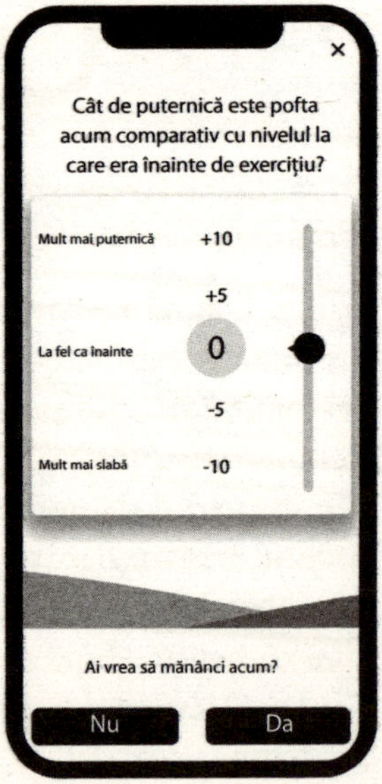

valorilor de recompensă vechi și ieșite din termen. Cu cât fac mai des acest lucru, cu atât mai ușor se instalează amintirile noi. (O persoană care folosea aplicația noastră „Craving to Quit“ spunea: „Toate țigările pe care le-am fumat astăzi au fost dezgustătoare.“)

Odată ce noile valori de recompensă preiau controlul, cu proxima ocazie în care persoana în cauză va fi tentată să mănânce sau să fumeze, este de ajuns să parcurgă din nou Pasul 1 ca să readucă la suprafață valoarea de recompensă, iar pofta de consum să scadă; ceea ce o ajută, desigur, să iasă din bucla obișnuinței și să își schimbe comportamentul.

Pe baza evaluărilor subiective (nivelul de satisfacție după practicarea unui comportament și pofta de a-l repeta), putem calcula de cât timp este nevoie pentru ca valoarea recompensei pentru comportamentul respectiv să scadă. Dr. Veronique Taylor, cercetător postdoctoral din cadrul laboratorului meu, a realizat toate modelările de tip Rescorla-Wagner (RW) pentru două studii, unul legat de fumat, celălalt de mâncare.[47] În ambele studii a descoperit curbe RW extrem de similare: după 10 până la 15 utilizări ale instrumentului de evaluare a poftei, valoarea recompensei actuale scădea până aproape de 0.

Punând laolaltă aceste rezultate și pe cele ale altor studii publicate de laboratorul meu, cu privire la schimbările cerebrale observate la fumători după utilizarea aplicației „Craving to Quit“ timp de o lună – la care adăugăm diminuarea cu 40% a mâncatului asociat cu pofta după utilizarea aplicației „Eat Right Now“ –, începem să înțelegem mult mai bine modul în care funcționează treapta a treia de viteză asupra creierului și comportamentului.[48] Desigur, mai sunt încă multe lucruri pe care trebuie să le explorăm până să putem pune toate acestea la un loc.

Dar un lucru reiese destul de clar din toate calculele matematice și măsurătorile: este foarte important să fii atent dacă vrei să schimbi un obicei. Dacă ceea ce vrei cu disperare este să elimini un obicei, nu îi poți ordona, nu îl poți forța și nu poți doar să îți dorești să înceteze, deoarece aceste lucruri nu prea au efect asupra valorii recompensei sale. Dacă vrei să dezvolți un obicei în 21 de zile sau 21 de ani, șansele să reușești asta cu ajutorul gândirii, al forței sau al dorinței sunt destul de slabe, din același motiv.

Doar prin gândire nu poți să găsești o cale de scăpare dintr-un obicei nociv, și nici o cale de fixare a unuia sănătos. Oricât de mult ne-am gândi și am face planuri pentru propriile obiceiuri, corpul nostru senzorial (care înregistrează rezultatele comportamentelor) ne păcălește gândirea.

Vezi dacă îți poți pune creierul la treabă aplicând ceva din această informație conceptualizată, în timp ce mergi în continuare cu viteza a doua (în prezent și retrospectiv). Vezi cât de repede coboară curba Rescorla-Wagner în cazul tău, de la „satisfăcător“ la „hm“, până la „nu, mulțumesc“.

Cine are nevoie de o încurajare?

Dacă faci eforturi mari în prezent, nu te îngrijora. Primele două trepte de viteză nici măcar nu se axează pe schimbarea comportamentului. Ajungem acolo în Partea a III-a. Dar deocamdată hai să ne gândim la un trenuleț. Una dintre cărțile mele preferate în copilărie a fost *The Little Engine That Could.*

În această carte este vorba despre un trenuleț albastru care la începutul zilei e format doar dintr-o mică locomotivă. Când primește sarcina de a duce peste deal o încărcătură care conține cadourile de Crăciun ale copiilor, se îndoiește că va reuși să ajungă până acolo.

Sunt așteptări mari puse pe umerii micuței locomotive, iar ea are o mulțime de gânduri infernale care îi zdrobesc încrederea. Ca să le alunge, inventează o mantră cu o cadență plăcută: „Cred-că-pot. Cred-că-pot. Cred-că-pot. Cred-că-pot."

Așadar, micuța locomotivă se agață de vagoanele cu jucăriile de Crăciun și începe să urce, având în minte acea mantră care îi dă încredere. „Cred-că-pot. Cred-că-pot." Învingându-și temerile, trece dealul și coboară în uralele copiilor care fuseseră lipsiți de jucării și care acum strigă de bucurie. În timp ce cobora dealul, locomotiva își schimbă mantra în „Am-crezut-că-pot. Am-crezut-că-pot. Am-crezut-că-pot. Am-crezut-că-pot".

Deci care este ingredientul secret al micuței locomotive? Uleiul de motor? Vaselina?

De fapt, în această poveste se mai întâmplă ceva pe lângă *depunerea efortului*. Locomotiva se concentrează mai întâi asupra viitorului (cred că pot), apoi retrăiește trecutul (am crezut că pot). Dar ceea ce o ajută realmente să urce dealul este faptul că nu s-a lăsat furată de niciunul dintre cele două momente. În schimb, s-a concentrat asupra momentului prezent.

Iată ce poți să înveți din asta:

Nu te încrede în gândurile tale (mai ales în cele care încep cu *ar trebui*). Gândurile sunt doar niște cuvinte mintale care vin și pleacă și care trebuie privite cu o doză sănătoasă de scepticism. Asta nu înseamnă că gânditul este dăunător. Ține minte, planificarea, rezolvarea problemelor și creativitatea, toate acestea sunt elementele care ne fac oameni și care ne ajută în viață. Gândirea ne înșală atunci când ne lăsăm cuprinși de îngrijorare sau de autocritică (de exemplu, ca în cazul acelui *ar trebui* – ar trebui să fac asta, n-ar trebui să fac asta). Gândurile de acest tip, în special cele care exprimă opinii puternice, trebuie supravegheate, fiindcă ne fac să avem păreri proaste despre noi înșine.

Ai încredere în creierul tău. Acesta a evoluat vreme de milioane de ani ca să te ajute să supraviețuiești. Chiar dacă nu deține toate răspunsurile și uneori te poate duce pe căi greșite (de exemplu, prin gândurile de îngrijorare), nu va schimba brusc mecanismele vechi, încercate și verificate ale învățării (de exemplu, învățarea bazată pe recompensă), lăsându-te baltă. Cu cât cunoști mai bine felul în care funcționează și îți vei cartografia buclele obișnuinței și te vei dezvrăji de vechile comportamente pentru a merge mai departe și a evolua, cu atât vei avea mai multă încredere în el.

Ai încredere în corpul tău sau, mai bine spus, în unitatea corp/minte, ca dualitate ce nu poate fi separată. Aici se înregistrează valorile recompensei. Când ești atent la rezultatele acțiunilor tale, senzațiile fizice și sentimentele sunt cele care transmit cortexului orbitofrontal că trebuie să actualizeze recompensele.

Ai încredere în experiența ta. *Tu* ești ingredientul secret. Dacă îți cartografiezi iar și iar buclele obișnuinței, îți ajuți creierul să înțeleagă că ești *serios* și *hotărât* să îți schimbi obiceiurile. Atenția pe care o dai raportului cauză–efect existent între comportamentele tale bazate pe obișnuință și rezultatul lor chiar va schimba valoarea recompensei și te va ajuta să te dezvrăjești de obiceiurile nefolositoare și să fii încântat de cele folositoare.

Ocazia de a evolua: cum să gestionezi bucla obișnuinței în forma autocriticii

Pe vremea când eram la colegiu, am intrat odată în sala de mese și m-am așezat lângă niște prieteni, pentru prânz. Era acolo un băiat care stătea singur la o altă masă și, din nu știu ce motiv, am mormăit ceva care le-a atras tuturor atenția asupra faptului că stătea singur. Nu-mi amintesc nici în ruptul capului ce am spus, însă toate celelalte detalii ale evenimentului încă mi-au rămas foarte vii în memorie; asta pentru că eu și prietenii mei am fost atât de îngroziți de ceea ce am făcut. Chiar și acum, la aproape 25 de ani distanță, mă trec fiorii când scriu asta. Nu eram o persoană răutăcioasă; nu am fost un tip care încearcă să îi intimideze pe ceilalți. Am fost cu toții șocați de ceea ce s-a întâmplat, dar mai ales bietul copil pe care l-am agresat și care nu a putut face altceva decât să-și plece capul și să termine ce avea de mâncat.

Povestea nu s-a încheiat acolo, urmează punctul culminant.

Dacă aș fi fost cu capul pe umeri, m-aș fi ridicat, m-aș fi dus la acel copil și i-aș fi cerut scuze. Dar n-am făcut-o. Eram atât de șocat de ceea ce făcusem, încât am lăsat și eu capul în pământ, mi-am terminat prânzul și am plecat.

De ce îmi amintesc atât de viu scena asta de parcă ar fi fost ieri (am palpitații, mi se strânge stomacul – toate alarmele și sirenele sistemului nervos autonom sunt declanșate)? Pentru că în loc să arunc afară acea grenadă (cerându-i scuze băiatului), eu am îngropat-o adânc în mine și din când în când îi mai scoteam în secret cuiul. Nu puteam schimba ceea ce făcusem, dar puteam să mă învinovățesc pentru asta. Iar și iar.

Mecanismele noastre de supraviețuire sunt făcute în așa fel încât să învățăm din greșeli. După ce ne-am fript o dată, învățăm să evităm cuptorul încins ca să nu ne frigem din nou. Când ne învinovățim singuri, avem impresia că trecem printr-un proces de învățare fiindcă întreprindem ceva, însă aceea nu este învățare. Înseamnă doar că scoatem cuiul grenadei ori de câte ori retrăim situația și ne imaginăm că autoflagelarea va vindeca în mod miraculos trecutul.

Desigur, din acel moment fatidic petrecut în sala de mese am învățat ceva. N-am mai făcut niciodată ceva similar, dar am rămas cu cicatrici. Și, subliniez, sunt cicatrici care nu ar fi trebuit să rămână acolo – de fapt, rana nu ar fi trebuit să se producă niciodată. Dacă i-aș fi cerut scuze băiatului, bănuiesc că am fi râs amândoi de momentul meu de rătăcire – *Unde naiba mi-a fost capul?* Și am fi trecut peste asta.

Zece ani mai târziu, după ce aveam deja experiență în meditație și făcusem cercetări cu privire la învățarea bazată pe recompensă, am înțeles că există două căi de abordare pentru fiecare afurisită de ocazie de a evolua (*fucking growth opportunity*, FGO). (Îi mulțumesc soției mele pentru că mi-a făcut cunoscută această sintagmă.)

Prima cale este „privește și învață“, opțiunea sănătoasă cu ajutorul căreia chiar învățăm ceva. Ne plecăm înaintea ei ca în fața unui profesor, ne uităm la cele petrecute și tragem învățămintele (inclusiv propria reacție internă).

Declanșator: Comiți o „greșeală“.

Comportament: Privești și înveți.

Rezultat: Nu repeți așa-zisa „greșeală“; evoluezi în urma acestei experiențe și mergi mai departe.

Gândește-te la calea aceasta ca la o variantă de prânz sănătos, bazat numai pe vegetale. Are gust bun, te simți energizat și ai conștiința împăcată că nu contribui la distrugerea pădurilor tropicale din Bazinul Amazonului.

Calea a doua este opțiunea „reexaminează și regretă". Este mult mai nesănătoasă, căci te blochează într-o buclă a obișnuinței în forma autocriticii din care nu prea înveți nimic. Ignori sau suprimi ocazia de a evolua, în schimb, te concentrezi asupra autoflagelării pe care ți-o impui singur.

Declanșator: Comiți o „greșeală".
Comportament: Te judeci singur sau te învinovățești (ca atunci când îți rupi coaja formată pe o rană).
Rezultat: Rana veche este din nou proaspătă și sângerează.

În urmă cu ceva vreme am dat peste maxima asta: „Să ierți înseamnă să renunți la speranța unui trecut mai bun." A durat ceva, dar cu ajutorul antrenamentului de tip mindfulness și conștientizând cât de nesatisfăcătoare este bucla obișnuinței de tip „reexaminează și regretă", m-am iertat; iar asta chiar mi-a permis să învăț ceva din acea ocazie de a evolua ivită la sala de mese.

Declanșator: Amintirea momentului de rătăcire din sala de mese.
Comportament: Observ cum mi se strânge stomacul și încep să mă judec. Apoi îmi ofer o îmbrățișare mintală, îmi spun că nu mai pot schimba ceea ce am făcut și că mi-am învățat lecția.
Rezultat: Rana e vindecată.

Dar am vorbit destul despre mine – acum este rândul tău să reflectezi asupra buclei obișnuinței tale de a te judeca. Cartografiaz-o. Făcând asta, vei începe ușor să scapi de vechile bucle ale obișnuinței și vei ști cum să privești și să înveți nu din cele petrecute în trecut, ci din felul în care te comporți în prezent, atunci când apar declanșatorii acelor bucle. Reexaminezi și regreți = mentalitate fixă. Privești și înveți = mentalitate orientată către dezvoltare.

Poți să te uiți la bucla obișnuinței în forma judecării de sine pe care ai cartografiat-o (prima viteză) și să treci în viteza a doua, întrebându-te: „Ce câștig din faptul că mă învinovățesc? Nu mi-e clar că autoflagelarea perpetuează procesul? Privind cu atenție și înțelegând cât de dureroasă este autopedepsirea, pot începe să rup acest cerc vicios?"

Vom consolida folosirea vitezei a doua și în Partea a III-a a cărții, punând laolaltă oferta cea mai avantajoasă și mai generoasă (*the bigger, better offer*, BBO) și acea afurisită ocazie de a evolua (FGO).

Odată ce ai prins suficient avânt în viteza a doua, simțind până în măduva oaselor dezvrăjirea de autocritică și de autoflagelare, ești pregătit să treci la viteza a treia.

PARTEA a III-a
Cum să găsești oferta cea mai avantajoasă și mai generoasă pentru creierul tău: viteza a treia

Curiozitatea va învinge frica chiar mai mult decât o va face curajul.

– James Stephens

CAPITOLUL 15

Oferta cea mai avantajoasă și mai generoasă

Există un cântec compus de Henry Blossom și Victor Herbert – de prin 1905, dar ar fi putut fi compus chiar ieri – intitulat „I Want What I Want When I Want It"*. Titlul acesta sună modern, deoarece pare că intrăm într-o eră a dependenței. Lumea nu a mai cunoscut niciodată o asemenea convergență a capacității noastre colective de dezvoltare, rafinare, producție în masă și distribuire a substanțelor chimice și experiențelor care creează dependență, mai mult decât tot ceea ce a existat până acum. Uită de cocaină – Facebook a introdus butonul de *like* și am devenit cu toții dependenți de el. Iar lucrul acesta este alimentat de fiecare gând autocritic anxiogen de tipul „Vreau și eu ce are el/ea". Astfel de gânduri ne apar în minte când intrăm în mediul online și dăm peste o reclamă generată de un algoritm pe baza unei căutări pe care am făcut-o de curând pe Google, sau când ne uităm prin notificările platformelor de socializare și vedem că cineva are o viață perfectă.

---

* „Vreau ceea ce vreau atunci când vreau." (*N. trad.*)

Omenirea s-a luptat cu poftele de milenii întregi. În Partenonul din Atena există un basorelief care datează din 440 î.H., în care putem vedea un călăreț ce încearcă să îmblânzească un cal sălbatic. Aceasta este o descriere a luptei dintre impulsuri și dorințe (calul) și „forța de reținere" a voinței noastre (călărețul). Metodele moderne de schimbare a comportamentelor au fost puternic influențate, oarecum ironic, de gândirea iluministă: în lumea de astăzi, accentul se pune în special pe individualism și pe rațiune.[49] Credem că puterea noastră stă în capacitatea de a gândi critic. Avem impresia că prin gândire putem găsi o cale prin care să scăpăm de comportamentele induse de dorințe adânci – forțe mult mai mari decât voința noastră, care se formează în cortexul prefrontal. Faptul că știm că un obicei este nociv nu este suficient ca să scăpăm de el. Deși inventăm cel mai temeinic plan de slăbit și de dietă, de ce eșuăm adesea în efectul yo-yo (ciclul infinit în care slăbim, apoi ne îngrășăm din nou)? Când vrem să ne schimbăm obiceiurile și dependențele, ne concentrăm prea mult asupra călărețului, iar asta nu funcționează. Dacă luăm în discuție Statele Unite, s-a declarat că obezitatea și consumul de opioide au o incidență epidemică.

În nepotrivita noastră abordare individualistă, rațională și egocentrică există vreun element pe care să-l putem folosi ca lecție cu care să mergem mai departe?

Rețelele noastre neuronale moderne încă funcționează în stilul vânător-culegător (nu a fi vânat). Ceea ce înseamnă că învățarea bazată pe recompensă apare de fiecare dată când fumăm o țigară, mâncăm o prăjitură sau ne verificăm e-mailul ori notificările de știri atunci când suntem stresați: altfel spus, de fiecare dată când întindem mâna după ceva care să ne liniștească, întărim învățarea până când aceasta ajunge să devină obișnuință și automatism.

În felul acesta ne blocăm în bucla anxietății (și a altor obiceiuri). Ca să dau un singur exemplu, până la momentul în care unul dintre pacienții mei a venit să îl ajut să se lase de fumat, după 40 de ani de practicare a acestui obicei, el întărise acel tipar al învățării de cel puțin 293 000 de ori. Cum ar putea să concureze voința cu așa ceva?

Cercetările curente din domeniul psihologiei și comportamentelor s-au bazat aproape exclusiv pe rațiune și voință. De exemplu, terapia cognitiv-comportamentală (*cognitive behavioral therapy*, CBT) – care este etalonul de aur al Institutului Național de Cercetare a Abuzului de Droguri în tratarea dependențelor, și probabil cea mai răspândită terapie bazată pe dovezi folosită în domeniul sănătății mintale – se axează pe schimbarea tiparelor de gândire dezadaptativă și a obiceiurilor.[50] Dacă folosim din nou analogia „cal și călăreț" – unde dorințele noastre sunt reprezentate de cal, iar capacitățile noastre de control cognitiv sunt ilustrare de călăreț –, terapia cognitiv-comportamentală se concentrează în mare măsură să dezvolte abilitățile de călăreț pentru a înfrunta factorii de stres.[51]

Dar cum substanțele și experiențele au devenit tot mai adictive și mai accesibile, calul continuă să devină din ce în ce mai puternic și mai sălbatic. De exemplu, în 2013, reporterul de investigații Michael Moss a publicat un articol revelator în *The New York Times Magazine* despre industria alimentară. Intitulat „The Extraordinary Science of Addictive Junk Food", articolul descria eforturile deliberate și susținute ale companiilor alimentare de a *manipula* mâncarea în așa fel încât să devină tot mai adictivă.[52] Industria tehnologică a urmat acest exemplu, având milioane (în unele cazuri chiar miliarde) de utilizatori pe care să testeze produse, de la platforme de socializare până la jocuri video. Produsele sunt proiectate astfel încât să crească implicarea utilizatorului și să îl determine să consume mai departe, nu neapărat să îl satisfacă. Sean Parker, unul dintre „părinții fondatori" ai platformei Facebook, de pe urma căreia a și devenit miliardar, a explicat fără menajamente că Facebook este „o buclă de feedback pentru validarea socială [...], exact genul de lucru la care s-ar gândi un hacker ca mine, pentru că astfel exploatezi o vulnerabilitate a psihologiei umane". A continuat să explice că, în etapele incipiente de dezvoltare a platformei Facebook, obiectivul era „să-ți consume cât de mult timp și atenție conștientă cu putință".[53]

Bietul nostru creier – care, să nu uităm, vrea doar să ne ajute să găsim hrana – este păcălit și dezarmat. Principalele structuri neuronale care sunt asociate controlului cognitiv (de exemplu, cortexul prefrontal dorsolateral) sunt primele structuri care se deconectează atunci când se confruntă cu declanșatori precum stresul.[54] Fiecare dintre noi a experimentat asta la un nivel sau altul: dacă seara târziu suntem stresați și obosiți, este mult mai probabil să alegem înghețata în loc de broccoli.

Dacă dorințele și poftele se hrănesc printr-un proces acționat de învățarea bazată pe recompensă, oare n-am putea să accesăm și noi acel proces pentru a ne antrena mintea, chiar fără eforturi și timp în plus, ca să echilibrăm șansele în favoarea noastră?[55]

Vestea bună este că deja ai trecut prin etapa de pregătire pentru asta. În prima treaptă de viteză ți-ai ridicat nivelul de conștientizare prin exercițiul de cartografiere a buclelor obișnuinței în forma anxietății, iar în a doua treaptă de viteză ai conștientizat minuțios și limpede rezultatele comportamentelor tale. În acest proces începi să refaci legăturile din cortexul orbitofrontal pentru valoarea recompensei. Toate acele mișcări de tip „pune ceara, dă jos ceara, vopsește gardul" te-au pregătit pentru marea luptă cu creierul tău.

Tot de conștientizare ai nevoie și pentru a influența sau a schimba comportamentele: trebuie să devii conștient, altfel te trezești într-un comportament bazat pe obișnuință înainte de a mai putea face ceva. Asta este esența vitezelor întâia și a doua. În plus, odată ce valoarea comportamentului este înregistrată, conștientizarea te ajută nu doar să renunți la obiceiurile vechi prin dezvrăjirea de ele (viteza a doua), ci și să-ți fixezi obiceiuri sănătoase – când buclele obișnuinței se adâncesc, comportamentul repetat devine treptat automatism.

Acesta este un punct important de divergență între tehnicile cognitive și metoda mindfulness. Rațiunea (călărețul) ar spune stop (și ți-ar schimba „gândirea îmbâcsită"), dar în cele mai multe cazuri, impulsurile (calul) i-ar da o copită rațiunii și ar zburda libere, nestingherite și necontrolate. În schimb, mindfulnessul ar sugera un efort de atenție: simte consecințele/rezultatele comportamentului și învață pentru o dată următoare. Teoria pe care se bazează metoda mindfulness este în conformitate cu felul în care funcționează învățarea bazată pe recompensă în creierul nostru: adică atunci când te asiguri că cortexul orbitofrontal primește informații corecte, valoarea relativă a unei acțiuni poate fi actualizată, înmagazinată și ținută minte pentru viitor.

Când asta funcționează pe deplin, nu trebuie să te mai bazezi pe rațiune. În schimb, valoarea relativă a acțiunilor devine mai clară și creierul tău de om al cavernelor preia comanda. Ține minte, partea din creier care se ocupă cu supraviețuirea este mult mai puternică decât partea mult mai tânără și mai fragilă, cortexul prefrontal. Nu e nevoie să te gândești cum să scapi dintr-o situație; situația se desfășoară pur și simplu, urmând principiile naturale care stau la baza funcționării creierului tău ca să te ajute să înveți.

Sper că ți-ai dezvoltat deja propria bază de date pentru treapta întâia și a doua de viteză. Dacă ai făcut-o, cel mai probabil te vei regăsi în această notă de jurnal scrisă de un participant la programul nostru „Eat Right Now“:

> Într-o seară am reacționat la un film sentimental printr-un exces alimentar. Încercând să-mi găsesc o alinare rapidă, am pus paie pe foc. Gustul dulce care m-a liniștit pe moment a fost înlocuit de o senzație de „bolovan de ciocolată în stomac“, apoi s-a risipit, înfrânt de dezvrăjire.

Dacă reușești să identifici clar dezvrăjirea în propria ta experiență (nu doar să *înțelegi* conceptele, ci să le simți cum lucrează în corpul tău), felicitări, ești pregătit pentru treapta a treia de viteză.

Viteza a treia

Să revenim la cortexul orbitofrontal (OFC): după cum știm, pentru ca un comportament să fie întărit și susținut, valoarea recompensei lui trebuie să fie mai mare decât cea a comportamentului pe care îl înlocuiește. Gândește-te la OFC ca la o persoană dependentă de Tinder sau de orice altă aplicație pentru întâlniri. Aceasta tot caută și caută, pentru a găsi oferta cea mai avantajoasă și mai generoasă (BBO). Când trebuie să aleagă între comportamente, cortexul nostru orbitofrontal va căuta întotdeauna oferta cea mai avantajoasă și mai generoasă.

De fapt, OFC stabilește o ierarhie a recompenselor care să îl ajute să ia decizii în mod eficient, fără să risipească prea multă energie mintală. Asta este valabil mai ales în cazurile în care avem de făcut alegeri. Cortexul orbitofrontal atribuie o valoare fiecărui comportament aplicat anterior, iar când trebuie să facă o alegere – de exemplu, între două comportamente –, îl va putea alege pe cel mai valoros. Asta te ajută să iei hotărâri rapid și ușor, fără să fii nevoit să te gândești prea mult la ele.

De exemplu, am derulat numeroase comportamente legate de consumul de ciocolată, până într-acolo încât OFC-ul meu a reușit să contureze o ierarhie destul de clară a recompensei pentru ele. Ierarhia mea arată cam așa: îmi place ciocolata neagră cu 70% cacao mai mult decât cea cu lapte, cu 40% cacao. Când am de ales între cele două, nu trebuie să mă gândesc prea mult; voi mânca mereu o variantă din categoria cu 70% cacao. Să nu mă înțelegi greșit, nu sunt genul fidel procentajului de 70. Voi încerca întotdeauna ceva nou dacă va atinge acel prag de 70% (mai multă cacao, sare de mare, un pic de piper, poate câteva migdale), dar rareori mă voi aventura la varietățile cu 60% cacao.

Ca să elimini obiceiurile vechi și să-ți fixezi unele noi, trebuie să stabilești condițiile necesare. În primul rând, trebuie să te asiguri că valoarea recompensei obiceiului vechi este actualizată. De aceea te-ai antrenat atât de mult în viteza a doua.

În al doilea rând, trebuie să găsești oferta cea mai avantajoasă și mai generoasă.

De exemplu, dacă devii complet conștient de faptul că fumul de tutun nu are un gust bun, valoarea recompensei pentru fumat va scădea (treapta a doua de viteză), dar oamenii nu pot să stea degeaba în pauze de țigară dacă nu fumează. Inactivitatea deschide calea către plictiseală și neliniște, care nu sunt prea plăcute în sine. În numeroase paradigme pentru tratarea dependențelor, soluția impune găsirea unui comportament înlocuitor. Dacă mănânci bomboane, îți ocupi timpul și îți satisfaci o poftă (într-o oarecare măsură), însă alimentezi tiparul obiceiurilor: având pofta ca declanșator, înveți să mănânci bomboane în loc să fumezi, fapt care fixează propria buclă a învățării bazate pe recompensă – și care este principalul suspect pentru media de 7 kilograme pe care le iei în greutate când te lași de fumat.

În al treilea rând, pentru ca schimbarea de comportament să fie durabilă, trebuie să găsești *un anume tip* de ofertă mai avantajoasă și mai generoasă, nu orice fel de BBO.

E nevoie să găsești o recompensă mai satisfăcătoare și care nu alimentează bucla obișnuinței prin simpla înlocuire a unor comportamente.

Mindfulnessul ar putea fi o soluție. Acest lucru este important, așa că voi repeta: *mindfulnessul chiar ar putea să îți ofere recompense mai satisfăcătoare,* ca un substitut care vine cu o ofertă mai avantajoasă și mai generoasă, dar fără să-ți hrănească poftele (vom discuta despre asta mai târziu).

Să folosim în continuare stresul ca exemplu. Ce ar fi dacă, în loc să fumezi sau să mănânci o brioșă, ai propune ca nou comportament o curiozitate conștientă? Aici apar două diferențe remarcabile: (1) ar fi o trecere de la comportamentele cu bază în exterior (mâncat, fumat etc.) la comportamente cu bază în interior (curiozitate); și mai important decât asta, (2) valoarea recompensei diferă semnificativ. Cu această curiozitate conștientă poți să înlocuiești și alte comportamente cu baza în interior, precum îngrijorarea, deoarece curiozitatea este un sentiment mai plăcut decât anxietatea.

Laboratorul meu a cercetat în mod special valoarea recompensei pentru diferite stări emoționale și mintale și a descoperit ceva într-adevăr fascinant. Stările precum malițiozitatea, stresul, anxietatea și pofta te fac să te simți mai rău (adică sunt mai puțin satisfăcătoare) decât bunătatea, uimirea, bucuria și curiozitatea. În plus, te fac să te simți și mai închis, câtă vreme celelalte te fac mai deschis și chiar mai expansiv.[56] Ține minte, acest lucru are sens din perspectiva supraviețuirii. Dacă fugi de acel proverbial tigru fioros și ești încolțit, ce faci din instinct? Te chircești ca o minge, pentru a fi o țintă cât mai măruntă și a-ți proteja organele vitale.

Laboratorul meu a descoperit inclusiv faptul că sentimentul de închidere – acea stare mintală de contractare – coincide cu activarea rețelei modului implicit din creier, precum cortexul cingular posterior (cel despre care am vorbit în Partea I). În schimb, o stare de conștientizare curioasă a experienței momentului din prezent se corelează cu sentimentul de deschidere/expansivitate, și chiar descrește activitatea din aceeași regiune cerebrală. Un detaliu important, cea din urmă te face să te simți mai bine – valoarea recompensei ei este mai mare.

Hai să facem un experiment de treizeci de secunde pentru a ilustra acest concept, astfel încât să ți-l fixezi ca pe o pildă bazată pe experiența proprie.

Gândește-te la o dată recentă când ai fost anxios sau ți-a fost frică. Amintește-ți suficiente detalii ale evenimentului încât să simți acea emoție în corp.

Observă *unde* anume în corp o simți.

Acum observă cum o simți. Pare un sentiment de închidere, de micșorare ori de constricție, sau e mai degrabă unul de deschidere, de expansivitate?

Acum amintește-ți un moment recent în care ai fost bucuros. Adu-ți aminte suficiente detalii ale evenimentului astfel încât să simți din nou acea emoție în corpul tău.

Observă unde anume în corp o simți.

Acum observă cum o simți. Pare un sentiment de închidere, de micșorare ori de constricție, sau e mai degrabă unul de deschidere, de expansivitate?

Odată ce ai făcut acest experiment, pare simplu ca bună ziua, dar ai fi surprins să vezi câte astfel de lucruri trebuie să confirmăm prin cercetarea de laborator. Așadar, sub conducerea colegei noastre, cercetătoarea Edith Bonnin, am măsurat valoarea recompensei pentru o mulțime de astfel de stări emoționale pe un eșantion de sute de subiecți. Am descoperit că aproape în toate cazurile oamenii preferă starea de deschidere celei de închidere. Dacă ai făcut și tu acest experiment, probabil ai observat același lucru și ți-ai dat seama că bucuria este un sentiment expansiv, în vreme ce stresul și anxietatea sunt constrictoare.

Iată ce îți oferă conștientizarea vigilentă: (1) te ajută să actualizezi valoarea recompensei pentru comportamentele tale, (2) metoda aceasta se bazează pe interior (adică nu trebuie să dai fuga la magazin sau să comanzi de pe Amazon când ți se termină rezerva), (3) este o îmbunătățire semnificativă față de starea în care erai prins în bucla obișnuinței ca un hamster pe rotița lui.

Aceasta este a treia treaptă de viteză pe scurt: găsește oferta cea mai avantajoasă și mai generoasă (adică un comportament de înlocuire) care, tocmai prin faptul că are aceste calități, devine un comportament preferat în detrimentul obiceiului vechi. Datorită valorii mai mari de recompensă, acea BBO te ajută să ieși de fiecare dată din bucla obișnuinței și, pe măsură ce se întipărește în minte, se transformă într-o nouă soluție pentru creierul tău (altfel spus, într-un nou obicei).

În paginile următoare voi vorbi despre cum să învățăm și să exersăm diferite tehnici de mindfulness, ca să vezi care dintre ele se încadrează în baremul tău de „ciocolată cu 70% cacao".

Dacă ne întoarcem din nou la analogia cu calul și călărețul, vedem cum conștientizarea vigilentă nu schimbă puterea dorinței cuiva, nici nu-i fortifică voința. În schimb, modifică relațiile dintre cele două. În loc să te lupți cu calul ca să îl îmblânzești, poți învăța să călărești cu mai multă pricepere. Pe măsură ce conștientizarea valorifică energia și puterea unei dorințe dăunătoare, cei doi se vor contopi armonios și vor deveni una, transcendând și transformând dualitățile opuse dintr-o luptă în ceva asemănător unui dans.

Definirea vitezei a treia

Îți voi da două definiții pentru treapta a treia de viteză – una mai extinsă, mai cuprinzătoare, apoi una mai precisă și mai viabilă. După care le voi dezvolta pe amândouă.

> *Definiția cuprinzătoare:* orice te ajută să ieși din vechea buclă a obișnuinței.
>
> *Definiția precisă și viabilă:* BBO bazată pe interior, care te ajută să ieși din vechea buclă a obișnuinței.

Problema principală a primei definiții este cuvântul *orice*. De exemplu, dacă ai vrea pur și simplu să elimini un obicei prost – cum ar fi excesul alimentar – și de fiecare dată când ai fi pe cale să îl practici ți-ai da cu ceva în cap, în teorie ai avea succes. Dar noi nu propunem aici genul acesta de schimbare de obiceiuri.

Pentru o schimbare viabilă, ai nevoie de ceva practic și mereu la îndemână, ceva ce poate fi accesat ori de câte ori e nevoie (și nu mă refer la un ciocan). Mai mult, tipul de recompensă care însoțește un comportament este extrem de important. Aceasta nu trebuie doar să fie mai satisfăcătoare decât comportamentul anterior (BBO), ci să nici nu întărească vechile bucle ale obișnuinței. Am văzut mai devreme cum poate eșua un astfel de procedeu prin exemplul în care înlocuiam tutunul cu bomboanele, fapt care duce la îngrășare.

Pentru a arăta cât de important este acest lucru, voi da exemplul unei participante din programul nostru „Eat Right Now". Iată ce scria ea:

> Astăzi m-a supărat ceva și eram destul de afectată emoțional. În mod normal, aș fi devorat cea mai mare, mai dulce și mai apetisantă gustare pe care aș fi găsit-o, doar ca să-mi înăbuș disconfortul emoțional... Eram la patiserie și mă holbam la toate acele prăjituri, plăcinte, fursecuri, întrebându-mă ce aș putea mânca astfel încât să nu mă simt prea vinovată pentru asta. Am ales să iau o pauză și să mă plimb prin apropierea magazinului înainte de a mă hotărî. Am zărit o cutie cu mure proaspete și m-am gândit că ar fi o gustare bună, chiar mai bună decât o prăjitură. Așa că am cumpărat murele în loc de ceva de la patiserie, m-am așezat și am savurat fiecare fruct în parte. După aceea am fost destul de mulțumită. Am plecat de acolo fără să fi luat vreun desert tradițional. În momentul de față încă mai sunt puțin afectată emoțional și supărată

> din cauza evenimentului petrecut mai devreme. Și în ciuda faptului că mi-am făcut pofta cu niște mure delicioase, încă mai simt acel gol pe care aș vrea să îl umplu, acel disconfort pe care aș vrea să îl alung. Mi-aș dori să pot umple golul cumva. În mod normal l-aș umple cu mâncare. Dar nu vreau mâncare. Așadar, ce să fac în astfel de situații, în momentele de disconfort emoțional acut, în care de obicei aș fi apelat la mâncare?

Această persoană face o descriere clară a buclei obișnuinței sale: declanșatorul este disconfortul emoțional provocat de diverse evenimente, iar ea folosește mâncarea ca pe o modalitate de a-și suprima disconfortul. Pentru ea, mâncarea a devenit acel substitut la îndemână în astfel de situații. (Îl mai ții minte pe Dave? Și el mânca doar ca să-și distragă atenția de la anxietate.) Comportamentele de înlocuire precum distragerea sau mâncatul *sunt* BBO-uri, dar ele *continuă să alimenteze* bucla obișnuinței.

Dacă vrei cu adevărat să devii un maestru Jedi al minții tale, nu doar să înlocuiești un obicei cu altul, trebuie să știi că nu orice BBO este de ajuns. Dave a înțeles asta singur și a aruncat la coș obiceiul de a mânca, înainte de a merge mai departe în lupta lui cu anxietatea.

Așadar, cum ar putea această persoană să umple golurile provocate de momentele dureroase? Ține minte, are nevoie de ceva eficient, deci nu punem la socoteală o conversație la telefon cu prietenii sau cu familia. Până la urmă, dacă nu răspunde nimeni? Iar înlocuirea mâncării cu vizionarea de poze cu cățeluși este tot o strategie de substituire care alimentează bucla obișnuinței, însă evidențiază un alt element pe care încă nu l-am adus în discuție: deprinderea.

Amintește-ți de vremea când încă nu băuseși niciun fel de alcool. După primul sau al doilea pahar probabil că te-ai amețit zdravăn, ori poate că a urmat chiar o stare de mahmureală dacă ai băut și mai mult. Este posibil ca reacția creierului tău să fi fost aceea de a regla receptorii de acetilcolină, ca să fie sigur că poate rezista la un comportament similar, dacă va fi cazul să se repete. Iar dacă ai continuat să bei regulat, creierul tău a scăzut numărul de receptori (deprindere), iar tu ai dezvoltat o toleranță la efectele alcoolului și de aceea a trebuit să bei mai mult, după un timp, pentru a obține același efect ca înainte.

În același mod, dacă folosești videoclipurile cu cățeluși de pe Instagram ca substitut pentru un obicei mai vechi, exact ca în cazul alcoolului, creierul tău începe să se obișnuiască să vadă imagini cu cățeluși drăgălași – se *deprinde* cu asta. Cu alte cuvinte, creierul tău va spune: *Am mai văzut asta.* Și așa cum ai nevoie de mai mult alcool ca să te amețești, la fel ai nevoie de mult mai mulți cățeluși și mai drăgălași ca să te saturi. Nu prea e o soluție pe termen lung, nu?

În unele tradiții, acest proces este descris ca o stafie, ca un duh înfometat. Imaginează-ți o stafie cu un stomac uriaș și un gât foarte lung și îngust. Indiferent cât ar mânca, stafia nu va fi niciodată sătulă, fiindcă mâncarea nu ajunge suficient de repede în stomac ca să îl umple – esofagul ei este atât de lung și de îngust, încât imediat ce mâncarea ajunge în stomac este digerată și eliminată, înainte ca stomacul să se fi umplut.

Întocmai ca un stomac gol, un vid interior nu îți poate da o stare de bine; confruntat cu un astfel de vid, creierul tău spune: *Fă ceva! Umple golul ăsta! E groaznic! Mă scufund în hăul acesta cumplit de disperare.* Dar n-ai cum să umpli un vid – dacă încerci să o faci, nu reușești decât să perpetuezi bucla obișnuinței.

Însă atunci când observi că acest vid este alcătuit numai din gânduri, emoții și senzații corporale, poți să faci un pas în spate, să te asiguri că nu alimentezi bucla și să lași conștientizarea să facă treaba pentru tine, în timp ce tu conduci cu vitezele întâia, a doua și acum a treia. Conștientizarea este procesul motrice esențial pentru fiecare dintre ele. În viteza a treia, raportează-te la acele senzații și emoții cu o conștientizare plină de bunătate și de curiozitate; acest lucru te va ajuta să treci de la impulsul obișnuit care-ți spune că trebuie să faci ceva ca să rezolvi problema la simpla observare a experienței. Observându-ți problemele, acestea se vor diminua și vor dispărea de la sine.

Curiozitatea potolește acel îndemn neliniștit care spune *Fă ceva!*, deoarece, după cum spuneam mai devreme, starea pe care o dă este complet diferită: este mai deschisă și mai expansivă. Mai mult decât atât, acea senzație deschisă și expansivă care însoțește curiozitatea te face să te simți bine. Întrucât conștientizarea curioasă este atât de satisfăcătoare – fiind un comportament cu baza în interior, care îți permite să scapi din bucla obișnuinței, îți dă o stare de bine și te deschide către învățare –, *ea însăși este* acea ofertă mai avantajoasă și mai generoasă. Vom vedea mai târziu cum afectează acest lucru bucla îngrijorării și alte bucle ale obișnuinței, după ce vei avea ocazia să afli mai multe și să te joci cu propria curiozitate.

Ești gata pentru exerciții de condus în viteza a treia?

Poți să începi cartografierea celor mai generoase și avantajoase oferte pe care le folosești ca strategii de substituire pentru obiceiurile tale vechi. Oare nu îți hrănesc bucla obișnuinței? Folosește acest indiciu: au ca rezultat neliniștea, contractarea, rezolvarea temporară și dorința de mai mult – toate acesta fiind semne ale deprinderii? Sau te ajută să pornești pe o cale diferită?

CAPITOLUL 16

Știința curiozității

Nu am talente speciale. Sunt doar extrem de curios.

– ALBERT EINSTEIN

În 2007, orașul New York a făcut ceva radical (chiar dacă la metroul din Londra această „inovație" exista de câteva decenii, la fel și în Washington, Toronto și San Francisco) – în majoritatea stațiilor de metrou și de tren, au fost instalate „ceasuri cu numărătoare inversă" până la sosirea trenurilor.[57] A meritat investiția de peste 17,6 milioane de dolari? Să fii sigur.

Aceste planificatoare de la metrou au rezolvat o problemă curentă a navetiștilor, una care leagă curiozitatea de modul nostru de învățare, eliberându-le astfel mintea și ușurându-le naveta.

Ca să te ajut să înțelegi cum și de ce au făcut asta, hai să începem cu definiția de pe internet a curiozității – „o dorință intensă de a ști sau de a afla ceva".

Curiozitatea este o capacitate înnăscută, naturală, universală, pe care o împărtășim cu toții și care se dezvoltă natural în copilărie. Când îți accesezi curiozitatea, poți să descoperi cum funcționează lumea și te poți minuna ca un copil. Leon Lederman, cel de-al doilea director al Fermilab și câștigătorul Premiului Nobel pentru Fizică în 1988, a spus:

> Copiii se nasc cercetători. [...] Ei fac exact ceea ce fac și oamenii de știință. Testează cât de rezistente sunt lucrurile, cântăresc corpurile în cădere, se echilibrează, fac tot felul de lucruri ca să învețe legile fizice ale lumii înconjurătoare, deci sunt cercetători perfecți. Pun întrebări, își zăpăcesc părinții repetând la nesfârșit de ce, de ce, de ce?[58]

Cu toate acestea, nu orice fel de curiozitate are aceeași valoare. Și nu a fost percepută întotdeauna ca un lucru bun. Ai putea spune că Adam și Eva au fost alungați din grădina Edenului din cauza curiozității. În secolul al XVII-lea, filozoful Thomas Hobbes descria curiozitatea ca pe o „patimă a minții", iar Blaise Pascal descria în același secol curiozitatea ca fiind „doar vanitate".

Totuși, cunoașterea modului în care funcționează curiozitatea din perspectivă neurobiologică este primul pas pe care trebuie să-l facem ca să ne trezim din nou la viață acea uimire copilărească și să îi explorăm potențialul.

Curiozitatea are două arome: plăcută și neplăcută

În 2006, psihologii Jordan Litman și Paul Silvia au enumerat două „arome" principale ale curiozității, pe care le-au numit „curiozitate I" și „curiozitate D".[59] *I*-ul de la primul tip vine de la *interes* și se referă la aspectele plăcute ale setei de cunoaștere, în vreme de *D*-ul vine de la *privare* (*deprivation*), concept psihologic conform căruia un gol de informație determină o stare dezagreabilă de neliniște, de nevoie de cunoaștere.

Cu alte cuvinte, curiozitatea – motorul nostru de căutare a informațiilor – poate fie să inducă o stare plăcută, fie să reducă o stare neplăcută.

Curiozitatea motivată de privare, nevoia de cunoaștere de tip închis, neliniștit: pruritul care trebuie scărpinat

Curiozitatea motivată de privare este indusă de o lipsă de informație, cel mai adesea de lipsa unei anumite informații. De exemplu, dacă vezi fotografia unei vedete de film sau a altei persoane renumite și nu-ți vine în minte numele lui sau al ei, s-ar putea să începi să îți storci creierii ca să-ți amintești („Of, a jucat în comedia aceea romantică… în care… cum o cheamă?"). În timp ce încerci să-ți aduci aminte s-ar putea chiar să intri într-o stare de contractare, ca și cum ai încerca să-ți extragi acea informație din creier. Dacă asta nu funcționează, cauți pe Google filmul în care ai văzut-o pe actrița respectivă ca să afli răspunsul. Când îl găsești, ai un sentiment de ușurare, fiindcă nu mai ești privat de acea informație. Acest gen de situație este valabil și pentru platformele sociale sau pentru mesaje. Dacă te afli într-o întâlnire sau la cină și auzi că ai primit un mesaj pe telefon, s-ar putea să îți dai seama dintr-odată că este foarte greu să mai fii atent, fiindcă faptul că nu știi ce scrie în acel mesaj nu îți dă pace. E ca și cum telefonul tău ar începe să ardă mocnit în poșetă sau în buzunar. Acel foc al incertitudinii se stinge când îți verifici telefonul ca să vezi cine a scris sau când citești mesajul.

Să luăm alt exemplu. Gândește-te cum te simți când ești blocat în trafic și nu ai idee cât va dura așteptarea. Odată ce te-ai uitat pe Google Maps sau pe Waze și ai văzut cam cât va dura ambuteiajul, te simți mult mai bine. Timpul pe care îl ai de așteptat nu s-a redus deloc, dar anxietatea ta s-a risipit prin simplul fapt că știi cât timp vei mai fi blocat. Ai umplut acel gol de informație și ai redus incertitudinea. Această reducere a stresului indus de necunoaștere este motivul pentru care în New York au fost instalate acele sisteme digitale de la metrou, astfel încât oamenii să știe cât trebuie să aștepte până la trenul următor.

Călătorii preferă să știe că mai au de așteptat cincisprezece minute până la următorul tren decât să nu știe că au mai rămas doar două minute.

Ameliorarea stării negative, scărpinatul pruritului, în sine, aduce satisfacție. De aceea show-urile de televiziune au momente de suspans – ca să inducă acest tip de curiozitate motivată de privare. Trebuie să aflăm ce se întâmplă, așa că ne uităm în continuare!

Curiozitatea motivată de interes: uimirea deschisă în fața descoperirilor

Curiozitatea motivată pe interes se stârnește atunci când devenim interesați să aflăm mai multe despre ceva anume. De obicei nu este vorba despre o informație exactă (cum ar fi numele unei actrițe), ci de o categorie mai largă. De exemplu, știai că există animale care cresc în dimensiuni pe tot parcursul vieții, până când mor? Se numesc animale cu creștere nedeterminată, iar în această categorie se încadrează rechinii, homarii, chiar și cangurii. De fapt, a fost descoperit un homar de nouă kilograme, despre care se credea, potrivit dimensiunilor, că are 140 de ani. Ăla da homar bătrân! Nu-i așa că e fascinant?

Curiozitatea motivată de interes este ca atunci când navighezi pe internet și, după câteva ore de căutări, îți dai seama că ai aflat o mulțime de lucruri, iar setea ta de cunoaștere a fost domolită. Ai un sentiment plăcut când înveți ceva nou. Și nu este ca atunci când umpli un gol, fiindcă inițial nu era niciun deficit acolo (adică habar n-aveai că nu știi despre homarii uriași, dar când ai aflat de existența lor, ai fost intrigat și încântat). Spre deosebire de curiozitatea motivată de privare – care vizează destinația –, curiozitatea motivată de interes se referă mai mult la călătorie.

Dar, în primul rând, de ce suntem curioși? După câte se pare, curiozitatea se întemeiază pe (surpriză!) învățarea bazată pe recompensă.

Adu-ți aminte, învățarea bazată pe recompensă se sprijină pe întărirea pozitivă și negativă. Vrei să faci mai multe lucruri care îți dau o stare de bine și mai puține din cele care te fac să te simți rău. Pe vremea când eram oameni ai cavernelor, mecanismul acesta era vital, căci ne ajuta să găsim hrana și să evităm pericolul.

Este posibil ca lucrurile să stea întocmai și în ceea ce privește curiozitatea.

Ideea potrivit căreia curiozitatea este asociată cu învățarea bazată pe recompensă a fost susținută de un număr tot mai mare de cercetători.

Într-un studiu întocmit de Matthias Gruber și colegii lui de la Universitatea Californiei din Davis, li s-a cerut studenților să parcurgă o listă cu întrebări de cultură generală și să își evalueze nivelul de curiozitate legat de aflarea răspunsurilor.[60] Când nivelul de curiozitate era maxim, circuitele cerebrale dopaminergice se activau cu o intensitate sporită și se făcea o conexiune mai puternică între centrii implicați în recompensare și hipocamp, o regiune cerebrală asociată cu memoria. Curiozitatea dusă la maximum i-a antrenat pe studenți să își amintească mai multe informații – nu doar răspunsurile la întrebările de cultură generală.

Un alt studiu, realizat de Tommy Blanchard și colegii lui de la Universitatea din Rochester și Universitatea Columbia, a arătat cum este codificată în cortexul orbitofrontal curiozitatea legată de obținerea de informații.[61] (Amintește-ți că OFC este asociat cu valoarea recompensei și stabilește valoarea lucrurilor [broccoli comparativ cu tort].) De fapt, în studiul asupra primatelor, echipa lui Blanchard a aflat că acestea erau dispuse să renunțe la recompense, cum ar fi o gură de apă, în schimbul informației.

Toate aceste studii la un loc sugerează că expresia *sete de cunoaștere* este mai mult decât o simplă metaforă. Obținerea de informații urmărește exact aceleași tipare comportamentale elementare ca învățarea bazată pe recompensă și chiar are o valoare a recompensei în adevăratul sens al cuvântului. Când vine vorba despre supraviețuire, putem pune informația pe aceeași listă cu hrana și apa. Creierul vechi (găsește mâncare, evită pericolul) face echipă cu creierul nou (obține informație pentru a planifica și a estima viitorul) ca să ne ajute să evoluăm în prezent. Dar în ceea ce privește curiozitatea, oare putem vorbi despre un exces de informație?

Arome diferite, recompense diferite, rezultate diferite

Fiecare „aromă“ a curiozității are un alt „gust“. Ele intră în categorii diferite pornind de la felul în care le percepem corporal: curiozitatea motivată de privare este resimțită ca o închidere, iar cea motivată se interes, ca o deschidere. Dar cum sunt structurile de recompensă determinate de comportamentele lor? În cazul curiozității motivate de privare, este satisfăcător să afli răspunsul, dar în cazul curiozității motivate de interes, procesul în sine de a fi curios este satisfăcător.

Acesta este un lucru esențial din două motive: în primul rând, pentru că în cazul curiozității motivate de interes nu ai nevoie de ceva din afara ta ca să obții o recompensă – curiozitatea este satisfăcătoare în și prin sine –, apoi, pentru că prin natura sa inerentă nu se termină niciodată.

Pe lângă potențialul de izvor nesecat al curiozității motivate de interes, aceasta te face să te simți mai bine (adică este mai satisfăcătoare) prin comparație cu acea mâncărime, acel disconfort care te face să te închizi, dat de curiozitatea D.

Deci cum poți folosi această cunoaștere ca să optimizezi procesul de învățare determinat de curiozitate? Pentru început, să schițăm curiozitatea și cunoașterea în forma unei curbe-clopot. Imaginează-ți curiozitatea pe axa verticală, iar cunoașterea pe axa orizontală. Dacă începi să acumulezi cunoaștere, curiozitatea ta urcă și urcă, până când formează un platou. Dacă acumulezi mai multă cunoaștere, curiozitatea ta descrește, deoarece golurile de informație pe care le aveai au fost acoperite.

Altfel spus, curiozitatea pare să urmeze regula Goldilocks* cu privire la informație. Prea puțină incertitudine în

---

* Principiul Goldilocks susține că există niște limite ideale între care trebuie să fie menținute elementele pentru a se crea condițiile optime supraviețuirii. (*N. trad.*)

legătură cu ceva anume nu mai stârnește curiozitatea (de tip D); prea multă incertitudine provoacă anxietate. Ca să găsești punctul optim al curiozității trebuie să rămâi în vârful curbei-clopot și să ai exact atâta informație cât să îți întreţină curiozitatea.

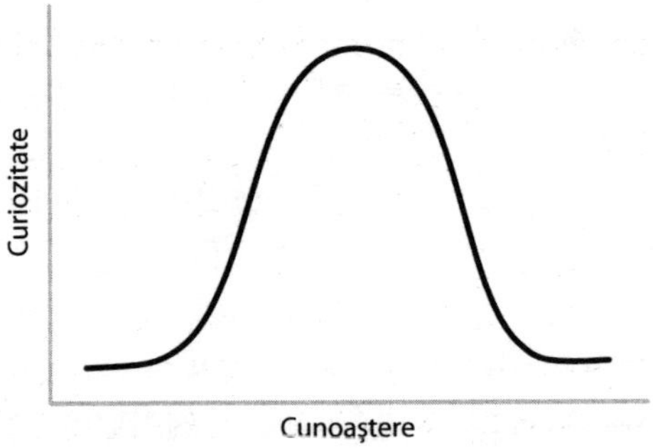

Cum să-ți folosești curiozitatea ca să îți schimbi obiceiurile și să înveți

Cei mai mulți dintre noi ne raportăm la lume și la noi înșine cu o curiozitate de tip D, ca o problemă care trebuie rezolvată. Dar de fapt suntem în cel mai potrivit loc de clădire și susținere a curiozității atunci când practicăm ambele tipuri ale acesteia, prin alternanță. Și poți folosi această alternanță ca să scapi de obiceiurile vechi și să îți faci unele noi. Până la acest stadiu al cărții, ai reușit să dobândești niște cunoștințe despre felul în care îți funcționează mintea și creierul – de exemplu, ai învățat cum se formează obiceiurile și cum să identifici recompensele. Asta te ajută să avansezi în acea curbă-clopot, pe măsură ce devii tot mai interesat de cum ai putea să îți determini creierul să facă ceea ce vrei tu, în loc să fie supus dorințelor și obiceiurilor tale. Și da, asta are legătură cu mentalitatea orientată către dezvoltare descrisă de Carol Dweck – ești deschis și interesat să înveți din propriile experiențe în loc să te închizi la primul semn de „eșec" (și să aluneci înapoi pe curba în formă de clopot din lipsă de interes sau din frustrare).

Sper că până la acest moment ai primit suficientă informație bazată pe concepte cât să te așeze în punctul optim, în care devii tot mai curios în legătură cu propria ta experiență. Asta te va ajuta să renunți la ideea că poți să scapi de anxietate sau să-ți schimbi obiceiurile cu ajutorul gândirii, în schimb, îți va permite să exploatezi puterea curiozității, să o accesezi ca pe un izvor intern care se autogenerează (pentru că este satisfăcător). Probabil că deja vezi cum acest lucru te menține în punctul cel mai înalt al curbei-clopot – devii tot mai curios cu privire la anxietate, la cum declanșează ea buclele obișnuinței în forma îngrijorării și a procrastinării, în loc să presupui că știi deja totul despre subiect și să ai impresia că acel sentiment nu se va schimba niciodată sau că ai avea nevoie de vreo pastilă magică ori de vreo tehnică prin care să te vindeci. De asemenea, această metodă te va ajuta să îți gestionezi oricare dintre obiceiurile pe care le ai și te va face să fii tot mai curios și să te întrebi ce ai putea învăța atunci când te trezești prins într-o buclă a obișnuinței.

După cum spunea Einstein: „Curiozitatea are propria rațiune de a exista. Nu poți să nu te umpli de venerație când contempli misterele veșniciei, ale vieții, ale extraordinarei structuri a realității. Este suficient să încerci să înțelegi măcar o câtime din acest mister în fiecare zi. Niciodată să nu pierzi această sfântă curiozitate."[62]

Curiozitatea: superputerea noastră înnăscută

Dintre toate capacitățile omenești, curiozitatea ocupă locul de frunte în lista mea, căci o consider esențială. Ea ne ajută să supraviețuim în lume și în același timp ne aduce bucuria descoperirii și uimirea; curiozitatea chiar este o superputere.

În toamna anului 2019, am condus o tabără de meditație în tăcere, cu durata de șapte zile, destinată echipelor olimpice feminine de polo pe apă din Statele Unite. Acesta este un grup de femei extraordinare care au câștigat consecutiv medalia de aur la ultimele două competiții olimpice. Când au ajuns în tabără tocmai câștigaseră campionatul *și* medalia de aur de la Pan American Games. Era pur și simplu cea mai bună echipă de polo feminin pe apă din lume. Ce aș fi putut să le mai învăț despre cum să fie numărul unu în lumea sportivă?

Conduceam grupul de meditație în munții Colorado, împreună cu buna mea prietenă dr. Robin Boudette, cu care coordonam adesea workshopuri de weekend și tabere de meditație. După trei zile de tabără, am condus echipa într-o drumeție până pe vârful muntelui, de unde aveam o priveliște copleșitoare asupra văii. Atunci am decis să lansez bomba C. Pe parcursul săptămânii, eu și Robin am subliniat cât de important este să avem o atitudine curioasă față de orice, de la meditație până la mâncare, dar am păstrat metoda de trecere în starea de curiozitate până la momentul potrivit. Iar momentul sosise.

Am numărat până la trei, iar când am ajuns acolo, eu și Robin am rupt tăcerea printr-un *hmmm* zgomotos (genul de *hm* pe care îl emitem în mod natural atunci când suntem curioși; a nu se confunda cu mantra tradițională *om*). Le-am cerut fetelor să repete asta împreună cu noi, astfel că un *hmmm* colectiv și-a croit drum prin văzduh. Gestul acesta ne-a scos pe toți din gândurile proprii și ne-a proiectat direct în experiența de a fi curioși.

În restul acelei săptămâni, echipa a început să practice exercițiul curiozității din ce în ce mai natural. Ori de câte ori se simțeau frustrate sau blocate în timpul unui exercițiu de meditație, acel *hmmm* părea să le ajute să exploreze ceea ce simțeau cu mintea și cu trupul (în loc să încerce să rezolve sau să schimbe ceva). Când se blocau într-o buclă a obișnuinței în forma îngrijorării sau a autocriticii, acel *hmmm* le ajuta să schimbe treapta de viteză, să treacă într-a treia și să scape din buclă. În loc să-și irosească energia mintală și să hrănească autocritica obișnuită, au descoperit că *hmmm* le ajuta să ia distanță și să observe ca atare elementele componente ale buclelor obișnuinței: emoțiile și gândurile.

Curiozitatea le-a permis, de asemenea, să rămână prezente în mod obiectiv în orice experiență ar fi avut. S-a dovedit mai puternică decât orice efort de voință pe care l-ar fi făcut (în mod obișnuit) și a adus un suflu ludic, de bucurie, în tabăra de meditație. (Este greu să te iei prea în serios când faci *hmmm* toată ziua.)

De-a lungul anilor, am descoperit că le pot da oamenilor acest instrument simplu de lucru – indiferent de limba, cultura sau originea lor – cu ajutorul căruia își pot accesa experiențele încorporate și capacitatea naturală de a fi curioși, de a se mira. De asemenea, îi ajută și să evite „capcana mintală“ de a vrea să umple un gol de cunoaștere și îi duce în punctul optim în care se pot deschide, se pot implica și pot fi curioși.

Curiozitatea (cea motivată de interes, nu de privare) întrunește toate condițiile treptei a treia de viteză: este un comportament de tip BBO cu bază internă (și mereu la îndemână), care ne permite să ieșim din bucla obișnuinței și să ne menținem.

Ca să vezi cum ne poate ajuta curiozitatea, îți voi da exemplul unei paciente din programul nostru de reducere a anxietății:

> La început, când am intrat în program, n-am prea crezut partea cu beneficiile curiozității. Astăzi am simțit un soi de panică, și în locul unei reacții imediate de groază și teamă, răspunsul meu automat a fost „Hmmm, interesant". Iar asta a dezarmat imediat panica. Nu doar am spus că este interesant, ci chiar am simțit că așa era.

Uneori sunt întrebat: „Și ce se întâmplă dacă *nu* sunt curios?"

Răspunsul meu este: „Folosește mantra ca să îți accesezi experiența. *Hmmm*, cum e să nu simți curiozitate?" Iar asta îi ajută pe toți să se deblocheze din starea mintală în care vor să rezolve problemele și să se îndrepte către o conștientizare curioasă a propriilor senzații și emoții; și astfel accentul se deplasează din plan mintal către corp, cu care experimentează senzațiile.

Cum să-ți exersezi curiozitatea

Hai să trecem prin exercițiul de curiozitate pe care-l predau tuturor în prima zi din programul de reducere a anxietății. Acesta funcționează ca un fel de „buton de panică" pentru momentele în care anxietatea iese la atac. Durează aproximativ două minute.

Mai întâi, găsește-ți un loc liniștit și confortabil. Poți să șezi sau să te întinzi, ori chiar să stai în picioare; trebuie doar să te poți concentra fără să fii distras.

Amintește-ți cea mai recentă ciocnire sau „incident" cu o buclă a obișnuinței. Vezi dacă îți poți aminti scena și apoi treci în treapta a doua de viteză retrospectivă: concentrează-te asupra comportamentului în sine.

Încearcă să retrăiești acea experiență, concentrându-te asupra sentimentelor tale din momentul reacției bazate pe obișnuință. Cum ai simțit acel impuls de a „acționa"?

Acum verifică senzația în corpul tău.

Ce senzație este pregnantă în acest moment? Iată o listă de cuvinte sau de expresii din care să alegi. *Alege numai una*, pe cea mai reprezentativă:

- ❑ încordare
- ❑ presiune
- ❑ contractare
- ❑ neliniște
- ❑ respirație superficială
- ❑ ardere
- ❑ tensiune
- ❑ încleștare
- ❑ căldură
- ❑ gol în stomac
- ❑ zumzet/vibrație

Se simte mai mult pe partea dreaptă sau pe cea stângă? Senzația e localizată în zona frontală a corpului, în cea mediană sau pe spate? Unde o simți cel mai puternic?

Acum eliberează acel *hmmm* interior – îl simți mai mult pe partea dreaptă sau pe cea stângă? În zona de mijloc, în fața sau pe spatele corpului?

Nu-ți bate capul cu privire la zona pe care ai ales-o. Toate sunt perfecte.

Ai observat ceva în legătură cu curiozitatea – în ce parte a corpului ai înregistrat cel mai puternic senzația? Faptul că ai fost curios te-a ajutat să te apropii un pic mai mult de senzație?

Dacă senzația încă persistă, vezi dacă poți să-ți activezi din nou curiozitatea și să observi ce mai este acolo. Mai ai și alte senzații? Ce se întâmplă când devii curios în legătură cu ele? Se schimbă? Ce se întâmplă când ești realmente curios în legătură cu felul în care simți? Urmărește senzațiile timp de treizeci de secunde fără să încerci să faci nimic în privința lor, ci doar să le observi. Se schimbă vreun pic când le privești cu o atitudine curioasă?

Iată un alt exemplu al unei persoane din programul nostru de reducere a anxietății:

> Testul stresului este uimitor! Să simți efectiv unde anume se localizează stresul în corp și apoi să „sapi" în adâncul senzației îți schimbă complet experiența. Dacă mă aplec asupra stresului și disconfortului, descopăr că (senzațiile corporale) se transformă în surse de interes și își pierd „puterea" negativă pe care le-o dădeam. Curiozitatea păcălește anxietatea! Auzisem de multe ori asta, dar să o simți din interior duce experiența la un cu totul alt nivel. Înțeleg cum funcționează și asta îmi dă sentimentul că voi reuși.

Acest exercițiu scurt a avut doar rolul de a-ți trezi gustul curiozității – de a sprijini capacitatea ta naturală de a fi conștient și chiar curios cu privire la ceea ce se petrece în corpul și în mintea ta în acest moment, în loc să te lași prins într-o buclă a obișnuinței. Dacă ai observat că prin curiozitate ai câștigat chiar și o microsecundă de conectare cu gândurile, emoțiile și senzațiile tale corporale mai mult decât în trecut, tocmai ai făcut un pas uriaș înainte.

Aceasta este treapta a treia de viteză: procesul prin care ieşi din vechea buclă a obişnuinţei şi păşeşti în prezent. Când foloseşti *hmmm* ca pe o mantră, aduci în joc fascinaţia ta copilărească, mai ales dacă a trecut mult de când nu ai mai folosit-o. *Hmmm* te ajută să îţi accesezi experienţele directe, în loc să te laşi absorbit de gânduri, în încercarea de a face ceva cu agasantele bucle ale obişnuinţei, sau să încerci să te vindeci singur.

Ori de câte ori ai impulsul să foloseşti un comportament bazat pe obişnuinţă – sau chiar când comportamentul este în derulare –, vezi dacă poţi să treci în viteza a treia. Încearcă să vii cu o atitudine curioasă chiar în viteza a doua, când te întrebi: *Ce câştig cu asta?* Fă astfel pentru a te deschide în faţa experienţei şi a adopta o mentalitate orientată către dezvoltare (priveşte şi învaţă).

CAPITOLUL 17

Povestea lui Dave, partea a treia

Iată cum și-a supradimensionat Dave curiozitatea pentru a-și învinge frica și anxietatea.

Într-una din vizitele la clinică, Dave mi-a povestit că tatăl lui îl agresase fizic în copilărie. El stătea pur și simplu și își vedea de treabă, când se trezea lovit din senin de tatăl lui. Făcea asta aparent fără niciun motiv (nu că ar exista vreodată vreun motiv pentru care ai putea să-ți lovești fiul); părea că Dave era doar un sac de box aflat la îndemână pentru tatăl său. Dave și-a dat seama că una dintre consecințele acestui abuz a fost faptul că în creierul lui s-a instalat, încă din copilărie, o stare permanentă de alertă – aștepta mereu pericolul. Creierul lui nu a putut stabili niciodată care erau mediile sigure și care erau cele cu adevărat periculoase, pentru că tatăl lui îl lovea *la întâmplare*, nu sistematic. (Mai ții minte conceptul de întărire intermitentă din capitolul 3? Nu este valabil doar în cazul persoanelor care dezvoltă o dependență de jocurile de noroc și platforme sociale.) Creierul lui Dave nu a putut folosi procesul de învățare bazat pe recompensă ca să își evalueze comportamentele ca fiind sigure sau nesigure, prin urmare, a presupus că nimic nu era sigur (fiindcă în felul acesta se simțea mai în siguranță). Așa că a trăit în alertă maximă (cu un nivel ridicat de anxietate) mai bine de treizeci de ani.

Asta a fost ca o revelație pentru Dave. Și-a dat seama că modul acesta de funcționare în alertă maximă era un obicei pe care și-l însușise *ca pe o identitate.*

Ca să contracarez acest lucru, i-am dat lui Dave un exercițiu simplu. I-am spus ca, atunci când se va simți în alertă maximă, să ia o pauză în care să fie curios cu privire la ceea ce simte și, de asemenea, să verifice dacă se află cu adevărat în pericol. L-am rugat să încerce asta în biroul meu și să îmi descrie experiența. După ce a făcut exercițiul, mi-a spus:

– Oh, senzațiile acelea pur și simplu dispar când încep să le privesc cu atenție.

– E vreun pericol acum, aici? l-am întrebat.

– Niciun pericol... e liniște, a răspuns Dave.

Obiceiul lui de a fi în alertă maximă apărea acum sub forma lui reală: erau senzații asociate cu pericolul. În absența pericolului, doar fiind curios în legătură cu ceea ce simte, Dave a putut să înțeleagă singur că pe lângă faptul că senzațiile nu erau corecte (semnalau un pericol inexistent), acestea se și risipeau de la sine.

L-am trimis să exerseze acasă. Avea nevoie doar de ceva timp și repetiție ca să-și actualizeze vechiul sistem cerebral de memorare, de la „nesigur" la „sigur". Un aspect important este acela că nu am încercat să îl conving că era în siguranță, nici nu i-am cerut să se convingă singur. În schimb, l-am antrenat să îi ofere creierului mai multe informații corecte.

După o vreme, Dave a înțeles că nu era nevoie să fie tot timpul anxios. Când se bucura de perioade mai îndelungate de liniște, creierul lui intervenea întrebându-se ironic dacă nu cumva *era* ceva în neregulă (fiindcă privea prin lentila vechilor obiceiuri) sau dacă nu *ar trebui* cumva să fie anxios.

Dave dădea dovadă de un „comportament de savană" clasic. Adu-ți aminte, creierul nostru a evoluat cu strategia „siguranța pe primul loc". Dacă explorăm o parte necunoscută a savanei, trebuie să fim atenți la pericol. Ne putem relaxa numai după ce am cartografiat teritoriul în repetate rânduri și nu am găsit niciun semn de amenințare. De aici provine noțiunea modernă de zonă de confort. Când ne aflăm într-un loc sigur și cunoscut, ne simțim confortabil. Zona de confort poate însemna un loc fizic în care ne simțim în siguranță (cum ar fi, acasă), o activitate la care ne pricepem (de exemplu, practicarea unui sport sau cântatul la un instrument muzical) sau chiar un spațiu mintal în care ne poziționăm (de exemplu, mă simt cel mai bine când predau seminare despre schimbarea obiceiurilor, ceea ce nu e valabil și pentru matematică).

Când ieșim din propria zonă de confort, creierul nostru orientat către supraviețuire începe să ne avertizeze că ne deplasăm către locuri necunoscute – ar putea fi periculos. Dacă vedem lumea fie ca pe un loc sigur, fie ca pe unul nesigur, singurele opțiuni sunt confort sau pericol: ne aflăm ori în zona de confort, ori în cea de pericol (pe care mulți dintre pacienții mei o denumesc zona de panică, pentru că disconfortul este atât de mare, încât le induce panică). Iată cum mi-a descris Dave: faptul că nu era anxios îl făcea să fie anxios, pentru că nu era obișnuit cu asta. Cu alte cuvinte, disconfortul de a se afla într-un alt spațiu mintal, chiar dacă acel loc nou era o grădină a seninătății, declanșa în creierul său reacția de a căuta pericolul. Cine știe, calmul poate fi periculos.

De fapt, mai există încă o opinie legată de asta. Dacă ne întoarcem din nou la Carol Dweck și mentalitatea fixă/ mentalitatea orientată către dezvoltare, putem adăuga încă o zonă între cea de confort și cea de pericol: proverbiala zonă de dezvoltare. Lumea din afara zonei noastre de confort nu este întotdeauna periculoasă. Doar că avem nevoie de timp pentru a vedea asta. Fie că explorăm o idee nouă, un loc necunoscut sau o persoană pe care abia am cunoscut-o, ne putem apropia de necunoscut cu frică *sau* putem avea o atitudine de curiozitate. Cu cât avem mai multă curiozitate, cu atât ne deschidem mai mult, învățăm și ne dezvoltăm prin explorare, ceea ce nu se întâmplă dacă ne închidem ori ne refugiem înapoi în zona de confort la primul semn de disconfort. Cu toții trebuie să ținem minte asta: schimbarea poate fi înfricoșătoare, dar nu trebuie să fie astfel. Cu cât învățăm mai mult să acceptăm disconfortul provocat de diferență – recunoscând că suntem agitați pur și simplu pentru că este ceva nou pentru noi –, cu atât mai mult vom începe să ne simțim în largul nostru în zona de dezvoltare. Până la urmă, așa învățăm și evoluăm. Iar ca bonus, cu cât ne simțim mai confortabil în zona de dezvoltare, cu atât mai mult se lărgește această zonă.

Am discutat cu Dave despre aceste lucruri folosind metafora prietenilor.

Uneori te poți simți confortabil în preajma prietenilor vechi pentru că îi cunoști, dar nu este neapărat bine să îi ai mereu prin preajmă (de exemplu, un prieten din copilărie care râdea mereu de tine). Dave a conștientizat și asta, observând că anxietatea devenise în mod straniu o zonă de confort pentru el, din cauză că se familiarizase cu ea; totuși, acum depășea treptat acea stare. Pe măsură ce începea să se desprindă de bucla obișnuinței în forma anxietății, Dave a învățat să trăiască tot mai mult în zona de dezvoltare și astfel a reușit să simtă familiaritate și într-o atmosferă de tihnă, calm și chiar bucurie. Și-a făcut prieteni noi, unii care probabil îi vor deveni tovarăși pe viață.

Pe parcursul acestei cărți am evidențiat importanța curiozității. Am spus că ea reprezintă o superputere care ne ajută să înlocuim comportamentele bazate pe obișnuință cu „comportamentul" simplu de conștientizare curioasă. Avem tendința să fugim din fața lucrurilor neplăcute (în special a anxietății și a panicii), fapt care devine apoi un comportament învățat. Dar cu ajutorul curiozității putem învăța să ne întoarcem către acel lucru neplăcut și chiar să-i acordăm atenție. Toată această curiozitate ne poate ajuta să ne eliberăm și să ieșim din vechile bucle ale obișnuinței (este uimitor cât de reconfortant este să te îngrijorezi, nu?) pe măsură ce învățăm să explorăm senzațiile corporale și mintale și să le vedem ca arate: gânduri și senzații care pur și simplu vin și pleacă.

Curiozitatea este diferită de tăria de caracter sau de voință. Tăria de caracter ține de hotărâre, dar ne solicită multă energie, care se consumă, lăsându-ne apoi într-o stare jalnică (extenuați și învinși). Pe scurt, efortul cere efort.

Când urc cu bicicleta pe munte, voința mă ajută să merg într-o treaptă mică de viteză și să „tai“ panta, ca să ajung în vârf. Când fac o coborâre tehnică de pe munte sau când trec printr-o zonă cu pietre alunecoase și rădăcini, îmi dau seama că tăierea drumului nu mă ajută la nimic. Dacă orientez roata din față pe direcția pietrelor și încerc să trec cu putere peste ele folosind doar forța, în cele din urmă, cad.

Curiozitatea este altfel. Când ești curios cu privire la ceva, aceasta te ajută fără niciun efort, deoarece *curiozitatea în sine* te face să te simți bine și este satisfăcătoare. Cu cât curiozitatea este mai mare și ești mai deschis la experiențe, cu atât rezervele tale de energie pentru explorare vor fi mai bogate. Când fac ciclism montan, curiozitatea este extraordinară: în loc să mă arunc orbește înainte pe o porțiune pe care e nevoie de tehnică, cercetez toate modurile diferite în care aș putea să-mi croiesc un drum lejer prin zonă.

Când vine vorba despre propriile obstacole mintale, piedici și obiceiuri, ai mult teren de acoperit, mai ales pe măsură ce descoperi bogăția și fascinația nesfârșită a teritoriului minții tale. Așa că nu te osteni încercând să-ți iei avânt înainte. Permite-i curiozității să îți deschidă în mod natural drumul, să îți dezvolte capacitatea de a te orienta printre noile provocări ale viitorului și să îți economisească puterea pentru acele dăți în care ai nevoie de ea.

De asemenea, curiozitatea te ajută să te miști natural de la o mentalitate fixă către o mentalitate orientată spre dezvoltare. Cu cât curiozitatea și deschiderea ta față de experiențe este mai mare, cu atât rezervele tale de energie pentru explorare vor fi mai bogate. Funcția curiozității este aceea de a te ajuta să înveți, iar asta o poți face doar prin participare activă.

În decurs de câteva luni, Dave a descoperit puterea curiozității. Și mi-a scris un e-mail:

> Cred că este important ca oamenii să înțeleagă că de la groaza de a mă da jos din pat am ajuns ieri la stadiul de a merge cu mașina prin tot Rhode Island. În urmă cu trei săptămâni eram prea speriat ca să-mi pot duce prietena cu mașina până la aeroport. Ieri am dus pe cineva (la aeroport) fără nicio anxietate. Nu am de gând acum să mă duc la supermarket, dar în urmă cu câteva luni nu puteam intra nici măcar într-un magazin mic, de produse naturale. Am făcut progrese uriașe, într-un mod favorabil sănătății. Nu sunt dependent de pastile ca să-mi trăiesc viața. Îmi schimb întreaga perspectivă și devin un om mai fericit.

Asta nu înseamnă că anxietatea lui Dave a dispărut ca prin magie. Dar și-a accesat curiozitatea și a folosit-o în loc de frică pentru a răspunde anxietății, utilizând-o ca pe oferta cea mai avantajoasă și mai generoasă; astfel, în loc să se lase condus de anxietate, Dave a revenit pe scaunul șoferului și acum își poate explora viața așa cum dorește.

Respiră

Adulții au tendința de a fi foarte sfioși în privința multor lucruri, printre care și rostirea acelui *hmmm* în public (și în gând), chiar dacă ar face-o cu voce scăzută sau în mod spontan, instinctiv. Dar asta nu înseamnă că nu poți să practici curiozitatea în locuri în care te simți *mai puțin* sfios, cum ar fi în duș, sub șuvoiul de apă, unde nu te aude nimeni făcând *hmmm* („*hmmm*, a ce miroase săpunul ăsta?"). Dacă ai copii, poți observa curiozitatea „în mediul ei natural" privindu-i pe cei mici și alăturându-te lor. Dar te voi învăța și o tehnică pentru viteza a treia, pe care să o poți folosi ori de câte ori vrei să ieși dintr-o buclă a obișnuinței. E un exercițiu subtil, care nu induce nesiguranță, pe care îl poți face și în compania altora și chiar la serviciu.

Exercițiu de respirație

Treapta a treia de viteză presupune să găsești o BBO accesibilă, care să te ajute să ieși din vechea buclă a obișnuinței fără să *alimenteze* procesul de buclă.

Când un pacient are o stare de criză, noi, cadrele medicale, îi atribuim un cod de urgență care începe cu A-B-C. Aceste litere vin de la *airway*, *breathing*, *circulation* (căi respiratorii, respirație și circulație). Începem de la căile respiratorii, pentru că dacă ele sunt blocate, cum ar mai putea pacientul să respire? Apoi trecem la B, adică *respirație*. Dacă respiri, sunt șanse mari să fii încă în viață, iar medicii se pot opri acolo, fără să se producă vreo daună suplimentară.

Dacă ești într-o ședință la serviciu, sunt șanse mari ca toți cei de față să respire. De vreme ce toată lumea respiră, dacă se întâmplă să-ți dai seama că ești pe cale să aluneci într-o buclă a obișnuinței în care îi întrerupi pe alții sau reacționezi defensiv la feedback, poți să te pui la adăpostul normalității și să fii atent pentru o clipă la respirația ta; fă asta pentru a nu mai hrăni *acel* obicei îngrozitor. Vezi tu, respirația ta este de fapt cea mai bună ofertă (BBO) a vitezei a treia:

1. Respirația este întotdeauna la îndemână.
2. Fiind atent la respirație, poți ieși din vechea buclă a obișnuinței.
3. Respirația nu hrănește procesul buclei obișnuinței.

Există o mulțime de instrucțiuni și cărți care te învață cum să fii atent la propria respirație, ca un mod de a te

„ancora" în momentul prezent. Poți să le citești. (Una dintre preferatele mele este *Mindfulness in Plain English*, de Bhante Henepola Gunaratana.)

Îți voi da aici versiunea prescurtată, pe care o poți folosi când ești într-o ședință.

Așază-te, ceea ce probabil că și faci, sau stai în picioare (dacă este o ședință la care se stă în picioare) într-o poziție comodă. Nu închide ochii, altfel toată lumea va crede că dormi. Întreabă-te: *Cum îmi dau seama că respir?* și fii curios să afli unde anume se localizează senzația fizică (un *hmmm* silențios ar fi potrivit aici). S-ar putea să observi senzația fizică a abdomenului tău care se mișcă spre interior și exterior; s-ar putea să observi mișcarea pieptului, dacă ești un pic nervos și ai o respirație superficială. (Dacă observi că respiri pe nas, ești deja pe calea cea bună, căci este ceva destul de subtil.)

După ce ai aflat unde anume observi senzațiile fizice ale respirației, poți pur și simplu să fii atent în continuare la respirația ta, iar dacă devine plictisitor sau solicitant, amplifică-ți curiozitatea urmărind procesul natural al corpului care determină ciclul respirator: vezi când se schimbă alternanța inspirație/expirație sau cât de lungi sunt pauzele între inspirație și expirație. (Crede-mă – este chiar fascinant să te observi respirând!)

Pentru a aplica exercițiile de respirație în momentele de anxietate, de impulsivitate sau alte stări corelate cu bucla obișnuinței, încearcă această variație.

Folosește-ți curiozitatea ca să verifici și să observi unde anume în corpul tău se simte cel mai puternic anxietatea sau impulsul de a corecta o afirmație a colegului tău. Apoi trage încet aer pe nas către acea parte a corpului (nu-ți bate capul să fii exact din punct de vedere anatomic, doar fă asta). Lasă gura de aer să ajungă exact la acea senzație de anxietate sau la acel impuls și ține-o acolo câteva secunde, înainte de a expira. Dacă nu ți se pare că sună prea ciudat, vei simți că odată cu aerul expirat se vor elimina și o parte dintre acele senzații. Dacă nu ești genul care să crezi astfel de teorii, verifică pur și simplu acea senzație neplăcută, vezi dacă nu s-a schimbat odată cu acel ciclu de respirație. Apoi fă-o din nou. Inspiră lent, adânc și imaginează-ți cum respirația aceea blândă, curioasă, ajunge direct la anxietatea pe care o simți. Lasă-ți pentru o clipă respirația să înfășoare acel sentiment de anxietate într-o pătură călduroasă de curiozitate și bunătate, apoi expiră, eliberează-o. Vezi dacă vreunul dintre sentimente iese odată cu aerul expirat.

Poți să repeți exercițiul preț de câteva cicluri respiratorii, sau pentru câteva minute, ori până când șeful tău devine bănuitor fiindcă pari prea calm și mulțumit.

Iată un exemplu din viața reală, care ne arată cât de productivă este conștientizarea respirației. Această persoană a participat la testarea-pilot pentru programul nostru de reducere a anxietății. Și s-a întâmplat să fie la serviciu:

> Eram într-o ședință și mă simțeam anxioasă pentru că trebuia să aduc în discuție un subiect dificil. Am simțit cum respirația îmi devenea din ce în ce mai scurtă, așa că am devenit curioasă și am început să observ – „mă întreb de ce" și „oh, iată și anxietatea". Dar observând-o cu atenție, s-a risipit! Viteza a treia!

(Acest exemplu este de fapt un amestec de respirație, curiozitate și exercițiu de observare, despre care vei învăța mai târziu, dar ai înțeles ideea.)

Iată un alt exemplu:

> Eram într-o ședință în care primisem un feedback negativ, ceea ce a fost o surpriză pentru mine. A fost foarte interesant să simt căldura sângelui care îmi urca în obraji și să văd cum apar reacțiile de stres, dar să mă distanțez de ele. Am reușit să stau destul de liniștit, să ascult cu atenție și să observ cu ușurință răspunsul la stres al celorlalți participanți la ședință. Următorul pas a fost să ajung la un nivel de calm în care să gândesc limpede și să formulez pe loc un răspuns coerent!

După cum poți să remarci, curiozitatea nu este acel gen de superputere care îți dă în mod magic perspicacitate sau care te face să dai instantaneu răspunsuri clare și coerente colegilor. Ci pur și simplu te ajută să te detașezi și să nu te lași prins într-o buclă a obișnuinței.

Respirația este un element la îndemână pe care să-l folosești ca pe un colac de salvare când vezi că ești gata să fii tras în vârtejul unei bucle a obișnuinței. Căci oare ce te face să te simți mai bine: să fii blocat într-o buclă a obișnuinței pe care te chinui de o veșnicie să o schimbi (și pentru care te și învinovățești, probabil) sau să ieși efectiv din ea?

S-ar putea, de asemenea, să te întrebi de ce concentrarea atenției asupra respirației nu ar fi la rândul ei o distragere a atenției. Ei bine, pentru că atenția pe care o acorzi propriei respirații te ține ancorat în momentul prezent la modul concret. Altfel spus, rămâi alături de experiența directă, în momentul actual, în loc să încerci să evadezi din el nemaifiind atent la tine.

Așadar, încearcă fără sfială să-ți dezvolți mușchii curiozității mintale, dacă nu ai făcut-o până acum, și vezi cum e dacă la acest amestec adaugi și un pic de conștientizare a respirației. Amândouă sunt exerciții de condus cu viteza a treia, care te ajută să ieși din vechea buclă a obișnuinței și să fixezi obiceiuri noi, unele care sunt mai satisfăcătoare.

CAPITOLUL 18

Care e beneficiul zilelor ploioase?

Înainte de inventarea internetului și a altor arme de distragere în masă a atenției, să rămâi în casă într-o zi ploioasă însemna adesea să-ți folosești imaginația și să descoperi ceva cu care să te joci. Pentru mine, asta însemna aproape întotdeauna să găsesc o jucărie pe care să o distrug în numele științei. Sub dictonul „Hai să vedem cum funcționează asta“, găseam un ciocan, o șurubelniță sau orice altă unealtă mi-ar fi fost necesară ca să dezmembrez o jucărie și să văd ce o face să ticăie.

Într-o zi, eram în camera mea, când am dat peste o problemă aparte în procesul de distrugere pe care îl începusem – și am crezut prostește că ceea ce îmi trebuia era un cuțit. Cum eram cercetaș, învățasem să mânuiesc cuțitele și primisem permisiune să am (și uneori să port) un cuțit sau două. Din păcate, în timp ce făceam disecția, am apăsat cuțitul prea tare, iar acesta a alunecat, făcându-mi o tăietură de toată frumusețea în mijlocul degetului mare. Poate un al șaselea simț de viitor medic m-a făcut să urmez din instinct protocolul de bază pentru supraviețuire, de tip „sună imediat la salvare“; la vremea aceea, înainte de inventarea telefonului mobil, asta însemna să cobor în fugă scările ca să o găsesc pe mama. În timp ce fugeam, am aplicat repede un „garou“ cu ce aveam la îndemână: degetul mare și arătătorul de la cealaltă mână. Când am ajuns la ea probabil că încă aveam suficient sânge în cap încât să nu leșin, căci îmi aduc aminte cum am țipat, cu sinceritatea oricărui copil care n-are nici cea mai vagă noțiune de anatomie: „Probabil am atins o arteră!“ (Ca să fiu sincer, tăietura *a fost* suficient de adâncă încât să îmi lase o cicatrice care se mai vede și astăzi, brăzdându-mi aproape perfect simetric amprenta degetului mare stâng.) Mama, care era mai în vârstă și mai înțeleaptă decât mine, m-a asigurat cu mult calm că nu atinsesem nicio arteră și m-a ajutat să-mi pun un bandaj.

Ce se întâmplase? Ei bine, fusesem atât de captivat de dezmembrarea acelei jucării, încât *nu mai fusesem atent* la cum o făceam:

Declanșator: Frustrarea că nu reușeam să disec jucăria.

Comportament: Am ignorat protocolul de mânuire corectă a cuțitului.

Rezultat: Mi-am făcut o tăietură serioasă la degetul mare.

Și ca să fiu clar în privința buclei obișnuinței pe care am cartografiat-o mai sus, nu se punea problema că aș fi avut obiceiul de a-mi cresta degetele mari, ci că aveam un obicei înrădăcinat de a mă lăsa furat de dorința de a termina ceva, indiferent că era vorba de vreun șurub slăbit de prin casă ori de un nou dispozitiv care trebuia reasamblat; faptul acesta nu mă lăsa nici să-mi trag răsuflarea și să-mi caut ustensilele potrivite de care aveam nevoie.

Declanșator: Frustrarea de a fi nevoit să mă opresc din ceea ce făceam ca să iau unealta potrivită, de care aveam nevoie.

Comportament: Folosirea în continuare a unei cozi de furculiță ca să strâng un șurub de la dulapul din bucătărie.

Rezultat: Ruperea șurubului, care trebuie scos și înlocuit.

Ajunsesem deja de mult timp la maturitate până să recunosc *acel* tipar al obiceiului. Iar ceea ce m-a ajutat să îl elimin a fost să văd câte șuruburi și cuie am stricat prin faptul că luam ce-mi pica în mână (viteza a doua), precum și faptul că mi-am dat seama cât de repede și de bine aș fi rezolvat treaba dacă mi-aș fi dat răgazul de treizeci de secunde de a mă duce până în garaj să iau unealta potrivită (viteza a treia).

Regulile dispar atunci când suntem absorbiți într-o buclă a obișnuinței. N-ai încercat să folosești reguli precum „fără zahăr“ sau „fii întotdeauna drăguț“ sau „bea alcool numai dacă Cleveland Browns câștigă Super Cupa“? Cât de bine au funcționat? După trei zile în care nu ai mâncat nimic dulce te trezești într-un sevraj serios cauzat de lipsa zahărului, sau te ciocnești furios de toată lumea care îți taie calea spre dulapul cu băutură, știind foarte bine că erai beat când ai făcut pariul cu tine legat de Cleveland, deci oricum nu mai contează.

Problema este că regulile sunt făcute ca să fie încălcate, în special de către copii, care le consideră „stupide“. De ce? Fiindcă ei nu au apucat să învețe din experiență. Cortexul prefrontal poate transmite sistemului limbic că este periculos să umbli cu cuțitele, dar sistemul limbic nu răspunde la raționamente. El trebuie *să simtă durerea* provocată de rană ca să își învețe lecția. Și exact asta a fost ceea ce mi s-a întâmplat: n-a mai fost nevoie să mi se spună să fiu atent cum mânuiesc cuțitele în viitor. Cu acea tăietură fatidică mi-am învățat lecția, iar de atunci am urmat regula de bun-simț de a fi atent atunci când țin un cuțit în mână.

Faptul că te lași prins într-o buclă a obișnuinței poate avea ca rezultat o combinație nu prea bună: te sperii (m-am tăiat și am văzut sânge, deci e foarte rău) și tragi concluzii pripite (probabil am atins vreo arteră). Iată o altă poveste care arată cât este de important să fii atent și cum să îți păstrezi calmul atunci când este vorba și de sânge.

Într-o seară, pe când eram student în anul al treilea la facultatea de medicină și debordam de entuziasm fiindcă mă aflam într-un spital și îngrijeam pacienții, atmosfera era destul de liniștită în tura de gardă, așa că medicul îndrumător (șeful echipei noastre) i-a adunat pe studenți și pe rezidenți în jurul lui pentru un „moment pedagogic" de sudare a echipei. Momentele pedagogice presupun adeseori proceduri manuale care implică mănuși, materii fecale și rituri de trecere, așa că mă pregătisem pentru tot ce era mai rău.

Dar în loc să îl supună pe vreunul dintre noi unei proceduri de întărire a caracterului, spre surprinderea mea, medicul ne-a povestit o întâmplare din perioada în care fusese el însuși un tânăr și șmecher rezident. Înainte de a continua, ne-a spus să ținem minte expresia: „Dacă moare cineva, mai întâi ia-ți ție pulsul."

Ca tânăr rezident, acest medic stătea în secția de terapie intensivă și-și vedea de treaba lui, când deodată a auzit monitorul cardiac al unuia dintre pacienți modificându-se din obișnuitul *bip, bip, bip*, care semnalează că „pacientul trăiește, totul e în ordine", în acel *biiiiiip*, care spune că „pacientul s-ar putea să fie mort". În câteva fracțiuni de secundă, medicul a zburat efectiv până în celălalt capăt al salonului și și-a înfipt pumnul în capul pieptului pacientului, administrându-i un masaj cardiac care i-ar fi putut salva viața. (Masaj cardiac este un termen tehnic pentru manevra prin care îi tragi cuiva un pumn zdravăn în piept, fiind, în mod paradoxal, o soluție foarte bună de a face să bată din nou o inimă care s-a oprit.)

Spre surprinderea lui, pacientul a întrebat: „Hei, de ce ai făcut *asta*?“ Analizând post factum succesiunea evenimentelor (fiindcă pacientul era în mod evident viu), profesorul meu, foarte rușinat în acel moment, și-a dat seama că monitorul cardiac doar alunecase puțin de pe pieptul pacientului, când acesta adormise... iar din capătul opus al salonului, este destul de ușor să confunzi un pacient adormit cu unul mort dacă nu verifici semnele vitale.

Medicul a continuat apoi să ne explice cum (1) fusese atent la altceva (nu la pacient), (2) s-a speriat foarte tare, în consecință, (3) a tras o concluzie pripită, în loc să-și amintească să verifice semnele vitale. Astfel că (4) a acționat greșit și probabil l-a și rănit pe bietul pacient.

Dacă medicul și-ar fi luat mai întâi sieși pulsul, poate s-ar fi uitat în jur și ar fi observat că pacientul are puls și că monitorul cardiac pur și simplu alunecase de pe el. Apoi, fără să se streseze și fără deconectarea cortexului său prefrontal, s-ar fi purtat rațional și ar fi pus discret monitorul înapoi pe pieptul pacientului încă adormit.

Din fericire, singurul care a suferit daune atunci a fost ego-ul profesorului.

Adeseori ne consumăm foarte mult în încercarea de a elimina un obicei nociv. De fapt, s-ar putea să fim dispuși să facem orice ca să vedem treaba rezolvată. Însă această abordare de tip „victorie cu orice preț" poate avea costuri semnificative, printre care un nivel ridicat de frustrare și stres, atunci când forța brută nu dă rezultate. Dacă și ție ți se întâmplă asta, încearcă să găsești o cale prin care să fii atent și să poți stăpâni valurile stresului și ale impulsurilor, în loc să te lași prins în bucla obișnuinței sub forma frustrării; asta te va ajuta să îți menții conectat cortexul prefrontal, astfel încât să nu înrăutățești lucrurile. Curiozitatea este o atitudine formidabilă, un exercițiu de viteza a treia care trebuie întreținut, căci te poate ajuta în situații similare cu cea a medicului. Urmărirea cu atenție a câtorva cicluri de respirație este o altă cale prin care să îți menții cortexul prefrontal conectat, ca să-ți poți lua acel proverbial puls preț de câteva fracțiuni de secundă și să eviți consecințele nefaste. Iată încă un exercițiu pentru treapta a treia de viteză, care poate fi de folos în special pentru enervantele impulsuri și pofte, ca să nu mai pun la socoteală atacurile de panică.

Practica RAIN

Poftele și anxietatea te cuprind pe nesimțite și, înainte de a-ți da seama, ești complet absorbit într-o buclă a obișnuinței sau alta. Dar nu trebuie să fii sclavul acelor obiceiuri. Cu cât devii mai conștient de faptul că poftele și impulsurile sunt doar niște senzații corporale care te păcălesc, cu atât mai mult poți învăța cum să scapi de ele.

Iată un acronim* care te ajută să rămâi prezent și să nu te sperii atunci când te asaltează bucla obișnuinței în forma anxietății. (Profesoara de meditație Michele McDonald

---

* Cuvântul format de acest acronim, *rain* (în engleză, în original), înseamnă „ploaie". (*N. red.*)

a inventat această formulă cu câteva decenii în urmă. Eu doar am adaptat-o puțin, pe baza practicii notării, care a fost popularizată de răposatul Mahasi Sayadaw, un profesor birman de meditație.)

RECUNOAȘTE/RELAXEAZĂ-TE față de ceea ce apare (de exemplu, pofta).
ACCEPTĂ/ADMITE prezența sa în viața ta.
INVESTIGHEAZĂ senzațiile fizice, emoțiile și gândurile.
NOTEAZĂ ce se întâmplă în fiecare moment.

Partea care se referă la notare poate fi comparată cu efectul observatorului din fizică, în care actul observării schimbă fenomenul aflat sub observație. Altfel spus, când remarcăm (și notăm) senzațiile fizice care apar în corpul nostru și alcătuiesc pofta, suntem mai puțin absorbiți de ele, doar prin intermediul acelei observații. Îți voi oferi instrucțiunile pentru notare ca practică de sine stătătoare într-unul din capitolele următoare.

Iar acum, principiile practicii RAIN:

Mai întâi, RECUNOAȘTE că apare stresul și apoi RELAXEAZĂ-TE în privința lui.

Nu strânge din dinți și nu te pregăti pentru impact! Pur și simplu lasă-l să vină și simte-i prezența, de vreme ce oricum nu ai niciun control asupra lui. E în regulă chiar să și zâmbești puțin. Serios.

ADMITE și ACCEPTĂ acest val așa cum vine. Nu încerca să-l înfrunți sau să-l ignori.

Nu-ți abate atenția de la el și nu încerca să faci nimic în privința lui. Asta este experiența ta. Iat-o.

Ca să înțelegi valul anxietății, trebuie să îl studiezi cu atenție, să îl INVESTIGHEZI pe măsură ce crește. Fii curios. Fă asta întrebându-te: „Ce se întâmplă în corpul meu în acest moment?“ Nu porni după el. Vezi ce predomină în această stare de conștientizare. Lasă valul să vină spre tine.

Fii curios. Unde este localizată senzația în corpul tău?

În ce fel o simți?

Este o presiune în piept? O senzație de arsură în stomac? Este o neliniște care te impulsionează să faci ceva – de exemplu, să fugi?

În sfârșit, NOTEAZĂ experiența. Asta te va ține ancorat aici și acum, curios și concentrat, pe val. Nu te complica, folosește propoziții scurte sau doar câte un cuvânt. Asta te ajută să nu te lași absorbit de gânduri sau de explicații, în schimb te va menține treaz, prezent în experiența pe care o traversezi. De exemplu, s-ar putea să observi contractare, revoltă, arsură, căldură și neliniște pe măsură ce sentimentele se intensifică, apoi tremur, tensiune, agitație, slăbire, relaxare, ușurare, destindere pe măsură ce se diminuează. Dacă apar gânduri, notează doar prezența lor, dar nu te lăsa furat de tentația de a analiza sau de a rezolva! Notează experiența în sine.

Urmărește valul până când se liniștește de tot. Dacă îți este distrasă atenția sau mintea ta se îndreaptă în altă direcție, întoarce-te pur și simplu la investigație. Fii curios și întreabă-te: „Ce se petrece în corpul meu în momentul de față?“ Stăpânește senzația până când dispare cu totul.

Probabil ai observat că RAIN are la bază exercițiul curiozității pe care l-ai învățat deja. Dacă îți investighezi senzațiile, vei reuși să fii curios cu privire la experiența ta clipă de clipă. Pe măsură ce îți accesezi curiozitatea și devii tot mai bun în folosirea ei, vei afla că poate fi chiar distractiv. Serios!

Iată exemplul unei participante la programul nostru de reducere a anxietății.

Mai întâi își cartografiază mintea, pentru a fi conștientă de buclele obișnuinței (prima treaptă de viteză), și explorează rezultatele (treapta a doua de viteză):

> Am reflectat destul de mult asupra buclelor obișnuinței, încercând să le observ pe parcursul zilei. Cel mai mult m-am concentrat asupra declanșatorilor de la serviciu. Am remarcat că la ședințe, când unul dintre superiorii mei ia cuvântul după mine, am impresia că nu am vorbit suficient de explicit. De aici pornește reacția de teamă că nu mai am o contribuție valoroasă la proiecte și începe să-mi fie rușine pentru cuvintele mele. Lucrul acesta mă face să fiu stresată când trebuie să mai spun ceva. Uneori mă închid și pur și simplu nu mai rostesc nimic. Alteori încerc să mă „reabilitez" spunând altceva, apoi regret că am făcut-o și mă critic și mai tare pentru că am vorbit.

Apoi participanta schimbă treapta de viteză, trece într-a treia, folosind practica RAIN:

> Astăzi am avut o experiență interesantă cu RAIN. Trebuia să particip la o ședință, știind că va fi acolo și o persoană pe care îmi era groază să o întâlnesc. Am fost prieteni, dar ulterior el mi-a dat papucii, așa că încă mă doare și am sentimente negative când vorbesc despre el sau când îl văd. Îmi dădeam seama că sunt îngrozită de ședință, așa că am fost curioasă să văd cum se simțea acea groază. Dat fiind faptul că anxietatea mea avea să se accentueze pe parcursul ședinței, m-am hotărât să fac tot posibilul

> să notez senzațiile din interior. Și a funcționat destul de bine! Am reușit să observ acea „strânsoare“ sau „bătăile repezi ale inimii“. La început mi-am făcut griji că îmi va fi greu să notez, deoarece trebuia să particip și la discuția din ședință, dar de vreme ce notarea nu durează decât o clipă, nu a fost dificil deloc. Cred că de fapt chiar m-a ajutat, fiindcă pentru a nota a trebuit să rămân prezentă în discuție, în loc să mă pierd în bucla autocriticii și în suferință. Prin urmare, având în vedere că ședința nu era vreun prilej de distracție, am fost chiar mândră de cum m-am descurcat. Am fost capabilă să percep acel succes și să mă bucur de el; iar asta mi-a oferit o perspectivă mai bună asupra zilei.

După cum ai văzut, cortexul ei prefrontal a rămas conectat după câteva momente de practică RAIN. Femeia a fost capabilă să rămână prezentă și să participe la discuție, în loc să se piardă în bucla obișnuinței în forma autocriticii.

Data viitoare când vezi formarea unui val al buclei obișnuinței, încearcă practica RAIN.

Mai jos este o versiune a practicii RAIN de mărimea unei cărți de joc, pe care o poți copia sau fotografia cu telefonul, ca să o ai mereu la îndemână.

RAIN

Recunoaște ceea ce se întâmplă acum.

Acceptă/Admite: nu respinge și nu încerca să schimbi.

Investighează senzațiile fizice, emoțiile și gândurile: întreabă-te „*Hmmm*, ce se întâmplă în corpul meu acum?“.

Notează ce se întâmplă în fiecare moment al experienței tale.

CAPITOLUL 19

Iubirea e tot ce îți trebuie

În urmă cu ceva vreme am cunoscut o femeie de treizeci de ani care fusese trimisă la mine pentru a o ajuta în legătură cu tulburarea de care suferea, mâncatul compulsiv (*binge eating disorder*, BED). Era în categoria de obezitate extremă, cu un indice de masă corporală (IMC) de peste 40 (normalul se încadrează între 18,5 și 25) și întrunea toate criteriile pentru această tulburare de comportament alimentar: mânca mult mai rapid decât în mod normal; mânca până când se simțea rău; mânca foarte mult chiar și când nu avea senzația de foame; după ce mânca în exces se simțea dezgustată, deprimată sau vinovată.

Când i-am trecut în revistă istoricul familial, mi-a povestit cum mama ei începuse să o abuzeze emoțional încă de la vârsta de opt ani. Ca urmare a acestei traume cronice, ea a învățat, de-a lungul timpului, că își putea „anestezia" emoțiile neplăcute mâncând. Când a ajuns la mine, era în stadiul în care mânca – în douăzeci din cele treizeci de zile ale unei luni – câte o pizza mare întreagă; uneori chiar mai mult de o singură pizza pe zi.

Hai să ne oprim puțin și să cartografiem ceea ce se întâmpla:

Declanșator: Emoție neplăcută.
Comportament: Mâncat în exces.
Rezultat: Alinare de scurtă durată, în forma anestezierii emoționale.

Dar în cazul ei și al multor altora, imediat ce sentimentele negative dispar, iar cortexul prefrontal se reconectează, apar vina și reproșul pentru comportamentul nedorit, care este în sine un declanșator pentru alte emoții negative; în felul acesta, CPF se deconectează din nou, iar creierul ei de om al cavernelor preia controlul și o determină să repete comportamentul excesiv. Gândește-te la asta ca la o buclă a obișnuinței de tip „ecou" – declanșată de bucla inițială a obișnuinței, cea în forma excesului alimentar.

Femeia se bloca în bucla obișnuinței de tip ecou deoarece creierul ei vechi nu știa decât una și bună: cum să supraviețuiască, deși creierul ei rațional, cortexul prefrontal, știa că acel comportament era complet irațional. Voința ei nu făcea față. Simplul faptul că am reușit să cartografiez împreună cu ea procesul buclei obișnuinței a fost deja un pas important înainte. Nu m-am erijat în medicul care să îi „țină predici" sau să o facă să se simtă prost pentru lipsa ei de voință (declanșându-i astfel din nou obiceiul nociv). În schimb, ea a reușit să își înțeleagă una dintre cele mai adânci nesiguranțe și a văzut că am înțeles și eu, la rândul meu, de unde venea acea nesiguranță. Empatia a ajutat-o să aibă încredere și să facă pașii următori.

Am monitorizat-o la clinică pe durata câtorva luni, în care am ajutat-o să își cartografieze aceste bucle ale obișnuinței, să vadă ce avea de câștigat de pe urma lor și să practice mindfulness ca metodă de a scăpa de ele. Dar motivul pentru care am prezentat cazul ei aici este acea buclă a obișnuinței de tip ecou:

Declanșator: Sentimentul de vinovăție pentru excesul alimentar (emoție negativă).
Comportament: (Un nou) exces alimentar.
Rezultat: Alinare de scurtă durată, prin re-anesteziere.

Pe măsură ce începea să vadă că acea buclă a obișnuinței nu îi era de ajutor, excesele ei au început să scadă în intensitate, frecvență și durată. În plus, ca parte a acestui proces, a reușit să repereze o altă buclă a obișnuinței: aceea a autocriticii. Și-a dat seama că, aproape de fiecare dată când se uita în oglindă, se judeca aspru fiindcă era prea grasă și neatrăgătoare. Lucrul acesta avea impact și asupra altor aspecte ale vieții ei, între care ieșitul în lume și întâlnirile romantice. Pe măsură ce se izola tot mai mult și era din ce în ce mai deprimată, bucla obișnuinței în forma autocriticii devenea tot mai activă. Chiar dacă făcea mai puține excese, sinele ei nu se vindecase.

Așa că pasul următor a fost să îi prezint o practică mindfulness numită bunătatea plină de iubire.

Bunătatea plină de iubire

Practica bunătății pline de iubire (cunoscută și sub denumirea de *metta*, din vechea limbă pali) ne poate ajuta să începem să fim mai blânzi și să ne acceptăm pe noi înșine și pe ceilalți așa cum suntem. Asta ne ajută să ne eliberăm de ceea ce s-a întâmplat în trecut și să învățăm din el, astfel încât să putem merge mai departe, în prezent.

Bunătatea plină de iubire nu este un dialog pozitiv cu sinele sau o bătaie încurajatoare pe umăr, atunci când suntem deprimați. Ea este o capacitate pe care o avem cu toții și pe care o putem folosi în orice moment (o condiție pentru BBO). Constă în a dori binele atât nouă, cât și tuturor celor din jur, în general. După cum am mai scris, laboratorul meu a descoperit că această bunătate poate chiar scădea activitatea regiunilor cerebrale implicate în bucla obișnuinței de tipul autocriticii, cum este cortexul cingular posterior.[63] Când practicăm bunătatea plină de iubire, învățăm să vedem mai clar momentele când facem exact invers – adică ne judecăm singuri. Iar când înțelegem că judecarea nu ne este de folos, tindem să renunțăm la ea, fiindcă bunătatea iubitoare ne dă o stare mai bună.

Practica bunătății pline de iubire are trei secțiuni:

1. Folosirea unor fraze pline de iubire care să te ajute să rămâi concentrat
2. Vizualizarea ființei către care trimiți bunătate plină de iubire
3. Recunoașterea unui sentiment de bunătate care se instalează în corpul tău pe parcursul practicii

Pentru început, așază-te într-o poziție confortabilă, într-un loc liniștit, și lasă-ți mintea să zăbovească asupra senzației pe care ți-o produce respirația în corp. (Dar, reține, nu în timp ce conduci!)

Acum – ca un contrast pentru bunătatea plină de iubire – evocă o situație care te-a făcut de curând să fii stresat sau anxios. Observă-ți senzațiile corporale. Îți simți corpul contractat sau destins? Notează senzațiile care apar în aceste momente.

Acum imaginează-ți că un prieten drag intră pe ușă – un om pe care nu l-ai văzut de multă vreme. Cum te simți?

Observă diferențele între sentimentul acesta și cele care au apărut când ți-ai amintit situația stresantă.

Care dintre ele te face să te simți mai încordat sau mai contractat? Care te face să te simți mai cald, mai deschis sau chiar mai expansiv?

Acum adu-ți aminte din nou de acest prieten drag, ori poate de un om care a fost un model pentru tine în viață, de cineva care te-a iubit necondiționat, sau de cineva extraordinar de generos ori de înțelept. Poate fi chiar și un animal de companie; animalele de companie se pricep cu adevărat să ofere iubire necondiționată.

Acum gândește-te la dragostea și bunătatea lor față de tine. Observă dacă apare vreo senzație corporală. Căldură, destindere, poate în piept/inimă?

(E în regulă și dacă nu observi nimic pe moment – doar continuă să verifici senzațiile corpului pe măsură ce avansăm cu exercițiul.)

Acum alege câteva fraze de urări de bine pe care vrei să le oferi acelei închipuiri. Iată câteva sugestii (dar asigură-te că alegi acele formulări care te reprezintă, sau pur și simplu lasă frazele deoparte și axează-te pe sentimentele din inima ta):

Spune „Fii fericit" în timp ce inspiri; apoi „fii fericit" în timp ce expiri.

Spune „Fii sănătos" în timp ce inspiri; apoi „fii sănătos" în timp ce expiri.

„Să fii ferit de tot răul" pe inspirație; „să fii ferit de tot răul" pe expirație.

„Să fii bun cu tine" pe inspirație; „să fii bun cu tine" pe expirație.

Repetă în tăcere și în ritmul tău aceste fraze, preț de încă aproximativ un minut. Folosește frazele și sentimentul de iubire necondiționată din corpul tău ca pe o ancoră care să te țină în momentul prezent. Dacă sentimentul ți se pare deocamdată slab sau forțat, relaxează-te și concentrează-te asupra propozițiilor. Pe măsură ce trezești la viață această capacitate naturală, ea se va consolida în timp; nu încerca să o forțezi.

De asemenea, dacă mintea ta rătăcește, notează pur și simplu unde anume s-a deconectat, întoarce-te la repetarea propozițiilor și ancorează-te în sentimentul de iubire necondiționată, dacă se află acolo, în pieptul tău.

Acum gândește-te la tine. Gândește-te la câteva dintre calitățile tale. Observă dacă simți vreo închistare sau dacă întâmpini vreo rezistență când încerci să faci asta. Da, ne pricepem să ne judecăm ca fiind nedemni. Doar observă acest sentiment, apoi lasă-l deoparte, deocamdată. Poți oricând să te întorci în locul acela și să te judeci cu asprime dacă vrei!

Oferă-ți aceleași urări pe care le-ai oferit celorlalți:

Spune „Fii fericit" în timp ce inspiri; apoi „fii fericit" în timp ce expiri.

Spune „Fii sănătos" în timp ce inspiri; apoi „fii sănătos" în timp ce expiri.

„Să fii ferit de tot răul" pe inspirație; „să fii ferit de tot răul" pe expirație.

„Să fii bun cu tine" pe inspirație; „să fii bun cu tine" pe expirație.

La fel ca mai înainte, repetă îndemnurile în tăcere, în ritmul tău. Folosește propozițiile și senzațiile de căldură, de destindere, de iubire necondiționată din corpul tău ca pe o ancoră cu ajutorul căreia să rămâi în prezent. Când mintea rătăcește, notează pur și simplu unde anume s-a deconectat, întoarce-te la repetarea propozițiilor și ancorează-te în sentimentul de iubire necondiționată din pieptul tău. Dacă observi rezistență sau tensiune sau alte senzații corporale asemănătoare, fii curios: *hmmm*, încordare, interesant. Doar notează toate acestea, apoi întoarce-te la propoziții și repetă-le.

Iar acum du practica ghidată la bun sfârșit.

Poți extinde acest exercițiu nu doar asupra ta și a celor dragi, ci și asupra persoanelor pe care le întâlnești și chiar asupra celor care-ți fac greutăți. În cele din urmă, vei observa că dacă practici renunțarea la încordare și te îndrepți către căldură, calitățile pozitive îți vor deschide și ție inima către bunătate.

Bunătatea plină de iubire nu este întotdeauna un lucru ușor

Practicarea bunătății pline de iubire poate fi istovitoare, la început.

Când am aflat prima oară despre această practică, am fost destul de recalcitrant față de ea, fiindcă mi se părea prea siropoasă – contorul meu de pioșenie anostă și optimism naiv era deja dat peste cap. Mi-au trebuit ani buni de practică până să văd cât de folositoare și de valoroasă este.

La începutul rezidențiatului aveam deja o experiență de zece ani în meditație, dar numai câțiva de bunătate plină de iubire la activ. Începusem să observ o senzație de căldură în piept și o slăbire a încordării corporale în momentele în care o practicam. Nu întotdeauna, ci uneori. Pe atunci locuiam la câțiva kilometri distanță de spital, așa că foloseam bicicleta pentru a ajunge la muncă. Parcurgând drumul cu bicicleta, mă încordam când cineva mă claxona ori striga la mine. Și am observat că începusem să dezvolt o buclă a obișnuinței destul de ciudată:

Declanșator: Eram claxonat.
Comportament: Strigam, le arătam degetul din mijloc sau mergeam intenționat cu bicicleta în fața mașinii.
Rezultat: Mă simțeam ipocrit.

Problema era că aduceam acea încordare fățarnică în spital.

Când mi-am dat seama că nu le aduc pacienților mei prea multă voie bună, am început să testez ce s-ar întâmpla cu acea încordare (și atitudine) dacă, în loc să strig în trafic, aș folosi claxoanele celorlalți ca pe un declanșator al practicii bunătății pline de iubire. Începeam cu o urare către mine însumi: „Să fiu fericit", apoi către un șofer, „Să fii fericit". Asta m-a ajut să elimin acea buclă a ipocriziei și senzația de încordare implicită.

Declanșator: Eram claxonat.
Comportament: Trimiteam o mostră de bunătate plină de iubire doi-în-unu: o urare pentru mine și una pentru șofer.
Rezultat: Mă simțeam mai ușor, mai deschis.

În curând am observat că ajungeam la serviciu într-o stare mult mai bună. Încordarea dispăruse. Atunci mi-a picat fisa: nu trebuia să aștept să mă claxoneze cineva ca să practic urările de bine. Puteam să fac asta cu oricine m-aș fi întâlnit. Am încercat această practică și am început să ajung la serviciu într-o stare de bucurie în majoritatea zilelor. Faptul că am văzut diferențele dintre rezultatele celor două bucle ale obișnuinței – încordarea din prima și deschiderea plină de bucurie și destindere a celei din urmă – m-a ajutat să înțeleg că bunătatea plină de iubire era cea mai satisfăcătoare atitudine. Așa că acum nu o mai percep ca pe un chin.

La fel ca mie, la început s-ar putea să ți se pară dificilă practicarea bunătății pline de iubire. S-ar putea să judeci practica, să te judeci pe tine sau să te îngrijorezi că n-o vei putea aplica, ori că n-o vei folosi corect, sau că oricum ești prea doborât ca să fii în stare să o practici. Așa că voi parafraza aici cântecul lui Leonard Cohen, „Anthem": Nu te strădui să fii perfect. Fisura pe care o avem cu toții și pe care o considerăm un defect este de fapt puterea noastră.

Rezolvare

I-am prezentat pacientei mele cu tulburare alimentară bunătatea plină de iubire, ca pe oferta cea mai avantajoasă și mai generoasă care ar putea-o ajuta să iasă din acea spirală negativă a izolării și depresiei. A fost nevoie de un pic de practică, dar, după un timp, a început să o utilizeze ca pe cea mai la îndemână soluție atunci când era tentată să se judece. De cele mai multe ori, a reușit să iasă din ruminația depresivă și în cele din urmă a încetat aproape de tot să mai mănânce în exces; atunci am încheiat ședințele cu ea, fiindcă nu mai avea nevoie de ajutorul meu.

S-a întors peste câteva luni la clinică pentru un control, doar ca să vedem dacă este totul în regulă. Slăbise cam 18 kilograme, dar mai mult decât atât, mi-a spus:

– Sunt recunoscătoare pentru această abordare, pentru că simt că mi-am recăpătat viața. Pot să mănânc o singură felie de pizza și chiar să o savurez.

Remarcă faptul că nu a fost nevoită să recurgă la evitare sau la alte strategii ca să elimine buclele obișnuinței. Iar ceea ce a descris ea nu a fost un miracol – nu a făcut decât să pună laolaltă cele trei trepte de viteză și să le aplice în viața reală. A reușit să își cartografieze buclele obișnuinței (prima treaptă de viteză), să vadă că era chinuitor să se pedepsească singură (treapta a doua) și să folosească oferta cea mai avantajoasă și mai generoasă, a bunătății pline de iubire (treapta a treia de viteză); astfel a ieșit din buclele obișnuinței și a primit ceva mult mai frumos: pe ea însăși.

Așa că dă-i o șansă bunătății pline de iubire, accept-o în viața ta. Cercetează și vezi cum curiozitatea și bunătatea te pot ajuta să acționezi în maniere care sunt bune atât pentru tine, cât și pentru cei din jurul tău. Această practică te poate ajuta să îți rezolvi mai bine problemele și să interacționezi altfel cu lumea. Poți să o practici formal, când stai așezat pe un scaun sau pe o pernă de meditație, ori atunci când te întinzi ca să dormi. Poți să o faci chiar și când mergi pe stradă – să-ți adresezi ție însuți urări, precum și celor pe lângă care treci. Cu cât o practici mai mult în locul autocriticii sau învinovățirii, cu atât vei reuși să-ți formezi obiceiul de a te deschide, de a fi prezent, de a-ți da voie să fii pur și simplu om; și cu atât vei reuși mai mult să accesezi aceste recompense naturale care îți sunt la îndemână, chiar în interiorul tău: căldură, destindere, pace sau orice altceva reprezentativ pentru experiența ta.

CAPITOLUL 20

Bucla obișnuinței în forma „de ce?“

Amy (nume fictiv) este una dintre pacientele mele. Se apropie de patruzeci de ani, are o căsnicie fericită și trei copii adolescenți. E destul de ocupată, recurgând la acea jonglerie aparent imposibilă cu care se confruntă atâtea femei: să aibă grijă de copii (și de soț) și să lucreze în același timp. Multe mame întâmpină dificultăți și mai mari – mama mea, de exemplu (care este și eroina mea!), a crescut singură patru copii, iar seara se ducea la cursuri, la facultatea de drept –, dar Amy a venit la mine cu o anxietate destul de severă, provenită din încercarea ei de a face față tuturor acestor responsabilități.

După prima vizită în care am început să lucrez cu Amy, i-am dat ca temă să-și cartografieze buclele obișnuințelor. Este foarte util ca pacienții să lucreze puțin acasă între vizite. Când cartografiază buclele obișnuinței în propriul context, nu într-un cadru terapeutic, înțeleg mai bine ce se întâmplă și facem progrese mai mari în tratament. Când vin la următoarea ședință, putem să atacăm direct buclele obișnuinței, în loc să pierdem timp prețios încercând să înțelegem lucrurile, pornind de la amintirile lor din ultima săptămână sau lună.

La una dintre vizitele recente, Amy a venit oarecum tulburată. Nu a pierdut nicio clipă; de cum s-a așezat, a atacat subiectul. A descris cum fiecare mărunțiș o proiecta direct într-o stare de anxietate epuizantă. Avea o mulțime de responsabilități – asta nu reprezenta mare lucru în sine –, dar în ultima vreme totul părea copleșitor, până într-atât încât se răstea la copii și la soțul ei din senin (nu că ar exista vreodată vreun motiv întemeiat ca să te răstești la cei dragi). A mai spus că, deși își iubea meseria și nu era o slujbă stresantă, numai gândul de a conduce până la serviciu o făcea anxioasă. Cu acea anxietate crescândă, lista ei cu lucruri de făcut devenea ceva interminabil, pentru că, în loc să bifeze lucruri rezolvate, se îngrijora numai uitându-se la listă; simțindu-se extenuată de atâta stres, ajungea să moțăie o bună parte din zi – pentru ca apoi să se trezească și să ia tot procesul de la capăt. Nu își folosea energia într-un mod productiv. Anxietatea i-o sustrăgea pe toată; iar ea se inflama de la cel mai mic declanșator.

În timpul acelei ședințe, Amy a făcut un comentariu care mi-a dat un indiciu important cu privire la blocajul ei:

– Simt cum anxietatea vine peste mine, iar eu mă tot întreb de ce sunt anxioasă, a spus ea.

Amy a afirmat că anxietatea apărea din senin, nu era declanșată de ceva anume. Pe lângă asta, soțul ei cel binevoitor și prietenii o întrebau care este problema, pentru ca apoi să adauge: „Dar mergi la psihiatru, nu?“

Am întrebat-o:

– Te-au întrebat cumva: „De ce nu te-ai făcut deja bine?“

– DA!

Apoi Amy a adăugat:

– Dacă aș putea să-mi dau seama de ce...

Amy căzuse într-o capcană mintală, exact așa cum pățesc mulți alții. Ei cred că dacă și-ar da seama de ce sunt anxioși, descoperirea le-ar vindeca în mod miraculos anxietatea. Asta funcționează foarte bine când vorbim despre repararea mașinilor sau a spălătorului automat de vase, dar mintea noastră nu se comportă ca electrocasnicele.

Aici e capcana. Ne blocăm în această mentalitate care ne spune că psihiatrii sunt precum mecanicii: ne ducem la ei să ne repare anxietatea. Cel mai adesea, acea „reparație“ se prezintă sub forma încercării de a afla cauza problemei. Și odată ce am devenit conștienți de sursa ei, gata, ne-am vindecat.

Declanșatorii sunt rezultatul faptului că am învățat un comportament pe care îl asociem cu un stimul. Acel declanșator poate fi orice. Ceva ce ai văzut, ai simțit sau chiar un simplu gând poate deveni un declanșator pentru o reacție bazată pe obișnuință, care apoi pune în mișcare o buclă a obișnuinței. Firește, credem că dacă putem identifica declanșatorii, putem fie să îi evităm pe viitor, fie, chiar mai bine, să îi eliminăm. Și astfel ne blocăm în încercarea de a vindeca, de a repara trecutul. Dar nu îl putem schimba – putem doar să învățăm din el și să ne schimbăm comportamentele bazate pe obișnuință din prezent, ceea ce determină crearea altor bucle ale obișnuinței cu care mergem mai departe.

Amy ajunsese într-o fundătură cu întrebarea *de ce*. Voia cu disperare să înțeleagă de ce era anxioasă, gândindu-se că, dacă ar afla răspunsul, și-ar putea rezolva problema, iar anxietatea ar dispărea. Dar, în mod ironic, ea se prindea tot mai tare în bucla obișnuinței formată în jurul întrebării *de ce*:

Declanșator: Anxietatea.
Comportament: Încerca să înțeleagă de ce este anxioasă (și nu reușea).
Rezultat: Devenea și mai anxioasă.

Pe parcursul primelor zece minute ale vizitei, Amy reușise deja să se blocheze de trei ori în bucla obișnuinței întrebării „de ce“, doar încercând să-mi descrie *cu ce* se lupta. (Nicio legătură cu momentele în care faci o demonstrație în fața medicului, astfel încât el sau ea să înțeleagă mai clar care e problema!)

După cel de-al treilea blocaj am întrebat-o:

– Cum te simți când nu poți să înțelegi de ce?

– Mai rău, a răspuns Amy.

Chiar dacă ar fi putut identifica declanșatorul, nu el era problema. Problema ei era faptul în sine că se întreba de ce. Primul lucru pe care l-am făcut a fost să-i cer să inspire adânc, pentru a se liniști. Apoi am cartografiat împreună acea buclă a obișnuinței formată în jurul întrebării de ce. Acest simplu fapt a făcut-o să fie vizibil mai puțin anxioasă, pentru că a putut vedea cum își alimenta singură anxietatea chiar în acel moment. Apoi i-am sugerat ceva radical.

Am întrebat-o:

– Dar dacă acest *de ce* nu contează?

– Poftim? a întrebat ea, vizibil încurcată.

Nu contează ce anume ne declanșează îngrijorarea ori anxietatea, ceea ce *contează* cu adevărat este cum reacționezi la ele. Dacă Amy este absorbită într-o buclă a obișnuinței, ea doar pune gaz pe foc, înrăutățind lucrurile. Dacă învață cum să iasă din bucla obișnuinței, va putea nu doar să stingă flama anxietății, ci și să învețe cum să evite să se mai inflameze pe viitor. Cu practica mindfulness, acea distincție între de ce și ce este esențială. În loc să se întrebe de ce, oamenii anxioși învață să se concentreze asupra a ce se întâmplă chiar în acel moment. Ce gânduri au? Ce emoții au? Ce senzații apar în corp?

I-am dat lui Amy câteva teme.

– Ori de câte ori observi că se insinuează o buclă a obișnuinței în jurul întrebării „de ce“, inspiră profund de trei ori. Trage adânc aer în piept, iar pe expirație spune-ți: *Nu contează de ce.*

Scopul acestui exercițiu a fost să o ajute să observe când apărea anxietatea, să se concentreze la ceea ce se întâmpla în momentele respective și să nu se lase furată de bucla obișnuinței întrebării de ce. Am făcut împreună exercițiul de respirație ca să ne asigurăm că poate să îl facă și singură, apoi Amy a plecat acasă cu acest instrument simplu, dar concret, pe care să-l folosească pentru a scăpa de buclele obișnuinței.

Fiecare dintre noi se trezește acționând mecanic din când în când, dacă ne gândim la creierul nostru ca la o mașină. Desigur, dacă la mijloc este o problemă fiziologică (de exemplu, o tumoare cerebrală), medicina occidentală se pricepe de minune la reparații. Dar să încerci să repari ceva din trecut, ceva care a creat o buclă a obișnuinței, nu va fi niciodată posibil, fiindcă trecutul este trecut. Aici intervine acea zicală despre iertare pe care am menționat-o în capitolul 14: „Să ierți înseamnă să renunți la speranța unui trecut mai bun.“ Dacă adoptăm varianta de a încerca să evităm declanșatorii, nu doar că ne va fi aproape imposibil (deși asta nu i-a împiedicat pe pacienții mei să încerce!), dar nu ajungem la rădăcina problemei.

Trebuie să învățăm să ne eliberăm de trecut și să ne concentrăm asupra momentului prezent, pentru că nu putem interveni decât asupra a ceea ce se întâmplă *chiar acum*: buclele obișnuinței în care suntem prinși acum. De fiecare dată când ne lăsăm absorbiți într-o buclă a obișnuinței formată în jurul întrebării de ce, ne dăm singuri foc la valiză și mai turnăm și niște gaz peste flacără.

Vezi dacă ai o astfel de buclă a obișnuinței (sau două) și observă ce simți când te arde acea flacără. Apoi concentrează-ți atenția pe *ce* (nu pe *de ce*); vezi ce se întâmplă când faci cartografierea, apoi ieși din bucla obișnuinței folosind o metodă simplă, precum exercițiul de respirație pe care i l-am dat lui Amy (amintindu-ți că *nu contează de ce*). Și vezi ce se întâmplă ulterior.

Ochii sunt o fereastră către suflet (sau cel puțin către emoții)

Te-ai întrebat vreodată de ce mulți jucători profesioniști de poker poartă ochelari negri în timpul turneelor? Fac asta pentru ca ochii să nu le trădeze strategiile. Cel mai rău lucru pentru un jucător de poker este să aibă un tic – o schimbare de comportament sau de atitudine care să dea indicii despre cărțile pe care le ține în mână.

Este realmente greu să îți oprești sau să îți maschezi mișcările ochilor ori expresivitatea – deci și nuanțele.

Ochii pot fi o adevărată fereastră către starea ta emoțională actuală. Înțelegând mai întâi legătura dintre ochi și emoții, vei putea apoi să aplici o tehnică simplă, care să te ajute să îți gestionezi anxietatea, frica, frustrarea și alte stări emoționale. În același timp, practica respectivă te va ajuta să îți consolidezi obiceiul de a fi curios. Ești gata să explorezi puțin acest teritoriu? Hai să intrăm direct.

Să începem cu un pic de știință. Când ne este frică, ochii ni se deschid larg, din instinct. În secolul al XIX-lea, Charles Darwin a emis teoria conform căreia, în fața incertitudinii, deschidem ochii mai tare ca să cuprindem mai multă informație senzorială care ne-ar putea arăta unde anume este pericolul.[64] Ochii larg deschiși, în combinație cu alte expresii faciale de teamă, îndeplinesc și rolul de a le semnala celorlalți că ne este frică. Contrastul dintre scleră (membrana exterioară albă a globului ocular) și restul ochiului face ca această expresie să fie foarte pronunțată la oameni. Fără ca noi să scoatem vreun cuvânt, cineva ne poate privi și înțelege rapid mesajul: *Hei, s-ar putea să fie un pericol pe undeva.*

De fapt, acea deschidere involuntară a ochilor poate spori procesarea cognitivă a evenimentelor din jur atât pentru persoana care face ochii mari, cât și pentru cel care remarcă asta. Acest lucru a fost demonstrat într-un experiment excelent desfășurat de psihologii Daniel Lee, Joshua Susskind și Adam Anderson, în 2013.[65] Primul lucru pe care l-au solicitat participanților a fost să își ia o expresie de frică, apoi una neutră, apoi una de dezgust. În urma acestui experiment, cercetătorii au descoperit următoarele: capacitatea participanților de a executa sarcini cognitive creștea în special atunci când aceștia afișau expresia de frică; în schimb, când luau expresia de dezgust (care îngustează ochii), abilitatea lor de a executa sarcinile era mai scăzută.

Într-un alt experiment, cercetătorii s-au concentrat să afle dacă imaginea de frică a ochilor (dintr-o fotografie) transmitea sau nu beneficii cognitive unor privitori. Bineînțeles, simpla privire a fotografiilor în care apăreau ochi larg deschiși (adică în care se vedea o porțiune mai mare din scleră) îmbunătățea performanța cuiva care avea de îndeplinit o sarcină cognitivă.

Deschizi larg ochii nu doar atunci când îți este frică – se întâmplă și în alte situații în care aduni informație. Când suntem realmente interesați să aflăm ceva, ochii noștri au tendința de a se mări, de a se deschide. Ca să dea o turnură și mai interesantă studiului, cercetătorii au întors pozele cu susul în jos, astfel încât participanții să nu poată citi expresia de frică, ci doar să vadă cât de măriți erau ochii din poze. Așa au descoperit că nu imaginea fricii determina îmbunătățirea procesării perceptive; raportul iris–scleră (adică ochii mai mari = se vede mai mult din partea albă a ochiului) era cel care explica îmbunătățirea executării sarcinilor, nu emoția (adică frica) pe care o percepeau în expresia ochilor.

Supoziția lui Darwin, acum adeverită de aceste studii, are implicații importante pentru învățare, în general, și îți poate da câteva indicii și ponturi concrete cu ajutorul cărora să îți schimbi obiceiurile.

Să începem cu învățarea asociativă. Acesta este modul în care învățăm să asociem senzațiile și pozițiile corporale cu emoțiile. Din punctul de vedere al supraviețuirii, atunci când te afli în pericol, te ghemuiești instinctiv, te faci cât mai mic și îți folosești brațele și picioarele ca scut pentru a-ți proteja capul și organele vitale.

Când asociem în repetate rânduri o postură corporală sau o expresie facială cu o anumită emoție, în final cele două ajung să fie inseparabile. Cu alte cuvinte, este greu să o ai pe una fără cealaltă. De exemplu, dacă îți strângi umerii și îi ridici către urechi, vei observa că acest lucru te face să te simți ușor stresat. Asta, fiindcă de multe ori de-a lungul vieții am făcut gestul acesta când am fost stresați. (Când suntem fericiți avem tendința să adoptăm o postură corporală mai relaxată.) Acest proces se numește *formarea memoriei somatice*, pentru că ne formăm amintiri care asociază senzațiile corporale (*soma* = corp) cu gândurile și emoțiile.

Poți chiar să faci un joc din asta. Verifică dacă menții vreo tensiune în umeri din cursul zilei de azi, sau de săptămâna trecută (sau de anul trecut!). Acum inspiră adânc, ține aerul pentru câteva secunde, iar când expiri, relaxează-ți umerii. Te simți mai stresat sau mai relaxat?

Ochii tăi fac același lucru. Am învățat să asociem deschiderea lor cu preluarea de noi informații. Când faci ochii mari de frică sau de uimire, transmiți creierului un semnal că ești într-un moment potrivit pentru înregistrarea de informații noi. Dacă îți micșorezi ochii într-o expresie de dezgust sau de furie, este posibil ca asta să îi transmită creierului că nu ești deschis să înveți nimic în acel moment – în schimb, ești pregătit să acționezi.

Hai să ne jucăm puțin.

Deschide larg ochii și gândește-te la ceva care te-a făcut să te simți dezgustat, frustrat sau furios. Încearcă să-ți ții ochii larg deschiși și vezi cât de dezgustat (frustrat sau furios) poți să fii. „Oh, sunt efectiv dezgustat!" sau „Oh, sunt de-a dreptul furios!". Cum a mers? Nu prea bine, bănuiesc. Nici în cazul dezgustului și nici al furiei nu putem gândi: *Hmmm, ce s-a întâmplat? Oare ar trebui să fiu furios? Stai să mai adun niște informații…* Creierul nostru nu mai este orientat către culegerea de informații – în schimb, are intenția de a acționa asupra stimulului care a provocat furia, iar ochii noștri se îngustează într-o concentrare ca de laser. Expresia de furie cu ochii îngustați este atât de înrădăcinată, încât în momentul în care deschizi ochii și încerci să te înfurii, creierul tău *nu se poate recalibra*, pentru că este o discrepanță între expresia ta facială și emoția pe care i-o transmiți. Este foarte greu să te înfurii când ai ochii larg deschiși.

Acum hai să trecem la un alt exercițiu. Îngustează-ți cât poți de mult ochii și încearcă să fii foarte curios. Din nou, nicio șansă: creierul tău s-a obișnuit să asocieze ochii măriți cu uimirea și curiozitatea. Adu-ți aminte, curiozitatea are de-a face cu strângerea de informații. Altă nepotrivire: creierul tău spune: *Hei, ia stai puțin. Dacă ești într-adevăr curios, ar trebui să ai ochii deschiși. Ești sigur că ești curios?*

Ochii spun în general extraordinar de mult despre starea emoțională. De atât de multă vreme am făcut asocierea între expresia ochilor și emoții, încât cele două sunt strâns unite. Știind asta, putem accesa acest sistem simplu ca să trecem de la frustrare și anxietate la curiozitate. Iată cum:

Data viitoare când te vei simți frustrat sau anxios, încearcă asta.

1. Oprește-te și identifică emoția (de exemplu „Oh, sunt cuprins de X").
2. Vezi cât de îngustați sau de deschiși îți sunt ochii.
3. Deschide larg ochii (și poate adaugi și un *hmmm*), ca o modalitate de a-ți accesa curiozitatea. Ține-ți ochii deschiși timp de zece secunde și observă ce se întâmplă cu anxietatea (sau orice altă emoție ai identificat). Devine mai puternică sau mai slabă? Se schimbă în vreun fel?

Odată ce ai înțeles cum funcționează, vezi cât de des poți să repeți acest exercițiu pe parcursul zilei. Ori de câte ori apare o emoție negativă, vezi dacă acest exercițiu te poate ajuta să te apleci asupra emoției și să o cercetezi (și pe tine însuți), și în același timp încearcă să-ți consolidezi obiceiul de a fi curios.

CAPITOLUL 21
Chiar și medicii au atacuri de panică

Din câte am văzut până acum, cutia noastră cu unelte mindfulness include instrumente cu ajutorul cărora îți poți accesa creierul și schimba vitezele, de la prima până într-a treia. Curiozitatea este fundamentală, bunătatea plină de iubire te ajută să scapi de bucla obișnuinței autocriticii, iar practica RAIN te ajută să-ți alungi impulsurile de a mânca seara târziu.

Dar ce ai zice de un instrument cu care să poți exersa în reprize scurte, în orice moment al zilei?

Vorbim adesea despre practica mindfulness ca despre o metodă prin care învățăm mai degrabă să *răspundem* decât să *reacționăm* la ceea ce se întâmplă în jurul nostru. Impulsul de a face ceva rapid este adeseori o reacție la ceva neplăcut. Dacă nu ești atent, reacționezi din obișnuință pentru a face să dispară acel sentiment neplăcut. Iar asta este ca și cum ai conduce pe pilot automat sau „ca și cum ai conduce cu ochii închiși“, cum zicea cineva din programul nostru. Nu știi încotro mergi, dar poți să pui pariu că nu te îndrepți în direcția corectă.

Dacă ești atent și te raportezi la sentimentele neplăcute cu o conștientizare curioasă, ochii ți se vor deschide, iar tu vei găsi ocazia ca mai degrabă să răspunzi decât să reacționezi. RAIN te ajută să găsești acea ocazie, pentru că nu ești captiv într-o reactivitate bazată pe obișnuință.

Una dintre membrele comunității noastre a spus că se simțea „ca un om care se axează pe *a face* în loc să se axeze pe *a fi*". A explicat că făcea, făcea, făcea lucruri, în încercarea de a se simți mai bine; dar se rătăcise în acel proces în care doar făcea și încetase să mai fie.

Și tu poți să treci de la *a face* la *a fi*. Dacă-ți cartografiezi reacțiile înrădăcinate la emoții neplăcute, precum frica și anxietatea (prima treaptă de viteză), și explorezi rezultatele reacțiilor bazate pe obișnuință (de exemplu, îngrijorarea, procrastinarea și așa mai departe; viteza a doua), ai condițiile necesare pentru a trece la viteza a treia și a începe să-ți faci loc pentru un comportament diferit, cum ar fi curiozitatea sau practica RAIN. De fapt, s-ar putea ca singurul lucru care îți mai trebuie ca să-ți iei placa de surfing și să încaleci valul să fie curiozitatea.

Curiozitatea te ajută să îți accesezi sistemul de învățare bazat pe recompensă, înlocuiește reacțiile obișnuite cu conștientizarea și schimbă recompensa din „sunt încordat, dar mă simt puțin mai bine" în „sunt curios și destins, mă simt chiar bine". Întrucât curiozitatea te face să te simți mai bine decât anxietatea (până la urmă, ea este acea ofertă mai avantajoasă și mai generoasă), actul de a reflecta asupra curiozității (față de anxietate) va face ca aceasta să devină în mod natural un nou comportament. Și partea cea mai bună este că, fiind curios, nu te poți plictisi. După cum spunea scriitoarea de origine americană Ellen Parr: „Curiozitatea este leacul pentru plictiseală. Iar pentru curiozitate nu există leac."

Hai să ne gândim un moment cum ne-am jucat cu practica RAIN. Concentrează-te asupra atitudinii mintale. Te-ai surprins încercând (vreau să spun *forțându-te*) să îți elimini impulsurile? Ceva de genul: practic metoda RAIN, de ce nu dispare acel impuls?

Acesta este un exemplu pentru felul în care te forțezi să schimbi treapta de viteză mult prea repede, dintr-a-ntâia direct într-a treia. Adu-ți aminte, nu poți schimba un obicei prin gândire; altminteri ai fi făcut-o deja. După cum știi, dacă te forțezi să te relaxezi, nu vei reuși; la fel, dacă forțezi un impuls sau un alt sentiment neplăcut să dispară prin practica RAIN, nu faci decât să pui gaz pe foc. Riști să te trezești prins într-o altă buclă: dacă practic RAIN, mă voi simți mai bine! Stresul te determină apoi să *forțezi* practica RAIN:

Declanșator: Sentiment neplăcut sau impuls.
Comportament: Practici RAIN.
Rezultat: Ești frustrat fiindcă practica RAIN nu a făcut să dispară impulsul sau sentimentul neplăcut.

Nu poți forța acceptarea, după cum nu poți forța nici curiozitatea. Acesta este motivul pentru care am petrecut atât de mult timp antrenându-ne curiozitatea înainte de a trece în viteza a treia. Ori de câte ori ți se pare că forțezi lucrurile sau observi că practica RAIN e mai degrabă ceva ce trebuie făcut, activează-ți chiar în acel moment curiozitatea și notează cum se sime încordarea sau forțarea pe care o simți. Iar dacă ești absorbit în vreun tipar reactiv sau gândurile încep să-ți scape de sub control, poți să schimbi viteza, să treci într-a doua și să te întrebi: *Ce câștig din asta?*

Viteza a treia nu este mai bună

Nu uita: *viteza a treia nu este mai bună decât a doua sau decât prima.* Ai nevoie de toate aceste trei viteze ca să conduci. În unele zile ai de condus pe o pantă abruptă și nu poți să folosești decât viteza întâia. E în regulă. În alte zile, drumul este mai lin și are mai puține curbe, așa că poți să mergi și cu vitezele a doua și a treia. Toate treptele de viteză te ajută să avansezi. Asta este foarte important. *Indiferent de viteza cu care te deplasezi, mergi înainte.*

Verifică-te din când în când și vezi dacă nu cumva te învinovățești pentru faptul că nu conduci mereu cu viteza a treia. Poate îți spui în sinea ta „acum ar trebui să fiu în treapta a treia de viteză“ sau „ar fi trebuit să mă eliberez până acum de acel obicei prost“. Nu cumva chiar asta e o buclă a obișnuinței? Poate ar trebui să te oprești să-ți mai *impui* lucruri și să începi să CARTOGRAFIEZI EXACT ACEST OBICEI?

Practica notării

Să încercăm un alt exercițiu.

Hai să ne ducem direct la acel N din exercițiul RAIN. După cum știi, notarea este o practică importantă, care te ajută să ieși din starea de pilot automat. Dar știai că poți să practici notarea chiar dacă nu ești pe punctul de a fi înghițit de balena buclei obișnuinței? Asta te va ajuta să îți fortifici aptitudinile pentru a fi pe deplin prezent în experiența ta de viață, în fiecare moment.

Începe cu cele cinci simțuri – văz, auz, pipăit, miros și gust. Apoi mai adaugă două: simțirea senzațiilor în corp (adică interocepția) și gândirea. Observă care dintre ele este predominantă în fiecare moment.

Dacă mergi pe stradă, este posibil ca o mișcare să-ți atragă privirea, așa că poți să notezi „văzul". Un moment mai târziu, poți auzi o pasăre cântând, așa că vei nota „auz". Dacă apare un gând – *oh, cântă o pasăre* –, vei putea nota „gândire", pentru că aceea este experiența predominantă în acel moment. Destul de simplu.

Poate cântatul te bucură, astfel că poți să notezi „simțire", pentru că sentimentul de bucurie predomină. De fiecare dată când îți notezi experiența, rămâi ancorat în prezent, în loc să te pierzi în gânduri sau să funcționezi pe pilot automat.

Când ești pe pilot automat, este foarte ușor să plutești în derivă prin viață. De exemplu, pasărea pe care ai auzit-o cântând poate te-a făcut să gândești: *Oh, cântă o pasăre... Ce frumos... mă întreb ce pasăre o fi – oare o pitulice? N-am văzut o emisiune despre pitulici pe Discovery Channel, despre cum le este distrus habitatul natural?... Nu pot să cred că oamenilor nu le mai pasă de mediul înconjurător... Vecinul meu nici nu reciclează... Nu-mi vine să cred cât de măgar poate fi.* Și tot așa.

Acum asculți încântat cântecul unei păsări, și în clipa următoare ești furios pe vecinul tău. Cum s-a întâmplat asta? Pilotul automat. O minte neantrenată se îndreaptă în orice direcție vrea și de obicei intră în tot felul de belele pe drum.

Practica notării te ajută să îți antrenezi musculatura mindfulness. Te împiedică să mai pui gaz pe foc, fie că e vorba despre furie, frică sau o altă emoție nocivă. Când mintea ta începe să se deconecteze, notează-ți „gândire, simțire sau chiar frică". Dacă folosești cu succes notarea (și alte practici de la treapta a treia de viteză), vei reuși să-ți coordonezi creierul ca să schimbe obiceiurile vechi cu unele noi.

Așadar, ia-ți treizeci de secunde chiar acum. Fii atent și notează orice este predominant în experiența ta: ceea ce vezi, auzi, gândești, simți, miroși sau guști.

Apoi observă diferența între a face acest lucru și a te pierde în gânduri sau a te lăsa pradă emoțiilor. Aceasta este diferența între un foc pe care îl privești cum arde până se consumă și un foc pe care îl lași să izbucnească și să se extindă.

Iată ce spunea o persoană din programul nostru despre bucla obișnuinței ei de a mânca pe fond de stres:

> Eram atât de anxioasă în trecut, încât mă abăteam din drum ca să îmi cumpăr de mâncare, doar ca să potolesc încordarea puternică din piept și din gât, chiar dacă asta însemna să întârzii undeva. Era atât de stânjenitor... Dar observarea acelor lucruri a fost foarte motivantă pentru mine. Mi-am putut da seama ce se întâmpla și mi-am spus: *Hei*, dar asta nu e foame, ci stres; după care am decis ce aveam de făcut mai departe.

Vezi cum simplul act de a observa îți oferă acea pauză de conștientizare, acel spațiu care te ajută să vezi ce se petrece într-adevăr? Te împiedică să te lași absorbit de o emoție sau un impuls de a face ceva ca să rezolvi problema.

Practica notării este relativ simplă. Este ca o placă de surfing, care te ține deasupra valurilor și te ajută să rămâi în prezent, în loc să fii copleșit de un val puternic de emoție și să te scufunzi. Dacă ești deja prezent în întregime în momentul actual, nu mai este nevoie să adaugi notarea, pentru că te afli deja acolo.

Când începi să practici notarea, s-ar putea să o simți ca pe un efort. Dar nu îți face griji. Va deveni tot mai ușor, pe măsură ce te obișnuiești cu ea. Fă exerciții de notare *în intervale scurte, de mai multe ori pe parcursul zilei*. Am scris asta cu font italic ca să ții minte; este important dacă vrei să îți formezi un obicei. Acest lucru te va ajuta să trasezi o nouă cale neuronală, astfel încât notarea să-ți devină un nou obicei. Fii atent la acea buclă a obișnuinței care spune „Trebuie să fiu perfect" sau „Asta e prea dificil, probabil fac ceva greșit. Sunt un ratat. Mai bine o las baltă și trec pe platformele de socializare sau mă duc să mănânc niște înghețată", și notează pur și simplu că ai „gândit".

Pe măsură ce îți consolidezi musculatura mindfulness prin practica RAIN, notare și alte exerciții, vei începe să îți vezi mai clar buclele obișnuinței. După o vreme, ele vor înceta să mai apară, iar în cele din urmă vor dispărea de la sine – fără să mai fie nevoie să le alungi tu.

Încearcă să practici chiar de acum notarea, nu numai când folosești practica RAIN, ci și când mergi pe stradă sau stai pe canapea, ori chiar când conduci. Ține minte: aplicând-o pe durate scurte de timp, de mai multe ori pe zi, vei reuși să stabilești un nou obicei durabil.

Chiar și medicii au atacuri de panică

Când eram la facultatea de medicină exista un cod nescris, aproape supraomenesc, pe care trebuiau să îl învețe studenții. Acela spunea să nu fii niciodată obosit sau flămând; nu puteam recunoaște nici măcar nevoia de a ne duce la toaletă. Abordarea aceasta se numea „blindare". Prin urmare, nu am fost învățați niciodată cum să ne gestionăm corect stresul sau anxietatea.

Mă pricepeam de minune să-mi înăbuș stresul, așa că nu a fost nicio surpriză în faptul că mai târziu, în ultima perioadă a rezidențiatului, am început să mă trezesc în miezul nopții cu atacuri de panică în toată regula. Inima îmi bătea nebunește, aveam vederea îngustată, respirație superficială și sentimentul de pericol iminent.

Începusem să meditez încă din facultate, deci aveam deja cam zece ani de experiență la activ când au început aceste atacuri de panică. La vremea aceea practicam mult notarea. Din fericire, prima dată când m-am trezit cu un atac, a intervenit imediat practica notării – deja îmi devenise o obișnuință –, așa că am notat pur și simplu „crispare", „nu pot respira", „vedere îngustată", „palpitații" și așa mai departe. După ce a trecut atacul de panică, mi-am revizuit lista de diagnosticare mintală și am înțeles că ceea ce tocmai simțisem fusese un atac de panică în toată regula.

Aici este poanta. Nu am reacționat în stilul „Oh, *nu*, am avut un atac de panică". Mintea mea doar a notat ceea ce s-a întâmplat fără să adauge vreun comentariu. Răsucirea gândurilor în minte și comentariile sunt ceea ce transformă simptomele/atacurile de panică într-o tulburare de panică: începem să ne îngrijorăm pentru viitorul moment în care ne vom îngrijora; începem să fim anxioși în legătură cu următoarea dată în care poate vom fi anxioși.

Atacurile de panică au toate semnele panicii, inclusiv inima care bate nebunește sau palpitațiile, transpirația, tremurăturile, respirația superficială sau senzația de leșin, frica puternică de moarte. Dar pentru ca o persoană să fie diagnosticată cu tulburare de panică, atacurile trebuie să „fie asociate cu îngrijorare persistentă și continuă pe o perioadă de peste o lună cu privire la: (1) posibilitatea de a avea un nou atac sau consecințe ale atacului, ori

(2) schimbări dezadaptative radicale de comportament corelate cu atacul de panică"[66]. Acesta este un semn distinctiv esențial pe care nu l-am sesizat pe vremea când eram medic și aveam propriile atacuri. Atacurile de panică sunt doar atât: niște atacuri de panică (fapt care nu le face să fie mai puțin înfricoșătoare în momentele în care se instalează). Doar atunci când începem să ne îngrijorăm că vom avea un alt atac acesta devine o problemă și ne poate afecta modul de viață. Dave a venit prima dată la mine pentru că era atât de îngrijorat că va avea un nou atac de panică în timp ce se va afla la volan, încât își redusese enorm timpul de condus: nu mai șofa pe autostradă și abia dacă mai ieșea din casă până la magazinul alimentar. Dave își formase o buclă a obișnuinței dezadaptativă, ca să evite declanșatorii atacurilor de panică:

Declanșator: Conducerea mașinii (mai ales pe autostradă),

Comportament: Evitarea condusului.

Rezultat: Niciun atac de panică!

Nu uita, creierul nostru este orientat către supraviețuire. El face tot posibilul să ne ajute să evităm pericolul, iar atacurile de panică sunt în mod clar considerate pericole. Unele dintre cele mai intense simptome pe care mi le amintesc din propriile atacuri de panică sunt senzația de sufocare și pe aceea că voi muri. Creierul lui Dave știa un singur lucru: dacă *X* cauzează atacuri de panică, evită să faci *X*.

Din fericire pentru el, Dave a aflat că creierul lui era mult mai adaptabil. Când a înțeles cum învață creierul, a putut să îi predea lucruri noi. Una dintre revelațiile esențiale pe care le-a avut Dave a fost aceea că îngrijorarea pentru viitoarele atacuri de panică era doar o poveste pe care și-o crease singur. Nu era realitatea. Era doar o poveste.

Povestea de frică și îngrijorare pe care ne-o spunem nouă înșine poate căpăta o viață de sine stătătoare. De fiecare dată când reluăm această poveste – *oh, nu, s-ar putea să am un atac de panică dacă mă urc la volan* –, ea se materializează și se întărește în creierul nostru până într-atât încât începem să credem că este adevărată. Nu numai că începem să credem aceste gânduri, dar învățăm și să le asociem cu anumite emoții, astfel încât un simplu gând (*oare o să am un atac de panică?*) poate declanșa o anumită emoție (frică, îngrijorare etc.). Îți mai amintești acea informație împărtășită mai devreme despre cum se formează memoria somatică? Este valabilă și în acest caz.

Într-unul dintre capitolele anterioare ale acestei cărți am vorbit despre o persoană care ajunsese să se identifice atât de mult cu bucla obișnuinței anxietății, încât i se „întipărise în oase". Putem ajunge să ne identificăm nu doar cu buclele obișnuinței; putem să ne trezim atât de strâns înfășurați în gândurile, emoțiile și poveștile noastre, încât să nu mai distingem ce este real de ceea ce nu este. Când suntem tensionați ca un arc, cădem pradă furiei sau ne consumăm într-o mare de lacrimi, activați de un coleg de serviciu sau un membru al familiei care ne bate ușor pe umăr sau face ceva complet inofensiv.

În timpul instruirii mele din cadrul facultății de medicină și al rezidențiatului, mindfulnessul m-a învățat că nu sunt totuna cu gândurile mele; și nici cu senzațiile mele corporale. Nu trebuie să mă identific cu niciuna dintre ele. Tendința noastră bazată pe obișnuință este să respingem orice este neplăcut. Când aveam atacurile de panică, prin notarea senzațiilor, a emoțiilor și a gândurilor puteam să le observ și să le privesc cum vin și pleacă, în loc să le forțez să plece. Asta m-a ajutat să evit spirala unei povești de îngrijorare și suferință și mi-a permis să închei acele episoade fără să le înfloresc sau să compun pe marginea lor. În felul acesta n-am lăsat lucrurile să treneze și nici nu le-am făcut să pară mai mult decât ceea ce erau în realitate. Asta m-a ajutat și să nu îmi formez amintiri asociate somatic cu experiențele fiziologice, precum legătura dintre palpitații și gândul că aș putea avea un atac de panică. Dacă îmi simțeam inima bătând mai puternic după ce urcam în viteză scările, nu însemna că mi se declanșează un atac de panică; putea fi doar un semn că inima se comportă normal: pompând mai mult sânge către mușchi.

Datorită practicii mindfulness am reușit să evit transformarea perspectivei acestor evenimente într-o gaură neagră a tulburării de panică. Faptul că știam cum funcționează mintea m-a ajutat enorm. Nu am ajuns să mă identific cu panica, nici să dezvolt bucla obișnuinței de a mă îngrijora că aș putea avea un nou atac. Astfel am reușit să suport mai multe atacuri de panică pe parcursul acelui an, dar toate s-au încheiat în același fel. Și cu fiecare atac, curiozitatea și încrederea mea au crescut. Știam că îmi pot gestiona mintea.

Probabil că acum gândești: *Păi, el deja practica intens meditația mindfulness de zece ani, eu nu pot să fac asta!* Iar eu sunt aici ca să depun mărturie că oricare ar fi obiceiul la care vrei să renunți, indiferent cât de vechi sau de adânc înrădăcinat ar fi, poți să o faci. Îți construiești propriul obicei de mindfulness prin momente scurte de practică, de mai multe ori pe parcursul zilei. Așa cum a reușit Dave în decurs de câteva luni, la fel putem și noi să învățăm să ne gestionăm mintea. Totul se rezumă la fixarea unor obiceiuri *bune*, precum curiozitatea, ca soluție la îndemână.

Cum să îți fixezi obiceiuri bune

Dacă te-ai jucat un pic cu practicile pe care le-am sugerat în această carte, ai descoperit din propria experiență ofertele cele mai avantajoase și mai generoase, precum curiozitatea și bunătatea. La această listă de practici pentru viteza a treia poți adăuga tehnica RAIN și practica notării, deoarece, după cum ai văzut din experiența mea, este mult mai satisfăcător să îți formezi un nou obicei decât să ai un atac de panică și apoi să te îngrijorezi în legătură cu el până când dezvolți o tulburare de panică.

În legătură cu toate aceste practici – și cu orice alte practici din treapta a treia de viteză – trebuie să vezi și să simți clar cât de satisfăcătoare sunt. Poți întări acest lucru trecând înapoi în viteza a doua după ce ai mers cu viteza a treia (sau ai avut doar un moment de viteza a treia). Întreabă-te pur și simplu: *Ce câștig din asta (din acest moment/exercițiu de viteza a treia)?* Și apoi savurează acea stare de bine. Eu numesc asta viteza a doua supraalimentată, pentru că te determină să practici mai multe exerciții de viteza a treia pe viitor. Este bine de reținut și faptul că acest lucru întărește valoarea recompensei practicii în creierul tău. Iar asta este important mai ales pentru cei care de regulă se îndoiesc de ei înșiși (dar și pentru noi ceilalți), trecând rapid peste momentele satisfăcătoare. Din cauza faptului că viețile noastre sunt ultraplanificate și agitate, ne grăbim să trecem peste perioadele bune, în care pericolul nu ne bate la ușă, astfel că acestea nu se mai înregistrează în creierul nostru. În psihologie, tendința de a înregistra și a continua ruminația stimulilor și evenimentelor negative mai mult decât a celor pozitive este cunoscută sub numele de *înclinație către negativism* (sau *asimetria pozitiv-negativă*). De aceea, înțepătura resimțită după o mustrare se simte mai intens decât bucuria adusă de o laudă. Și în acest caz, poți vedea cum viteza a doua supraalimentată te poate ajuta să echilibrezi lucrurile. Mindfulnessul ne ajută să simțim negativul și pozitivul în totalitate, nu să ne lăsăm absorbiți de unul sau de celălalt.

Sper că ai observat deja faptul că obiceiuri precum curiozitatea și bunătatea sunt bune în sine. Ca să fie mai clar, curiozitatea și bunătatea nu te vor trage imediat, ca prin magie, într-o sală de gimnastică mintală și nu te vor forța să exersezi, asemenea unui comandant de instrucție care-ți strigă în ureche. Magia lor funcționează într-un alt sens – exercită o atracție naturală prin faptul că te fac să te simți bine. Iar dacă ești blocat într-un vechi obicei de instrucție automotivațională, sper că ai văzut din propria experiență cât de bine funcționează *de fapt* acel strigăt interior (nu funcționează), așa că poți să renunți și la el.

Privind în ansamblu, vei observa că sălile de gimnastică sunt bune pentru antrenament, însă nu poți să-ți petreci toată viața în ele. Dacă dedici zilnic un pic de timp pentru niște practici de meditație „formale", care înseamnă pur și simplu să îți faci timp și spațiu ca să meditezi fără să fii întrerupt (de exemplu, conștientizarea respirației, practica notării), asta te poate ajuta – este ca și cum te-ai duce la sală să ridici greutăți. În plus, pe măsură ce îți fortifici musculatura mintală, poți să folosești instrumente precum RAIN și notarea vieții cotidiene. În cele din urmă, odată ce înțelegi că lumea este de fapt sala ta de gimnastică mintală, poți să unifici formalul și informalul. Așa cum poți fi activ pe parcursul întregii zile mergând pe scări în loc să iei liftul, poți să „exersezi" în fiecare moment al zilei activându-ți conștientizarea și curiozitatea. Pe măsură ce exersezi mersul cu cele trei viteze ca să îți rafinezi ierarhia valorii recompenselor, comportamentele nesatisfăcătoare coboară tot mai mult în listă (de exemplu, sedentarismul, consumul de hrană nesănătoasă, îngrijorarea), iar cele satisfăcătoare urcă (să fii activ, să mănânci sănătos, să fii curios). Reține, calea către construirea unor obiceiuri bune constă în a practica atenția pe perioade scurte, repetate de multe ori pe parcursul zilei.

Așadar, dacă încerci să te motivezi să mergi la proverbiala sală de gimnastică pentru mai mult de o săptămână după luarea hotărârilor de Anul Nou, mai bine folosește instrumentele din această carte, în loc să te forțezi. Nu poți să găsești niște exerciții mintale și fizice care chiar îți plac, fiind atent la recompensele lor, astfel încât să ți se fixeze în creier ca BBO? De exemplu, când soția mea nu-și găsește motivația să iasă la jogging, își amintește cât de bine s-a simțit data trecută când a alergat. Cel mai adesea, acea amintire îi aduce un zâmbet și o determină să se ducă direct spre ușă, în pas alergător. Când vine vorba despre exerciții mintale, o modalitate extraordinară de a te motiva să practici bunătatea este să îți amintești un astfel de act pe care l-ai făcut în trecut și ce stare ți-a declanșat (pentru mine funcționează cu siguranță).

Nu ai un sentiment plăcut după ce mănânci sănătos, faci exerciții, faci voluntariat sau orice alt obicei pe care încerci să îl adopți?

CAPITOLUL 22
Încrederea bazată pe dovezi

Te apropii de sfârșitul cărții. Cum merg lucrurile? Ai găsit și tu, la fel ca micuța locomotivă care a aflat că e capabilă să-și îndeplinească sarcinile, o mantra sau o frază pe care să ți-o spui ca pe o metodă de a deveni conștient și a-ți activa cele trei viteze? Poate declanșatorul tău obișnuit să devină acel clopoțel mindfulness – *ding!* – care să îți declanșeze mersul cu viteza a treia și un comportament nou, a cărui recompensă este mai avantajoasă și mai generoasă decât cea a obiceiului vechi?

Dacă ești precum mulți dintre pacienții și studenții cu care am lucrat, s-ar putea să te întrebi: „Oare voi reuși să fac astfel încât această schimbare să dureze?“ Sincer, este doar o chestiune de fixare și de exersare. Este ca atunci când dai un test – dacă nu ai învățat cât crezi că ai fi putut sau ar fi trebuit, nu te îngrijora, continuă să înveți și vei reuși.

Aceste aptitudini mintale nu sunt dificil de învățat: trebuie doar să le practici mult, pentru ca ele să devină noile tale obiceiuri. Ca să-ți poți antrena mintea trebuie să exersezi: să faci exerciții de cartografiere a buclelor obișnuinței; să privești tot mai de aproape rezultatele comportamentelor tale; să exersezi eliminarea impulsurilor de a acționa, pentru a învăța să trăiești cu orice gânduri sau emoții apar. Prin toate aceste exerciții înveți să îți calibrezi sistemul, ca să poți recunoaște senzațiile de încordare sau de constricție determinate de frământări, impulsuri sau îngrijorare; de asemenea, înveți să recunoști și senzațiile opuse – de expansivitate, care vin odată cu bunătatea și curiozitatea. Înveți diferența dintre recompensele exterioare (nevoia de a lua ceva ca să te simți mai bine) și recompensele interne (ușurarea pe care o simți când devii curios și bun).

Încrederea

Unul dintre cele mai importante elemente în învățarea unor aptitudini noi este încrederea în sine, încrederea că vei reuși.

Există două tipuri de încredere. Primul tip este saltul pe care îl faci fără nicio pregătire anterioară, dar cu convingerea că vei reuși pentru că i-ai văzut pe alții făcând-o sau pentru că intuiția ta îți spune că e în regulă. Acest salt din credință este adesea cel mai înspăimântător, pentru că te lansezi pe un teritoriu necunoscut. Este posibil să fi făcut acest salt prima oară când ai eliminat un impuls sau o poftă utilizând practica RAIN.

Cel de-al doilea tip de încredere se întemeiază pe primul. Eu îl numesc încredere bazată pe dovezi.

În domeniul medical, pentru a putea spune că un tratament funcționează, avem nevoie mai întâi de dovadă. Dacă iei un medicament pentru scăderea tensiunii arteriale, vrei să ai niște dovezi care să arate că acele pastile chiar fac ceea ce promit. Cercetătorii din medicină (ca mine) fac investigații care produc aceste dovezi. De aici vine expresia *medicină bazată pe dovezi.*

De exemplu, laboratorul meu a desfășurat studii clinice care să stabilească dacă metoda mindfulness ar funcționa pentru oamenii care vor să renunțe la fumat, la supraalimentație sau care vor să nu mai fie cuprinși de anxietate. Deși am testat-o mai întâi ca tratament individual și apoi ca studiu clinic intervențional, folosind terapiile digitale (o aplicație), metoda noastră a utilizat același tip de antrenament pe care îl primești în această carte; și chiar a funcționat.

Reține, într-un studiu am descoperit că metoda mindfulness este chiar *de cinci ori mai eficientă* decât cel mai folosit tratament la ora actuală pentru tratarea dependenței de tutun. Iar fumatul este dependența de substanțe chimice cel mai dificil de eliminat – da, este mai puternică decât dependența de cocaină, alcool sau heroină.*

Am menționat și studiile pe care le-am făcut în cazul supraalimentării (o scădere cu 40% a mâncatului asociat cu pofta și reducerea valorii de recompensă) și al anxietății (o reducere de 57% a anxietății în rândul medicilor și o scădere de 63% a anxietății la persoanele cu tulburare de anxietate generalizată). Și nu numai laboratorul meu a descoperit dovezi care să susțină practica mindfulness. La momentul acesta au fost deja publicate sute de lucrări științifice privind eficacitatea clinică și chiar datele neurologice din spatele mindfulnessului.

După cum am spus deja, laboratorul meu a scanat creierii unor persoane în timp ce acestea practicau meditația și a descoperit că tehnica respectivă schimbă tiparele de

* Acest lucru este cauzat de o serie de factori, printre care acela că, atunci când fumezi, nicotina se absoarbe în sânge foarte rapid, fapt care crește nivelul de dopamină din creier și te determină să devii și mai dependent. (*N. a.*)

activitate cerebrală implicită. Alți cercetători au descoperit că meditația poate schimba chiar dimensiunile creierului nostru. Baza de date care susține practica mindfulness se mărește pe zi ce trece.

Dar nu-ți cer să mă crezi sau să-ți pui credința oarbă în această practică doar pentru că s-a dovedit că la alții funcționează. Vreau să îți aduni tu însuți dovezile, *din propria experiență* pe acest drum. De câte ori ai fost cu adevărat curios cu privire la felul în care îți simți anxietatea în corp? De câte ori ai reușit să îți cartografiezi declanșatorii și comportamentele bazate pe obișnuință? Cât de mult ai condus în toate cele trei viteze?

De fiecare dată când inspiri profund în fața unui impuls, când elimini o poftă folosind practica RAIN, când simți căldura bunătății sau când renunți la tiparele gândurilor nocive folosind tehnica notării, strângi informații și îți alcătuiești propria bază de date. Ori de câte ori devii conștient (prin comparație cu momentele în care nu erai atent), vezi rezultatele în timp real. Aduni dovezi care să-ți demonstreze că metoda chiar funcționează în cazul tău.

Ia-ți o clipă și reflectează asupra tuturor dovezilor pe care le-ai strâns pe parcursul acestei cărți. Gândește-te la ele cu atenție. Dacă ai exersat, ar trebui să fi acumulat deja destul de multe date până la acest moment. Acum pune laolaltă toate acele dovezi, pentru a-ți construi cu ajutorul lor încrederea bazată pe fapte în cadrul acestui program. Când se insinuează îndoiala sau scepticismul, mai întâi notează-le exact așa, „îndoială“ sau „scepticism“. Apoi amintește-ți că ai o grămadă uriașă de dovezi pe care să îți întemeiezi încrederea. Încredere bazată pe dovezi, nu încredere oarbă. Poți să faci asta: doar relaxează-te și continuă. Iată ce remarca o persoană din programul nostru Eat Right Now:

> Trebuie să avem încredere că putem continua aceste practici, iar încrederea ni se consolidează prin dovezile pe care le strângem… Am văzut că acest program funcționează, așa cum am văzut și beneficiile acestor practici atunci când sunt puse corect în aplicare. Dar am văzut și cât de ușor pot să mă întorc la vechile obiceiuri dacă nu mai sunt atentă la aceste practici. E nevoie de strădanie pentru a mi le fixa ca noi obiceiuri. Trebuie să am încredere că pot să transform aceste practici în noile mele obiceiuri, ca să nu mă dau bătută și să nu cad din nou în vechile obiceiuri.

Iată niște vorbe înțelepte. Întocmai ca atunci când înveți să cânți la un instrument muzical, trebuie să exersezi tot timpul ca să îți păstrezi acea abilitate.

Așadar, continuă să exersezi și să-ți consolidezi încrederea bazată pe dovezi, notează „îndoială" atunci când apare acest sentiment și observă bucuria pe care o ai când renunți la îndoială, în loc să te lași absorbit de ea.

De ce nu încerci să fii conștient și curios pe tot parcursul zilei? Vezi dacă poți fi conștient în timp ce aștepți să-ți fiarbă cafeaua, când mergi din casă până la mașină sau la autobuz, ori chiar când ești la toaletă. Cât de mult te pot ajuta aceste intervale scurte, repetate, să conduci cu viteza întâia, a doua și chiar a treia, să îți consolidezi încrederea și avântul?

Bucla obișnuinței mele în forma procrastinării

În copilărie, eram foarte concentrat când aveam o misiune importantă. Dacă voiam să fac ceva, eram foarte hotărât să duc acel lucru la bun sfârșit. Dar acea concentrare avea și niște costuri. După cum ai văzut din incidentul cu cuțitul, puteam să mă las atât de absorbit de activitatea pe care o întreprindeam, încât nu mă mai opream ca să văd exact *ce anume* făceam (sau eram pe cale să fac). Acea concentrare era determinată de interes. Când eram interesat de ceva, nu trebuia să depun prea mult efort ca să duc lucrul la bun sfârșit. Când nu eram interesat, trebuia să fiu târât, în timp ce țipam și mă zbăteam. Și chiar și atunci, făceam doar minimum necesar cât să bifez acel lucru ca fiind „rezolvat".

Tot pe când eram copil, mama a înțeles că era mult mai ușor să îmi stârnească interesul ca să fac ceva, în loc să mă forțeze să fac un lucru ce trebuia făcut. Dacă eram interesat, nu doar făceam lucrul respectiv, ci îl făceam bine. Când am ajuns pe la douăzeci de ani, iar mama nu mai era lângă mine ca să mă verifice, ori de câte ori aveam de făcut ceva obligatoriu, dar care nu îmi stârnea niciun interes, găseam tot felul de modalități de a-mi distrage atenția.

Declanșator: Termenul de predare a unei lucrări pe care trebuia să o scriu.

Comportament: Mă uitam pe site-ul *New York Times* (în mod repetat).

Rezultat: Mă lăsam furat de știri, rămâneam în urmă cu lucrul.

De-a lungul anilor, pe măsură ce am practicat meditația, am studiat neuroștiințele și am început să lucrez cu pacienți, am învățat multe despre felul în care îmi funcționa mintea. Am început să văd cât de nesatisfăcătoare era procrastinarea. De asemenea, am început să înțeleg și *de ce* amânam. De exemplu, când trebuia să scriu o recenzie științifică pentru că „era bine pentru cariera mea", mă așezam la lucru și observam acel ghem mare și fierbinte de teamă care mi se zbătea prin stomac. Am învățat repede că leacul pentru acea suferință era să mă uit pe site-ul *New York Times*, ca să mă asigur că nu s-a prăbușit lumea de când am verificat ultima dată (adică în urmă cu câteva minute). Acest lucru se petrecea după o rețetă simplă, pe care o cunoaște oricine, de la medici la părinți și până la firmele de marketing:

Declanșator: Durere.
Comportament: Iei un analgezic.
Rezultat: Îți trece durerea.

Mi-a luat ceva vreme, dar în cele din urmă am observat că o mare parte din suferința mea de la stomac provenea din faptul că nu cunoșteam suficient de bine subiectul, astfel încât să știu ce să scriu. Cunoașterea precară a subiectului meu nu-mi lăsa decât două opțiuni nefericite: 1) Să stau cu durerea care mi se întețea în stomac, uitându-mă lung la lucrarea neterminată de pe ecran; sau 2) să intru (din nou) pe site-ul *New York Times*. Dar odată ce am înțeles că această buclă a obișnuinței nu mă ajuta, am văzut că dacă fac o cercetare atentă pe subiect înainte de a mă apuca de scris, comportamentul de verificare a știrilor se diminuează, iar cel de scris se îmbunătățește.

Apoi am observat ceva ce a dat o viteză maximă întregului proces: *experiența reală*.

Iată formula mea analgezică pentru procrastinare: interes + cunoaștere + experiență = bucuria de a scrie + produs final bun = starea de flux*.

---

* Fluxul este starea mintală prin care o persoană se imersează complet într-o activitate, cu un sentiment de concentrare plină de energie, implicare totală și entuziasm. (*N. a.*)

Cu alte cuvinte, dacă găseam un subiect suficient de interesant pentru mine și mă asiguram că știam destule lucruri despre el cât să stăvilesc acea încordare din stomac, puteam să scriu și chiar mă simțeam bine făcând asta. De exemplu, eram *interesat* de mindfulness și de a-i ajuta pe oameni să își schimbe obiceiurile. De-a lungul anilor, am învățat și am acumulat tot mai multe *cunoștințe* despre subiectul învățării bazate pe recompensă și al neuroștiințelor; iar prin intermediul propriilor exerciții de meditație, prin lucrul la clinică și prin dezvoltarea de tratamente am acumulat *experiență*. Când am pus toate acestea la un loc, nu numai că am putut să mă așez și să scriu, dar mi-a și *plăcut* să fac asta.

Am dat, la propriu, peste această formulă într-o dimineață de pomină de sâmbătă, în 2013. Era o dimineață luminoasă, rece, de iarnă. Coborâsem din dormitor relativ devreme, având un sentiment straniu că trebuia să scriu ceva. Mi-am luat repede materialele și m-am așezat la masa din sufragerie, mi-am deschis laptopul și, după trei ore atemporale și neîntrerupte, am terminat lucrarea intitulată „Why Is It So Hard to Pay Attention, or Is It? Mindfulness, the Factors of Awakening and Reward-Based Learning". Iar când spun că am *terminat-o*, vreau să spun că am terminat-o cu totul.

De obicei, lucrările științifice solicită mult timp pentru editare, un du-te-vino pentru definitivarea detaliilor între autor și cei care fac recenziile, și așa mai departe. Nu și în cazul acesteia. Am trimis-o către doi potențiali coautori ca să fiu sigur că era corectă și, după foarte puține corecturi, am dat-o spre publicare (unde a fost acceptată cu sugestii minime de redactare – obișnuite pentru procesul de publicare a lucrărilor științifice). Analizând această experiență, mi-am dat seama că totul decursese astfel pentru că exersasem, studiasem și predasem îndeajuns de mult timp despre subiect, astfel încât lucrarea să fie deja în stadiul de soluție suprasaturată care are nevoie doar de un mic cristal pentru a se declanșa reacția de cristalizare. Pentru mine, nucleul de cristalizare fusese o discuție recentă avută cu cineva despre felul în care mindfulnessul se armonizează cu învățarea bazată pe recompensă.

Mă jucasem cu conceptul și cu experiența stării de flux, dar nu îmi dădusem seama că puteam să ating acea stare când scriam. Și, așa cum ar face orice bun cercetător, am făcut un test ca să văd dacă experimentul era repetabil. Am început cu câteva studii pilot (lucrări, bloguri și altele asemenea), apoi am trecut la experimentul major, concludent: puteam să scriu o carte întreagă fiind în starea de flux?

Am verificat dacă aveam contextul adecvat:

1. Interesul: eram interesat să scriu o carte despre știința mindfulness și dependențe.
2. Cunoaștere: studiasem mindfulnessul timp de aproape douăzeci de ani, iar dependențele de aproximativ zece ani.
3. Experiență: practicam mindfulnessul de aproape douăzeci de ani și tratam pacienți cu dependențe de aproape nouă ani.

De vreme ce toate aceste aspecte erau întrunite, mi-am stabilit condițiile necesare:

1. Mâncare
2. Nicio distragere
3. Masaj mintal

Mi-am dat seama că, pentru a avea șansa să scriu o carte în starea de flux, trebuia să nu îmi fie foame și să nu am la îndemână lucruri precum site-ul *New York Times*. Aveam nevoie de ceva care să îmi maseze și să îmi împrăștie acel ghem din stomac ce începea să se asocieze cu gânduri precum *Și ce ar trebui să scriu mai departe?*, cauzatoare ale crampei scriitorului.

Astfel, la sfârșitul lunii decembrie 2015, am pus la punct toate condițiile necesare, începând cu o meditație de două săptămâni asupra sinelui, realizată acasă – cu toată aparatura tehnologică închisă și fără să existe cineva prin preajmă care să mă distragă, în afară de pisici. Soția mea a fost de acord să mă ajute la realizarea acestui „experiment" și a plecat pe Coasta de Vest pentru a-și vizita rudele de sărbători. Înainte de a începe, am gătit și congelat suficientă mâncare, astfel încât ori de câte ori avea să-mi fie foame, să încălzesc pur și simplu ceva în cuptorul cu microunde.

După ce totul a fost stabilit, mi-am dat niște instrucțiuni simple: să stau, să merg, să scriu, să repet, dar să scriu numai când sunt în flux. Îmi făceam ritualul obișnuit, practicând multă meditație în mers sau șezând, și mă apucam de scris doar când mă simțeam pregătit. Și, lucrul cel mai important, dacă aveam vreun semn de încordare, care semnala ieșirea din starea de flux și intrarea într-un soi de forțare, mă ridicam imediat de la scris și mă întorceam la meditație. (Scopul era să-mi administrez masajul mintal pentru a îndepărta orice crampă a scriitorului.)

După două săptămâni terminam prima variantă a primei mele cărți, *Poftele minții**. Experimentul funcționase! Ipoteza mea fusese dovedită. Și era un proces cu adevărat plăcut. Dar semnul distinctiv al științei este repetarea.

---

* Traducere de Ioana-Gabriela Dumitrescu, Curtea Veche Publishing, București 2020. (*N. red.*)

Un experiment trebuie repetat pentru a vedea dacă este adevărat.

Prin urmare, la finele lunii decembrie 2019, soția mea a luat din nou avionul către Coasta de Vest ca să-și viziteze rudele de sărbători, lăsându-mă singur cu pisicile, în izolare. (După cum vezi, am păstrat aceeași perioadă a anului, pisicile și toate celelalte elemente, astfel încât să nu zăpăcesc experimentul.)

Am intrat în izolare doar nouă zile și nu am pornit cu intenția de a scrie o carte – de data aceasta plănuiam să alcătuiesc un set de cartoline destinate clienților, cu exerciții scurte de schimbare a obiceiurilor, bazate pe cele trei viteze –, prin urmare, nu era chiar o repetare perfectă a experimentului, dar era destul de bună.

Am început izolarea, dar am stat și m-am plimbat timp de trei zile și jumătate fără să fiu deloc inspirat să scriu. Ori de câte ori apărea gândul *Ce ar trebui să scriu?*, urma și acea durere din stomac. Așa că am continuat să mă plimb și să stau așezat.

Apoi a venit dimineața de 24 decembrie, care s-a întâmplat să fie într-o marți. În ziua aceea nu am simțit durerea în stomac, așa că m-am așezat să văd ce urma să se întâmple.

Nu știam dacă eram pregătit să scriu ceva sau nu, așa că am deschis robinetul doar puțin de tot. La urma urmei, erau doar niște cartoline. Nu era vorba despre o carte, deci nu era mare scofală. Totuși, probabil că se acumulase ceva presiune în sistem, pentru că toate elementele din experiența și din scrierile mele anterioare au țâșnit pe ecranul computerului.

Când scriu aceste rânduri este luni, 30 decembrie 2019, șapte zile mai târziu. Închei chiar acum acest capitol.*

Se poate considera repetare?

În mod clar, se adeverește faptul că o parte din formulă este adevărată: interes + cunoaștere + experiență = bucuria de a scrie = flux.

Pentru mine, experiența a fost din nou una agreabilă. Numai timpul va decide dacă și partea finală stă în picioare: produs bun, de calitate. Iar acea parte ține de tine, pe măsură ce avansezi pe această cale. Dacă ai nevoie de mai mult decât aceste trei trepte de viteză pentru a-ți dezvolta încrederea bazată pe dovezi că și tu poți – poate îți dorești o pastilă magică prin care să faci anxietatea să dispară ca prin farmec sau care să-ți repare celelalte obiceiuri –, întreabă-te sincer: „Câte dorințe din afara lumii Disney se împlinesc?"

Dacă preferi să te bazezi pe știință și să crezi în propria experiență, uită-te cât de departe ai ajuns doar prin faptul că ai învățat cum îți funcționează mintea și ai început să ți-o gestionezi. Consolidează-ți încrederea și fiecare lucru va veni la timpul său.

---

* De fapt, acesta a ajuns să fie penultimul capitol, căci am fost inspirat să mai adaug unul la începutul cărții, după ce a izbucnit toată nebunia legată de COVID-19, și un capitol final, după tot ceea ce a ieșit la iveală legat de uciderea lui George Floyd. Eram totuși aproape de terminarea cărții. (*N. a.*)

CAPITOLUL 23
Abstinența de anxietate

Țin în fiecare săptămână ședințe video de grup, desfășurate online, pentru persoane care se luptă cu anxietatea și cu alte obiceiuri pe care încearcă să și le schimbe. De câțiva ani deja, mie și colegei mele, dr. Robin Boudette (împreună cu care realizez acest proces), ni se alătură oameni din lumea întreagă pentru o oră de discuții detaliate prin intermediul platformei Zoom. Gândind discuția în spiritul unui reality-show (dar aici e vorba chiar de realitate – vrem să ajutăm oameni, nu să obținem rating), îi invităm pe participanți să propună ei subiectele, nu stabilim noi un anumit desfășurător pentru a împărtăși de sus cine știe ce înțelepciune. Apoi începem să explorăm problemele care îi supără, să vedem unde s-au produs blocaje și ce ar putea face ca să se deblocheze. Iar asta face ca lucrurile să fie realiste, în timp ce eu și Robin suntem pe fază. Nu știm niciodată cine va veni cu o nouă întrebare sau despre ce anume vor vrea să discute.

Asta nu este nici pe departe terapie de grup, căci este greu de imaginat așa ceva cu peste 150 de persoane într-un spațiu bidimensional. Folosim metode simple de investigare ca să le înțelegem „problemele", apoi urmează niște discuții și o mică încurajare ca în seria *Misiune imposibilă*:

„Asta este misiunea ta, o accepți?", după care le dăm câteva sfaturi pe care să le folosească pe parcursul săptămânii viitoare.

Faza este următoarea: încercăm să acoperim fiecare conversație în mai puțin de zece minute, ca să putem trece prin cât mai multe subiecte cu putință; și ne conformăm limitelor în care se încadrează capacitatea de concentrare a oamenilor, care în ziua de astăzi au la îndemână tot felul de arme de distragere a atenției. Folosim cadrul celor trei trepte de viteză, care le oferă oamenilor o structură de lucru. Astfel îi ajutăm pe spectatori să urmărească poveștile și să învețe singuri, pe parcurs.

Într-o săptămână, un domn de treizeci și ceva de ani a adus în discuție problema cu care se confrunta: folosea practica RAIN în viteza a treia sau alte instrumente mindfulness ca să își liniștească pe moment puseurile de anxietate, dar nu reușea să rămână calm pe tot parcursul zilei. După ce se încredința de faptul că poate folosi acele practici și că îi erau de ajutor, începea imediat să se îngrijoreze cu privire la viitor. „Cum rămâne cu restul de 24 de ore?", întreba el.

Dilema lui mi-a amintit de pacienții mei de la clinică – nu de cei cu anxietate, ci de cei care se chinuiau cu abstinența de alcool. Mulți dintre pacienții mei sunt înscriși la Alcoolicii Anonimi (AA) sau în vreun alt program în 12 pași care să îi ajute să își depășească dependența chimică ori comportamentală. La AA, procesul presupune ca pacientul să accepte că nu își poate controla comportamentul (ceva revoluționar pentru un program care a luat naștere în anii '30, dând peste cap secole de filozofie care susținea supremația voinței); de asemenea, presupune că pacientul trebuie să își analizeze greșelile din trecut, să încerce să le îndrepte și să îi ajute pe alții care suferă de pe urma aceleiași probleme. Unul dintre cele mai renumite dictoane ale AA este, probabil, acesta: „Ia fiecare zi pe rând."

Când pacienții vin la mine după zeci de ani de consum necontrolat de alcool, nu își pot imagina cum ar fi să practice abstinența de alcool o lună întreagă. De regulă, nu-și pot imagina abstinența nici măcar pentru o săptămână, deoarece un alt obicei pe care l-au dezvoltat este acela de a-și spune singuri că de mâine se vor lăsa de băut. Își jură că vor termina cu băutura, că e ultimul pahar și că de a doua zi vor porni pe drumul abstinenței, fără să arunce nicio privire în oglinda retrovizoare către (fosta) viață de alcoolici. Nu se deosebesc prea mult de pacienții mei care își propun să fumeze ultima țigară sau să facă un ultim exces de înghețată și cărora li se pare că ziua de mâine vine cu promisiunea eliberării; astăzi însă a fost o zi stresantă sau au avut deja prea multe necazuri, așa că merită puțină indulgență. Mintea lor îi convinge cumva că dacă renunțarea la viciu este cel mai bun lucru pe care l-ar putea face pentru ei în general, un exces ar fi cel mai bun lucru pe care l-ar putea face în momentul de față. (Menționez aici cartea de memorii a lui Mary Karr, *Lit*, în care povestește foarte frumos și emoționant lupta ei cu băutura și descrie detaliat mantra „mâine".)

Bineînțeles, când vine ziua următoare, impulsul de a bea depășește orice promisiune și-ar fi făcut pacientul cu o seară înainte, când jurase să nu își mai distrugă ficatul. Se întreabă pe sine în fel și chip: „Am spus eu asta?" Ei bine, s-au întâmplat prea multe de ieri până astăzi. De fapt, se pot întâmpla foarte multe de dimineață până la amiază. Două ore fără băutură pot părea o veșnicie pentru cineva al cărui creier începe să se frământe și să se agite când scade nivelul de alcool din sânge. De aici vine acel îndemn „ia fiecare zi pe rând".

Odată ce o astfel de persoană reușește să aibă la activ câteva zile de abstinență, mantra „ia fiecare zi pe rând" devine salvatoare. Dacă cineva este abstinent în acest moment, iar distanța până la ziua de mâine pare o veșnicie, prea mult pentru o singură „înghițitură", poate s-o fragmenteze în intervale mai mici, nu de o zi, ci de o oră, zece minute sau chiar de câte un moment. Când pacienții mei vin în birou și spun că mâine nu se vor putea abține, îi întreb: „Dar acum? Acum ești treaz. Crezi că ai putea să *nu* bei în următoarele cinci minute?" Bineînțeles, asta este o întrebare-capcană, pentru că ei se află în biroul meu în acel moment și nu le pun întrebarea la finalul ședinței.

După ce cugetă puțin la faptul că aceea este sau nu o întrebare-capcană, de obicei răspund: „Da, pot să fac asta."

Iar eu îi întreb: „În regulă, dar după ce pleci? Crezi că poți să te mai abții pentru încă o oră?"

Cu ajutorul abilităților de adaptare, ședințelor și numerelor de telefon ale susținătorilor, cei mai mulți dintre pacienții mei reușesc, în general. Un aspect esențial al îndemnului „ia fiecare zi pe rând" – sau poate chiar întreaga lui putere – constă în a nu-ți stabili ținte prea îndepărtate în viitor. Reține, creierul nostru urăște incertitudinea. Cu cât ceva este mai îndepărtat în viitor, cu atât se pot întâmpla mai multe între prezent și acel moment. Pentru mulți dintre pacienții mei care au jurat cu mâna pe un teanc de Biblii că se vor abține, s-au întâmplat tot felul de lucruri care să le compromită abstinența de pe o zi pe alta. Pentru creierul lor, mâine se asociază cu foarte multă incertitudine. *Dintr-o mie de lucruri, care ar putea merge prost?* începe să se întrebe mintea lor, în timp ce socotește minutele de la momentul de față până la ora de culcare. Dar posibilitatea să apară vreo calamitate în intervalul dintre momentul prezent și o oră mai târziu este mult mai mică, astfel, calea lor către abstinență este mai sigură (și conține mai multe minute). Iar între acum și cinci minute mai târziu, ce să mai vorbim. Odată cu siguranța se reduce și nivelul de anxietate, pentru că nu trebuie să te mai îngrijorezi cu privire la acea „evoluție incertă" care se află chiar în definiția anxietății. Pacienții mei pot să inspire adânc și să facă planuri pentru astăzi – așadar, pentru o singură zi. Dacă li se pare prea mult, pot să planifice doar pentru o oră sau chiar un moment. Dacă pui momentele cap la cap, obții ore de abstinență. Dacă pui orele cap la cap, obții zile de abstinență și tot așa. Totul este să pornești pas cu pas, de la câte un moment.

Și în felul acesta ne întoarcem la apelantul de pe Zoom care mi-a amintit de pacienții mei, pentru că se jura și el pe un teanc de Biblii că nu își poate gestiona anxietatea. Nu-și putea imagina că a doua zi nu va fi anxios, chiar dacă era calm pe moment. Așa că i-am descris procesul prin care pacienții mei practicau abstinența. I-am spus că ei nu se gândeau la ziua de mâine, pentru că acea „gândire mizerabilă" îi bagă în belele. Când l-am văzut că dă aprobator din cap, dând semne că a înțeles, l-am întrebat dacă ar putea aplica și el același principiu ca să-și gestioneze anxietatea. Ar putea să aibă ceva „abstinență de anxietate" la activ? Nu a doua zi, nu în după-amiaza aceea, ci chiar atunci. A dat din cap aprobator. Știa că își poate folosi instrumentele de mindfulness ca să-și liniștească anxietatea pentru cinci minute. Dar, și mai important, a văzut că dacă se gândea la cum va fi anxios a doua zi, devenea anxios și pe moment – și că putea să iasă din bucla aceea chiar atunci. Așa că i-am dat această misiune (pe care el a ales să o accepte): să facă un pic de abstinență de la anxietate pe moment, nu a doua zi. Iar dacă observa că începe să se îngrijoreze pentru ziua de mâine, să folosească instrumentele de mindfulness ca să noteze faptul că s-a gândit la viitor și apoi să meargă mai departe.

Acesta este un concept esențial pentru orice persoană care se luptă cu anxietatea (sau cu vreun obicei de altă natură). Este adevărat faptul că un comportament din trecut poate fi definitoriu pentru unul viitor (vezi formarea obiceiurilor), dar ceea ce facem în clipa prezentă, nu ceea ce am făcut în trecut, va determina traiectoria pe care o vom urma: dacă va fi aceeași sau va fi diferită. Oricât de banal ar suna, nu trăim decât în prezent. Așa cum un colier se face din mărgele înșirate una după alta, timpul este un concept care pune „momentul acesta", care tocmai s-a petrecut cu o secundă în urmă, lângă „momentul acesta" din prezent. Pe măsură ce mărgelele din momentul prezent se transformă în trecut, acest colier narativ se face tot mai lung, formând povestea vieții noastre. În același fel privim și spre viitor, unde căutăm alte mărgele pe care să le adăugăm la colier. Pornind de la experiențele trecute, creierul nostru proiectează ceea ce s-ar putea petrece în viitor. Cu toate acestea, noi nu putem să privim decât înainte, în momentul prezent, pentru că viitorul nu are loc decât în mintea noastră. Altfel spus, ne gândim la viitor (și adesea ne îngrijorăm) în momentul de față – în prezent. Exact cum spunea muzicianul Randy Armstrong: „Îngrijorarea nu-ți alungă problemele zilei de mâine. Îți alungă pacea zilei de azi."

Așadar, nu avem decât momentul de acum. Și ceea ce facem din momentul acesta creează mărgeaua pe care o adăugăm la colierul nostru. Trecutul preconizează viitorul în prezent. Lucrul acesta este atât de important, încât îl voi repeta: ceea ce facem în prezent este determinant pentru cursul vieții. Dacă acum suntem anxioși, creăm o mărgea de anxietate. Iar dacă facem asta des, creăm un colier de anxietate pe care îl purtăm (uneori cu mândrie chiar) și îl luăm cu noi oriunde mergem. Dacă în acest moment ieșim dintr-o buclă a obișnuinței în forma anxietății, nu mai adăugăm acea mărgea la colierul nostru, ci avem ocazia să punem altceva în loc. Putem crea coliere de curiozitate. Putem crea coliere de bunătate. Și cu aceste BBO în mână, putem să ne scoatem de la gât colierele vechi.

Cum duci extremismul la extrem

Sunt un extremist.

Soția mea îmi spune mereu în glumă că am două viteze: repede și deloc. După cum ai putut vedea din incidentul meu din copilărie, cu mânuirea cuțitului, am o oarecare tendință de a duce lucrurile spre acel nivel: totul sau nimic. Când aveam în jur de șase ani, voiam să devin cowboy. Purtam cizme de cowboy, un pistol de jucărie în toc, o eșarfă și o pălărie de cowboy, și mergeam așa la lecțiile de vioară în grup; pentru că voiam să fiu un cowboy. Când eram în școala primară, încercam să-mi termin de făcut temele în autobuz, pentru ca, odată ajuns acasă, să-mi pot dedica energia unor scopuri mai importante, cum ar fi să mă joc prin pădure. Câțiva ani mai târziu, pe când eram distribuitor de ziare, făceam pariuri cu mine însumi să văd cât de strâns pot rula ziarele înainte de a le prinde cu elasticul pentru livrare (spre supărarea clienților mei) și cât de repede pot să-mi parcurg ruta. Mai târziu, la liceu, am început o dietă fără zahăr (ca să-mi îmbunătățesc performanțele sportive), astfel că în timp ce colegii mei se delectau cu înghețată și alte gustări, eu număram zilele de abstinență. Trebuie să adaug, ca o cireașă pe acest tort, că zicala mea preferată din perioada rezidențiatului era „fii cel mai bun sau du-te acasă" – de ce să te limitezi la o singură specializare când poți să faci două?

Privind retrospectiv, aș putea pune tendința respectivă pe seama pasiunii și a concentrării. Însă acesta este un exemplu pentru modul în care funcționează creierul fiecăruia dintre noi, la un nivel sau altul: găsește ceva satisfăcător și caută acel ceva iar și iar. Ceea ce este în regulă – până când începe să nu mai fie. Înclinația noastră către supraviețuire poate fi văzută atât ca un avantaj, cât și ca o limită: învățarea bazată pe recompensă ne-a dus pe noi, oamenii, în situații sub limita supraviețuirii. Câtă vreme noi, neurocercetătorii, suntem abia la început în privința înțelegerii funcționării creierului nostru, este posibil ca toate aceste mecanisme omenești de supraviețuire să nu fie clasificate prea curând în stil darwinist. Dacă mă raportez la mine ca la un studiu de caz sau extind aria, cercetarea privind extremismul este departe de a fi pur științifică. Totuși, oamenii devin extremiști folosind aceleași mecanisme de învățare pe care le aplică la legarea șireturilor: întocmai ca atunci când mergem fără să ne împiedicăm, unele comportamente ușurează durerile și se întăresc până la stadiul în care nu ne mai imaginăm că am putea proceda altfel. De fapt, chiar acum se petrece un experiment social la scară largă (la care participăm fără să semnăm vreun formular prin care să ne dăm consimțământul): ori de câte ori intrăm pe platformele de socializare sau pe site-urile de știri, care ne prezintă subiecte alese prin algoritmi pe baza căutărilor noastre anterioare, ne dăm acordul, fără să știm, pentru un conținut croit și ajustat prin computer, care ne devine familiar și astfel ne întărește preferințele pentru clicurile următoare.

Cu cât dăm mai multe clicuri, cu atât este mai probabil să dezvoltăm puncte de vedere extreme, pur și simplu pentru că este mai greu să suportăm ambiguitatea propriului punct de vedere asupra unor fapte sau opinii decât să urmăm o perspectivă de grup, unilaterală (albul și negrul dau mai multă siguranță decât diferitele nuanțe de gri). Un exemplu bun în acest sens este modul binar și cantitativ al evaluărilor de pe platformele sociale (numărul de aprecieri și redistribuiri), comparativ cu ambiguitatea complexă de a interpreta un limbaj corporal sau un ton al vocii, într-o conversație. Nici nu e de mirare faptul că vedem adolescenți care stau unul lângă celălalt, dar comunică prin telefoane – incertitudinea este înfricoșătoare.

Dar sentimentul de certitudine și siguranță de grup are un preț semnificativ. Viziunile extreme nu sunt doar întărite; în același timp, ele limitează orizontul sentimentelor și acțiunilor noastre față de alții. Rasismul, sexismul și conflictul de clasă socială au costuri mari: provoacă stres, anxietate și traume celor care sunt considerați „outsideri".

Totuși, în privința procesului de învățare, care este esențial supraviețuirii, Charles Darwin a făcut o observație interesantă – una care a fost mai degrabă o notă de subsol la teoria evoluției. Evoluția poate fi rezumată într-un mesaj scurt: „Cel mai tare supraviețuiește." Dar Darwin a observat că mai era ceva ce motiva supraviețuirea, în afară de lupta pentru conducerea adăpostului. Iată ce scria în cartea sa *Descendența omului și selecția sexuală**: „Acele comunități care includ cel mai mare număr de membri cu simpatie reciprocă vor propăși cel mai bine și vor avea cel mai mare număr de descendenți."[67] Acest lucru poate

---

* Traducere de Eugen Margulius, Editura Academiei Republicii Socialiste România, București, 1967, p. 94. (*N. trad.*)

fi interpretat ca bunătatea care păcălește răutatea, chiar și atunci când este vorba despre supraviețuire. Poate trece asta drept comportament extrem?

În 2004, Dacher Keltner, cercetător la Universitatea Berkeley din California și fondator al Centrului Greater Good Science, a scris un articol intitulat „The Compassionate Instinct“, în care a prezentat pe scurt o cercetare foarte amănunțită a unor lucrări ce susțineau baza biologică a compasiunii.[68] Printre exemplele oferite de el se numără activarea unor regiuni cerebrale asociate cu emoțiile pozitive atunci când mamele se uitau la poze cu copiii lor și activarea unor regiuni cerebrale similare când subiecții priveau răul care li se făcea altora. Concluzia lui Keltner a fost următoarea: „După cum sugerează această consecvență, compasiunea nu este doar o emoție schimbătoare sau irațională, ci mai degrabă un răspuns uman înnăscut, integrat în straturile creierului nostru.“ Cu toate acestea, pare că lipsește o punte între supraviețuire și compasiune: dacă valoarea recompensei este cea care determină comportamentul, ce anume o leagă de comportamentul pro-social? Și, în plus, cum ar putea acest lucru să explice extremismul?

Am fost curios să aflu cât de mult se asociază emoțiile cu valoarea recompensei, așa că am pregătit un experiment de laborator. În cadrul acestui experiment, le ceream oamenilor să își evalueze preferința pentru 14 stări mintale diferite – preferința fiind un marker al valorii recompensei, de vreme ce preferăm în mod firesc comportamentele care sunt mai satisfăcătoare. După ce am cules date de la sute de subiecți care au răspuns la un scurt chestionar online, am descoperit că indivizii preferă în mod consecvent și semnificativ stări mintale precum bunăvoința, curiozitatea și apropierea, în detrimentul stărilor de anxietate, frică și furie. Aceste rezultate se potrivesc cu argumentele filozofice care sugerează că atenția acordată sentimentelor asociate cu un comportament urât, în opoziție cu sentimentele asociate cu bunătatea, poate constitui o bază mai solidă pentru un comportament etic decât teoriile bazate pe rațiune ale lui Kant și Hume. (În cartea *Poftele minții* am scris un capitol întreg legat de „cum învățăm să fim răi și buni" și mă bucur să văd că putem actualiza tema cu noi informații.)

Cu alte cuvinte, oricât de multă forță pare că îți dă furia pe moment, să fii bun te face să te simți mult mai bine și mai puternic, mai ales când te uiți la acțiunile către care te îndreaptă cele două emoții și la rezultatele lor (de exemplu, nicio clădire nu este incendiată și nimeni nu este rănit în timpul unei „revolte de bunătate"). Odată, când a fost întrebat despre soarta lui, Abraham Lincoln a răspuns concis: „Când fac bine, mă simt bine. Când fac rău, mă simt rău. Asta este religia mea." Dacă cinstitul Abe ar mai fi trăit astăzi, ar fi putut să transmită asta pe Twitter, ca răspuns la toate blamările din prezent, rezumând în felul acesta și studiul meu de laborator. Poate că ar fi adăugat și un hashtag de genul #ConștientizareaTeÎmpiedicăSăFiiMizantrop.

Hai să ne întoarcem la vechea zicală care spune că „cel care cercetează face, de fapt, autocercetare". Rezultatele laboratorului meu se potrivesc destul de bine cu experiența mea personală. Am învățat pe propria piele că judecarea și furia sunt chinuitoare nu numai pentru mine, ci și pentru cei către care am direcționat acele emoții. (De fapt, dacă regula lui Malcolm Gladwell cu cele 10 000 de ore de exercițiu are vreo bază, am devenit un adevărat expert în a-i judeca pe alții chiar înainte de a termina liceul.) Iar în cura mea autoimpusă de „dezintoxicare de furie" prin practicarea meditației, am învățat că bunătatea păcălește răutatea de fiecare dată. Este BBO, fără urmă de îndoială.

Dacă această teorie sună a extremism, sunt de acord. Așa cum pacienții mei și participanții la programe văd clar că tutunul are un gust oribil, că excesul alimentar îi face să se simtă mult mai rău decât dacă se opresc când s-au săturat, iar curiozitatea îi trage un șut anxietății (bineînțeles, într-un mod elegant), tot așa sunt și eu un extremist al bunătății. Cu alte cuvinte, când sunt pe deplin conștient, nu mă pot forța să fiu rău față de cineva, intenționat. De ce? Doar încercând să-mi imaginez rezultatele acțiunilor mele (de exemplu, să fiu răutăcios față de cineva), deja începe să mă doară serios stomacul. Mă simt groaznic doar imaginându-mi că aș face asta. Creierul meu a devenit complet dezvrăjit de răutate și s-a orientat cu totul către bunătate. Da, sună extrem, dar crede-mă, prefer să fiu dependent de bunătate decât de cocaină. Darwin avea dreptate.

Într-o lume a extremismului, fie el politic ori ideologic, când vine vorba de supraviețuire, răspund cu bunătate la rasism, sexism și tribalism. Cred că am văzut cu toții destul de multă ură și violență în ultima perioadă. Deși am crescut într-o familie fără prea mulți bani, doar cu mama, în statul Indiana, genul și culoarea pielii m-au protejat în situații în care alții au avut de suferit în mod curent, fie agresiuni mărunte, fie ostilitate sau abuzuri fățișe. Cum spunea reverendul dr. Martin Luther King Jr. într-una dintre scrisorile sale din închisoarea Birmingham (1963): „Prin urmare, întrebarea nu este dacă vom fi sau nu extremiști, ci mai degrabă, ce fel de extremiști vom fi. Vom fi extremiști pentru ură sau pentru iubire? Vom fi extremiști în perpetuarea injustiției sau pentru răspândirea dreptății?“[69]

Într-o lume care se pregătește și se îndreaptă tot mai mult către extreme, strigătul meu de luptă „Cine este cu mine?!" are legătură cu mesajul pe care au încercat să ni-l bage în cap Martin Luther King Jr. și atâția alții: folosește-ți creierul. Ce fel de extremist vei fi? Poți să îți accesezi abilitățile înnăscute, curiozitatea și bunătatea, ca să faci viața și lumea mai bune? Sau te lași dus de valul fricii și al egoismului? Dacă nu vrei să fii măturat de val, lăsând șiroaie de lacrimi în urma ta (cu bună știință sau fără), amintește-ți de ancora conștientizării și fii atent la rezultatele acțiunilor tale. Ai toate explicațiile și instrumentele necesare ca să prinzi viteză pe măsură ce scapi de anxietate și mergi mai departe pe drumul tău, către o viață mai fericită, mai bună și mai conectată.

EPILOG

Șase ani și cinci minute

În 2013 am fost invitat să țin o prezentare TEDx despre flux. Am ținut discursul într-o sală pitorească, în stilul anilor 1920, din Alexandria, statul Virginia, pe unul dintre malurile fluviului Potomac din Washington, D.C. Prezentarea a mers bine (mă simțeam în starea de flux chiar când vorbeam, așa că mi s-a părut extraordinar), iar echipa mea tocmai finalizase o primă versiune a aplicației Craving to Quit. Lucraserăm mult timp la ea, iar pe vremea aceea mindfulnessul pe bază de aplicație era o idee atât de nouă, încât muream de nerăbdare să fie încercată de oameni, ca să vedem dacă funcționează. Trecuseră aproape douăzeci de ani de când îmi fusese prezentată metoda mindfulness, iar acum veneam cu ceva ce ar fi putut ajuta oamenii pe scară largă – practic, pe orice persoană care deținea un smartphone. Ca să spun așa, simțeam cum îmi arde telefonul în buzunar.

Cum mă aflam lângă capitală, i-am făcut o vizită lui Tim Ryan, reprezentantul în Congres al Districtului 13 din Ohio. Suntem prieteni și este un mare susținător al mindfulnessului (a scris chiar o carte intitulată *A Mindful Nation*), deci cu cine altcineva aș fi putut să vorbesc despre îmbunătățirea serviciilor medicale cu costuri mici, dacă nu cu el?

Între mine și Tim sunt numai patru luni diferență de vârstă; ne cunoscuserăm cu un an înainte, la o petrecere organizată după o conferință pe tema cercetării științei contemplative. Când am ajuns la biroul lui, m-a chemat și m-a întrebat imediat despre rezultatele cercetărilor mele recente. Tim m-a impresionat prin dorința lui de a înțelege datele și știința din spatele unui lucru înainte de a se oferi să îl sprijine.

În timpul discuției, am menționat descoperirea noastră recentă cu privire la mindfulness și renunțarea la fumat și i-am spus că tocmai dezvoltăm o aplicație care să introducă aceste practici în mediul digital. Mi-am scos telefonul și am început să îi arăt caracteristicile programului. Deodată a căpătat o expresie sălbatică a ochilor și m-a întrerupt brusc. Apoi s-a ridicat și a strigat către unul dintre membrii mai tineri ai echipei lui, care se afla în cealaltă cameră: „Hei, Michael, vino încoace!“ Nici nu pot să-mi imaginez cum e să fii mereu „de gardă“ în echipa unui membru al Congresului. Michael a intrat având aerul că nu știa la ce să se aștepte. „Tu fumezi, nu-i așa?“, l-a întrebat Tim – sunând mai degrabă a comandă decât a interogație. Cu oarecare ezitare și mai mult șoptit, Michael a răspuns: „Da.“ „Ei bine, nu trebuie să te lași de fumat, dar încearcă aplicația asta și vezi dacă e bună de ceva“, i-a poruncit scurt Tim, apoi l-a lăsat să plece. Michael a dat aprobator din cap. A părăsit camera cu o expresie ușor confuză, așteptând noi instrucțiuni.

După-amiaza, pe când mă aflam în tren spre casă, i-am trimis lui Michael un e-mail. „Mulțumesc că te-ai oferit voluntar (sau că te-a oferit congresmenul Ryan ca voluntar) pentru testarea programului Craving to Quit", am început eu. Apoi i-am dat câteva detalii despre cum să demareze. Peste două zile, Michael a început programul. În săptămâna următoare, mi-a scris un e-mail ca să mă țină la curent cu progresul lui. Și a încheiat astfel: „Mulțumesc din nou pentru șansa pe care mi-ai oferit-o. Nu plănuiam să mă las de fumat, dar urmând acest program, m-am gândit că acum ar fi un moment destul de potrivit să o fac." În luna următoare am primit un nou e-mail de la Michael: „Am început programul acesta fiind destul de sceptic, dar i-am văzut aproape imediat beneficiile. Am pornit de la zece țigări pe zi, fiindu-mi efectiv frică să plec de acasă fără să am un pachet la mine, iar acum, după 21 de zile, am reușit să mă las cu totul de fumat. Lucrul ăsta nu ar fi fost niciodată posibil fără Craving to Quit." Au început să-mi curgă lacrimi pe obraji citind aceste rânduri. Soția mea m-a întrebat ce s-a întâmplat, iar eu am bâiguit: „Se pare că programul chiar funcționează."

Un an mai târziu, primeam în laboratorul meu de la Center for Mindfulness vizita lui Anderson Cooper, care venea să filmeze un material pentru emisiunea *60 Minutes* de la postul CBS. Tocmai îi luase un interviu congresmenului Ryan. Am întrebat-o pe Denise Cetta, producătoarea emisiunii, despre Michael. Da, își amintea de el – și îi mărturisise că nu se reapucase de fumat.

Grozav.

În toamna anului 2019, Tim și cu mine am susținut consecutiv câte o prelegere în cadrul unei conferințe. Chiar înainte de a mă ridica să-mi țin cuvântarea, Tim s-a aplecat spre mine și mi-a șoptit:

– Hei, îl mai ții minte pe tipul acela care lucrează pentru mine și care s-a lăsat de fumat?

– Da, desigur.

– Nici acum nu fumează, a spus Tim, cu un zâmbet larg.

Extraordinar, la șase ani după ce am avut o discuție de cinci minute, un tip căruia „i s-a spus să fie voluntar“ și să dea mindfulnessului o șansă reușise să scape definitiv de obiceiul fumatului.

Chiar e grozav. Îmi iubesc meseria.

Feedback

Ca orice altă persoană cu creier, am învățat și eu din feedback. Am încercat să redau în mod simplu și onest metodele prin care știința din laboratorul meu s-a îmbinat cu activitatea mea clinică (atât cea personală, cât și cea desfășurată prin intermediul terapiei pe bază de aplicație digitală). Poți să-mi oferi un feedback prin e-mail, dacă dorești – îl găsești pe pagina drjud.com. Mi-ar plăcea să știu dacă mi-a scăpat ceva, dacă am înțeles ceva greșit sau dacă aș fi putut să fac mai bine. De asemenea, ar fi minunat să aflu dacă au fost lucruri care ți-au plăcut, care te-au ajutat și așa mai departe. Pentru mine, acesta este un proces continuu de învățare. Cu cât învăț mai mult, cu atât pot să fac ca aceste instrumente să fie mai bune pentru alții.

MULȚUMIRI

Dacă te vei întoarce la pagina cu dedicația, vei vedea că am dedicat această carte unei persoane pe care am numit-o Dependenta de Amazon. De fapt, nu cunosc numele acestei persoane, știu doar că este femeie. Și știu asta pentru că a scris o recenzie de trei stele pe Amazon pentru prima mea carte, *Poftele minții*. Titlul recenziei era: „Ascunde intenționat informații".

Așadar, de ce i-am dedicat ei această carte, și nu soției mele, sau cel puțin unei persoane căreia îi cunosc numele? (Soția mea este o cercetătoare extraordinară, are o inimă de aur, dedicată cauzei de a face lumea mai bună, și este cea mai bună prietenă a mea. Nu este nevoie să îi dedic o carte ca să știe cât de mult o iubesc.)

Dependenta de Amazon a pus un titlu care îți captează atenția, dar a existat un factor și mai important: așa cum se întâmplă în cazul multor lucruri puse pe internet cu intenții nevinovate, care au căpătat ulterior o existență de sine stătătoare, recenzia ei a primit suficient de multe aprecieri cât să ajungă în fruntea clasamentului, acolo unde apar primele de pe site. Și datorită acestei poziții prioritare, este foarte posibil să rămână acolo pentru totdeauna. Asta mi-a amintit încă o dată că universul are umor.

Iată ce scrie în recenzie:

> În privința cercetărilor cu privire la pofte, cartea asta este cu adevărat strălucitoare. Pentru cineva care a absolvit studii superioare în neuroștiințe și a petrecut și „timp pe pernă“ (meditând), este o carte fascinantă. Cu toate acestea, a fost profund dezamăgitoare dintr-un punct de vedere important și din păcate nu o pot recomanda altora. Problema esențială este că nu onorează a doua parte a titlului, „Cum putem scăpa de obiceiurile nocive“... Autorul lasă impresia unui om căruia îi pasă cu adevărat, iar pentru mine e derutant faptul că nu le oferă oamenilor ajutorul pentru care și-a petrecut atât timp din viață ca să cerceteze.

Cuvintele Dependentei de Amazon au fost ca un pumn sau un șut la care nu mă așteptasem. Crezusem în mod eronat că oamenii vor citi *Poftele minții* și vor putea să aplice singuri conceptele din carte în viața personală, eliberându-se astfel de obiceiuri și dependențe. Deși am primit numeroase mesaje de la persoane care au reușit să scape de dependențe grave după ce au citit *Poftele minții*, Dependenta de Amazon m-a ajutat să mă trezesc la o realitate în care cei mai mulți oameni au nevoie de mai mult, nu doar o hartă și o busolă. Au nevoie de un ghid. Când am scris cartea aceea, nu eram pregătit să fiu eu ghidul. Nu aveam suficientă experiență de lucru ca psihiatru pe probleme de dependență și încă nu făcusem cercetările despre care ai citit în capitolele precedente. (*Poftele minții* vorbește în principal despre modurile diferite în care devenim dependenți și despre neuroștiințele care arată cum ne poate ajuta mindfulnessul.) Peste ani, acea recenzie pe care o tot vedeam în fruntea clasamentului și-a pus probabil amprenta asupra creierului meu, exact așa cum o mică zgârietură pe care o găsești pe mașină îți dă impulsul de a-ți trece mereu degetele peste ea, ca și cum gestul acesta ar putea-o face să dispară ca prin farmec. Când condițiile au devenit prielnice, zgârietura aceea de pe creier a devenit nucleul de cristalizare pentru *această* carte. Prin urmare, îți mulțumesc ție, Dependenta de Amazon, oricine ai fi, pentru acea lovitură bine plasată.

Le rămân dator pentru totdeauna multor persoane care au participat voluntar la studiile mele, precum și actualilor și foștilor colegi de laborator cu care am făcut o echipă extraordinară, în dezideratul nostru comun de a face lumea un loc mai bun: Alex(andra) Roy, Prasanta Pal, Veronique Taylor, Isabelle Moseley, Bill Nardi, Shufang Sun, Vera Ludwig, Lindsey Krill, May Gao, Remko van Lutterveld, Susan Druker, Edith Bonnin, Alana Deluty, Pablo Abrante, Katie Garrison și alții. Pacienții mei sunt o sursă constantă de inspirație și de smerenie și m-au învățat mai mult decât a făcut-o orice manual despre practica psihiatrică și medicală.

Îi mulțumesc mult și editoarei mele, Caroline Sutton, care, printre multe observații pătrunzătoare, mi-a dat ideea genială de a plasa anxietatea în centrul atenției acestei cărți; de asemenea, îi mulțumesc lui Luke Demsey, care prin metoda lui socratică de redactare m-a ajutat să dau un plus de calitate scrisului meu. Josh Roman m-a ajutat cu deosebită pricepere să dau o formă ideilor și expresiilor lor de ani buni, dintre care multe s-au concretizat în capitole ale acestei cărți. Caitlin Stulberg a făcut o treabă extraordinară, găsind exprimările neclare și ajutându-mă la redactarea generală.

Vreau să îi mulțumesc și soției mele, Mahri Leonard-Fleckman, care, pe lângă faptul că este cea mai bună parteneră de viață pe care mi-aș putea-o imagina, a avut ideea titlului cărții. Îi sunt dator și agentei mele literare, Melissa Flashman, care a avut un rol esențial în promovarea cărții.

Am fost foarte norocos să pot lucra îndeaproape cu Robin Boudette și Jacqui Barnett, alături de care i-am ajutat pe oameni să-și depășească obiceiurile nocive și să-și descopere superputerile interioare: curiozitatea și bunătatea. Am învățat foarte mult lucrând cu ei. Vreau să îi mulțumesc și lui Rob Suhoza, cu care am avut o serie de conversații edificatoare. Aceste discuții mi-au oferit nuanțe și percepții cu ajutorul cărora am creat anumite concepte cuprinse în carte. Drumețiile și plimbările cu bicicleta făcute împreună cu Coleman Lindsley m-au ajutat să îmi exprim perspectiva asupra vieții (iar o anumită plimbare în jurul Walden Pond a fost extrem de importantă, căci mi-a arătat mai clar similitudinile și diferențele între stres și anxietate).

Mai mulți oameni s-au oferit voluntar nu doar să citească numeroasele schițe ale acestei cărți, ci să facă și comentarii și sugestii pline de atenție; mă gândesc aici la Alice Brewer, Vivienne Keegan, Mark Mitchnick, Michael Irish, Brad Stulberg, Kevin Hawkins, Amy Burke, Michaella Baker, Abigail Tisch, Mitch Abblett, Jennifer Banks, Leigh Brasington, Jaime Mello și la mulți alții pe care am uitat din neatenție să îi menționez.

Îi mulțumesc Juliei Miroshnichenko, cea care a realizat desenele și s-a ocupat de grafică.

NOTE

1 *The Letters of Thomas Jefferson 1743–1826*, let.rug.nl/usa/presidents/thomas-jefferson/letters-of-thomas-jefferson/jefl242.php.

2 T. Jefferson, *Letter to John Homles*, 22 aprilie 1820; T. Jefferson, *Letter to Thomas Cooper*, 10 septembrie 1814; T. Jefferson, *Letter to William Short*, 8 septembrie 1823.

3 Anxiety and Depression Association of America, „Managing Stress and Anxiety“, adaa.org/living-with-anxiety/managing-anxiety.

4 National Institute of Mental Health, „Any Anxiety Disorder“, 2017, nimh.nih.gov/health/statistics/any-anxiety-disorder.shtml.

5 Sondaj de opinie publică APA, 2018, psychiatry.org/newsroom/apa-public-opinion-poll-annual-meeting-2018.

6 „By the Numbers: Our Stressed-Out Nation“, apa.org/monitor/2017/12/numbers.

7 A.M. Ruscio și alții, „Cross-Sectional Comparison of the Epidemiology of DSM – 5 Generalized Anxiety Disorder Across the Globe“, în *JAMA Psychiatry*, vol. 74, nr. 5, 2017, pp. 465–75, doi: 10.1001/jama psychiatry.2017.0056.

8 Y. Huang și N. Zhao, „Generalized Anxiety Disorder, Depressive Symptoms and Sleep Quality During COVID-19 Outbreak in China: A Web-Based Cross-Sectional Survey“, în *Psychiatry Research*, 2020, 112954, doi: 1.1016/j.psychres.2020.112954.

9 M. Pierce și alții, „Mental Health Before and During the COVID-19 Pandemic: A Longitudinal Probability Sample Survey of the UK Population", în *The Lancet Psychiatry*, 21 iulie 2020, doi: 10.1016/S2215-366(20)30308-4.

10 E.E. McGinty și alții, „Psychological Distress and Loneliness Reported by US Adults in 2018 and April 2020", în *JAMA*, vol. 324, nr. 1, 2020, pp. 93–4, doi: 10.1001/jama.2020.9740.

11 D. Vlahov și alții, „Sustained Increased Consumption of Cigarettes, Alcohol, and Marijuana Among Manhattan Residents After September 11, 2001", în *American Journal of Public Health*, vol. 94, nr. 2, 2004, pp. 253–54, doi: 10.2105/ajph.94.2.253.

12 V.I. Agyapong și alții, „Prevalence Rates and Predictors of Generalized Anxiety Disorder Symptoms in Residents of Fort McMurray Six Months After a Wildfire", în *Frontiers in Psychiatry*, vol. 9, 2018, p. 345, doi: 10.3389/fpsyt.2018.00345.

13 Acest lucru merită o discuție mai lungă, una care depășește scopul acestei cărți. Dacă ești interesat să afli mai multe despre informațiile științifice care stau la baza acestui subiect, îți recomand cartea lui Robert M. Sapolsky, *Why Zebras Don't Get Ulcers*, ediția a III-a, Holt, New York, 2004. Pentru a afla ce legătură există între acest lucru și traume și pentru a afla niște trucuri și instrumente practice pentru descărcarea în siguranță a energiei, vezi *The Body Keeps the Score*, de Bessel van der Kolk, Penguin, New York, 2015 și *My Grandmother's Hands*, de Resmaa Menakem, Central Recovery Press, Las Vegas, Nevada, 2017.

14 A. Chernev, U. Böckenholt și J. Goodman, „Choice Overload: A Conceptual Review and Metanalysis", în *Journal of Consumer Psychology*, vol. 25, nr. 2, 2015, pp. 333–58, doi: 10.1016/j.jcps.2014.08.002.

15 Y.L.A. Kwok, J. Gralton și M.L. McLaws, „Face Touching: A Frequent Habit That Has Implications for Hand Hygiene", în *American Journal of Infection Control*, vol. 43, nr. 2, 2015, pp. 112–14, doi: 10.1016/j.ajic.2014.10.015.

16 B. Resnick, „Why Willpower Is Overrated“, în *Vox*, 2 ianuarie 2020.

17 D. Engber, „Everything Is Crumbling“, în *Slate*, 16 martie 2016.

18 M. Milyavskaya și M. Inzlicht, „What's So Great About Self-Control? Examining the Importance of Effortful Self-Control and Temptation in Predicting Real-Life Depletion and Goal Attainment“, în *Social Psychological and Personality Science*, vol. 8, nr. 6, 2017, pp. 603–11, doi: 10.1177/19485506 16679237.

19 A.F.T. Arnsten, „Stress Signalling Pathways That Impair Prefrontal Cortex Structure and Function“, în *Nature Reviews Neuroscience*, vol. 10, nr. 6, 2009, pp. 410–22, doi: 10.1038/nrn2648; A.F.T. Arnsten, „Stress Weakens Prefrontal Networks: Molecular Insults to Higher Cognition“, în *Nature Neuroscience*, vol. 18, nr. 10, 2015, pp. 1376–85, doi: 10.1038/nn.4087; A.F.T. Arnsten și alții, „The Effects of Stress Exposure on Prefrontal Cortex: Translating Basic Research into Successful Treatments for Post-Traumatic Stress Disorder“, în *Neurobiology of Stress*, vol. 1, 2015, pp. 89–99, doi: 10.1016/j.ynstr.2014.10.002.

20 B.M. Galla și A.L. Duckworth, „More Than Resisting Temptation: Beneficial Habits Mediate the Relationship Between Self-Control and Positive Life Outcomes“, în *Journal of Personality and Social Psychology*, vol. 109, nr. 3, 2015, pp. 508–25, doi: 10.1037/pspp0000026.

21 C.S. Dweck, *Mindset: The New Psychology of Success*, Random House Digital, New York, 2006.

22 J.A. Brewer și alții, „Mindfulness Training for Smoking Cessation: Results from a Randomized Controlled Trial“, în *Drug and Alcohol Dependence*, vol. 119, nr. 1–2, 2011, pp. 72–80, doi: 10.1016/j.drugalcdep.2011.05.027.

23 R.M. Yerkes și J.D. Dodson, „The Relation of Strength of Stimulus to Rapidity of Habit Formation“, în *Journal of Comparative Neurology and Psychology*, vol. 18, nr. 5, 1908, pp. 459– 82, doi: 10.1002/cne.920180503.

24 H.J. Eysenck, „A Dynamic Theory of Anxiety and Hysteria", în *Journal of Mental Science*, vol. 101, nr. 422, 1955, pp. 28–51, doi: 10.1192/bjp.101.422.28.

25 P.L. Broadhurst, „Emotionality and the Yerkes-Dodson Law", în *Journal of Experimental Psychology*, vol. 54, nr. 5, 1957, pp. 345–52, doi: 10.1037/h0049114.

26 L.A. Muse, S.G. Harris și H.S. Feild, „Has the Inverted-U Theory of Stress and Job Performance Had a Fair Test?", în *Human Performance*, vol. 16, nr. 4, 2003, pp. 349–64, doi: 10.1207/S15327043HUP 1604_2.

27 M.A. Killingsworth și D.T. Gilbert, „A Wandering Mind Is an Unhappy Mind", în *Science*, vol. 330, nr. 6006, 2010, p. 932, doi: 10.1126/science.1192439.

28 M.E. Raichle și alții, „A Default Mode of Brain Function", în *Proceedings of the National Academy of Sciences of the United States of America*, vol. 98, nr. 2, 2001, pp. 676–82, doi: 10.1073/pnas.98.2.676.

29 J.A. Brewer, K.A. Garrison și S. Whitfield-Gabrieli, „What About the «Self» Is Processed in the Posterior Cingulate Cortex?", în *Frontiers in Human Neuroscience*, vol. 7, 2013, p. 647, doi: 10.3389/fnhum.2013.00647; J.A. Brewer, *The Craving Mind: From Cigarettes to Smartphones to Love – Why We Get Hooked and How We Can Break Bad Habits*, Yale University Press, New Haven, Connecticut, 2017.2017. (*Vezi și* ediția în limba română: *Poftele minții. De la țigară la smartphone și iubire – de ce devenim dependenți și cum putem scăpa de obiceiurile nocive*, traducere de Ioana-Gabriela Dumitrescu, Curtea Veche Publishing, București, 2020.)

30 Y. Millgram și alții, „Sad as a Matter of Choice? Emotion-Regulation Goals in Depression", în *Psychological Science*, vol. 26, nr. 8, 2015, pp. 1216–28, doi: 10.1177/0956797615583295.

31 J.A. Brewer și alții, „Meditation Experience Is Associated with Differences in Default Mode Network Activity and Connectivity", în *Proceedings of the National Academy of Sciences of the United States of America*, vol. 108, nr. 50, 2011, pp. 20254–59, doi: 10.1073/pnas.1112029108.

32 K.A. Garrison și alții, „Effortless Awareness: Using Real Time Neurofeedback to Investigate Correlates of Posterior Cingulate Cortex Activity in Meditators' Self-Report", în *Frontiers in Human Neuroscience*, vol. 7, 2013, p. 440, doi:10.3389/fnhum.2013.00440; K.A. Garrison și alții, „Real-Time fMRI Links Subjective Experience with Brain Activity During Focused Attention", în *Neuroimage*, vol. 81, 2013, pp. 110–18, doi: 10.1016/j.neuroimage.2013.05.030.

33 A.C. Janes și alții, „Quitting Starts in the Brain: A Randomized Controlled Trial of App-Based Mindfulness Shows Decreases in Neural Responses to Smoking Cues That Predict Reductions in Smoking", în *Neuropsychopharmacology*, vol. 44, 2019, pp. 1631–38, doi: 10.1038/s41386-19-403–y.

34 N.T. Van Dam și alții, „Development and Validation of the Behavioral Tendencies Questionnaire", în *PLoS One*, vol. 10, nr. 11, 2015, e0140867, doi: 10.1371/journal.pone.0140867.

35 B. Buddhaghosa, *The Path of Purification*, trad. B. Ñānamoli, BPS Pariyatti Publishing, Onalaska, Wisconsin, 1991, p. 104.

36 S.E. Thanarajah și alții, „Food Intake Recruits Orosensory and Post-Ingestive Dopaminergic Circuits to Affect Eating Desire in Humans", în *Cell Metabolism*, vol. 29, nr. 3, 2019, pp. 695–706.e4, doi: 10.1016/j.cmet.2018.12.006.

37 M.L. Kringelbach și E.T. Rolls, „The Functional Neuroanatomy of the Human Orbitofrontal Cortex: Evidence from Neuroimaging and Neuropsychology", în *Progress in Neurobiology*, vol. 72, nr. 5, 2004, pp. 341–72, doi: 10.1016/j.pneurobio.2004.03.006; J. O'Doherty și alții, „Abstract Reward and Punishment Representations in the Human Orbitofrontal Cortex", în *Nature Neuroscience*, vol. 4, nr. 1, 2001, pp. 95–102, doi: 10.1038/82959.

38 M.L. Kringelbach, „The Human Orbitofrontal Cortex: Linking Reward to Hedonic Experience", în *Nature Reviews Neuroscience*, vol. 6, nr. 9, 2005, pp. 691–702, doi: 10.1038/nrn1747.

39 J.A. Brewer, „Mindfulness Training for Addictions: Has Neuroscience Revealed a Brain Hack by Which Awareness Subverts the Addictive Process?", în *Current Opinion in Psychology*, vol. 28, 2019, pp. 198–203, doi: 10.1016/j.copsyc.2019.01.014.

40 latimes.com/nation/nationnow/la–na–nn–marlboro-en-0140127-tory.html.

41 C.S. Dweck, *Mindset: The New Psychology of Success*, Random House Digital, New York, 2006, pp. 179–80.

42 D.M. Small și alții, „Changes in Brain Activity Related to Eating Chocolate: From Pleasure to Aversion", în *Brain*, vol. 124, nr. 9, 2001, pp. 1720–33, doi: 10.1093/brain/124.9.1720.

43 A.L. Beccia și alții, „Women's Experiences with a Mindful Eating Program for Binge and Emotional Eating: A Qualitative Investigation into the Process of Behavioral Change", în *Journal of Alternative and Complementary Medicine*, online înainte de tipărire, 14 iulie 2020, doi: 10.1089/acm.2019.0318.

44 J.A. Brewer și alții, „Can Mindfulness Address Maladaptive Eating Behaviors? Why Traditional Diet Plans Fail and How New Mechanistic Insights May Lead to Novel Interventions", în *Frontiers in Psychology*, vol. 9, 2018, p. 1418, doi: 10.3389/fpsyg.2018.01418.

45 P. Lally și alții, „How Are Habits Formed: Modelling Habit Formation in the Real World", în *European Journal of Social Psychology*, vol. 40, nr. 6, 2010, pp. 998–1009, doi: 10.1002/ejsp.674.

46 M.A. McDannald și alții, „Model-Based Learning and the Contribution of the Orbitofrontal Cortex to the Model-Free World", în *European Journal of Neuroscience*, vol. 35, nr. 7, 2012, pp. 991–96, doi: 10.1111/j.1460-9568.2011.07982.x; R.A. Rescorla și A.R. Wagner, „A Theory of Pavlovian Conditioning: Variations in the Effectiveness of Reinforcement and Nonreinforcement", în A.H. Black și W.F. Prokasy (ed.), *Classical Conditioning II: Current Research and Theory*, Appleton-Century-Crofts, New York, 1972, pp. 64–99.

47 V. Taylor și alții, „Awareness Drives Changes in Reward Value and Predicts Behavior Change: Probing Reinforcement Learning Using Experience Sampling from Mobile Mindfulness Training for Maladaptive Eating“, în curs de apariție.

48 A.E. Mason și alții, „Testing a Mobile Mindful Eating Intervention Targeting Craving-Related Eating: Feasibility and Proof of Concept“, în *Journal of Behavioral Medicine*, vol. 41, nr. 2, 2018, pp. 160–73, doi: 10.1007/s10865-017-9884–5; V.U. Ludwig, K.W. Brown și J.A. Brewer, „Self-Regulation Without Force: Can Awareness Leverage Reward to Drive Behavior Change?“, în *Perspectives on Psychological Science*, 2020, doi: 10.1177/ 1745 691620931 460; A.C. Janes și alții, „Quitting Starts in the Brain: A Randomized Controlled Trial of App-Based Mindfulness Shows Decreases in Neural Responses to Smoking Cues That Predict Reductions in Smoking“, în *Neuropsychopharmacology*, vol. 44, 2019, pp. 1631–38, doi: 10.1038/s41386-019-0403–y.

49 W. Hofmann și L. Van Dillen, „Desire: The New Hot Spot in Self-Control Research“, în *Current Directions in Psychological Science*, vol. 21, nr. 5, 2012, pp. 317–22, doi: 10.1177/0963721412453587.

50 Wikipedia, „Cognitive Behavioral Therapy“, en.wikipedia.org/wiki/Cognitive_behavioral_therapy.

51 Hofmann și Van Dillen, „Desire: The New Hot Spot in Self-Control Research“.

52 M. Moss, „The Extraordinary Science of Addictive Junk Food“, în *New York Times Magazine*, 20 februarie 2013; nytimes.com/2013/02/24/magazine/the-extraordinary-science-of-junk-food.html.

53 O. Solon, „Ex-Facebook President Sean Parker: Site Made to Exploit Human 'Vulnerability'“, în *The Guardian*, 9 noiembrie 2017; theguardian.com/technology/2017/nov/09/facebook-sean-parker-vulnerability-brain-psychology.

54 A.F.T. Arnsten, „Stress Weakens Prefrontal Networks: Molecular Insults to Higher Cognition“, în *Nature*

Neuroscience, vol. 18, nr. 10, 2015, pp. 1376–85, doi: 10.1038/nn.4087; A.F.T. Arnsten, „Stress Signalling Pathways That Impair Prefrontal Cortex Structure and Function“, în *Nature Reviews Neuroscience*, vol. 10, 2009, pp. 410–22, doi: 10.1038/nrn2648.

55 J.A. Brewer, „Feeling Is Believing: The Convergence of Buddhist Theory and Modern Scientific Evidence Supporting How Self Is Formed and Perpetuated Through Feeling Tone (*Vedanā*)“, în *Contemporary Buddhism*, vol. 19, nr. 1, 2018, pp. 113–26, doi: 10.1080/14639947.2018.1443553; J.A. Brewer, „Mindfulness Training for Addictions: Has Neuroscience Revealed a Brain Hack by Which Awareness Subverts the Addictive Process?“, în *Current Opinion in Psychology*, vol. 28, 2019, pp. 198–203, doi: 10.1016/j.copsyc.2019.01.014.

56 K.A. Garrison și alții, „Effortless Awareness: Using Real Time Neurofeedback to Investigate Correlates of Posterior Cingulate Cortex Activity in Meditators' Self-Report“, în *Frontiers in Human Neuroscience*, vol. 7, 2013, p. 440, doi: 10.3389/fnhum.2013.00440.

57 W. Neuman, „How Long Till Next Train? The Answer Is Up in Lights“, în *New York Times*, 17 februarie 2007.

58 Transcriere dintr-un interviu cu Leon Lederman, realizat de Joanna Rose, 7 decembrie 2001, nobelprize.org/prizes/physics/1988/lederman/26243-interview-transcript-988-3.

59 J.A. Litman și P.J. Silvia, „The Latent Structure of Trait Curiosity: Evidence for Interest and Deprivation Curiosity Dimensions“, în *Journal of Personality Assessment*, vol. 86, nr. 3, 2006, pp. 318–28, doi: 10.1207/s15327752jpa8603_07.

60 M.J. Gruber, B.D. Gelman și C. Ranganath, „States of Curiosity Modulate Hippocampus-Dependent Learning Via the Dopaminergic Circuit“, în *Neuron*, vol. 84, nr. 2, 2014, pp. 486–96, doi: 10.1016/j.neuron.2014.08.060.

61 T.C. Blanchard, B.Y. Hayden și E.S. Bromberg-Martin, „Orbitofrontal Cortex Uses Distinct Codes for Different Choice Attributes in Decisions Motivated by Curiosity“, în

Neuron, vol. 85, nr. 3, 2015, pp. 602–14, doi: 10.1016/j.neuron.2014.12.050.

62 Albert Einstein, „Old Man's Advice to Youth: «Never Lose a Holy Curiosity»", în *Life*, 2 mai 1955, p. 64.

63 J.A. Brewer, *The Craving Mind: From Cigarettes to Smartphones to Love – Why We Get Hooked and How We Can Break Bad Habits*, Yale University Press, New Haven, Connecticut, 2017; K.A. Garrison și alții, „BOLD Signal and Functional Connectivity Associated with Loving Kindness Meditation", în *Brain and Behavior*, vol. 4, nr. 3, 2014, doi: 10.1002/brb3.219.

64 C. Darwin, *The Expression of the Emotions in Man and Animals*, Oxford University Press, New York, 1998. (*Vezi și* ediția în limba română: *Expresia emoțiilor la om și animale. Despre instinct*, traducere din engleză de Eugen Margulius, Editura Academiei Republicii Socialiste România, București, 1967.)

65 D.H. Lee, J.M. Susskind și A.K. Anderson, „Social Transmission of the Sensory Benefits of Eye Widening in Fear Expressions", în *Psychological Science*, vol. 24, nr. 6, 2013, pp. 957–65, doi: 10.1177/0956797612464500.

66 American Psychiatric Association, *Diagnostic and Statistical Manual of Mental Disorders (DSM-5)*, American Psychiatric Association Publishing, Washington, D.C., 2013.

67 C. Darwin, *The Descent of Man and Selection in Relation to Sex*, vol. 1, D. Appleton, New York, 1896, p. 72.

68 D. Keltner, „The Compassionate Instinct", în *Greater Good Magazine*, 1 martie 2004.

69 *Diagnostic and Statistical Manual of Mental Disorders (DSM-5)*, Dr. Martin Luther King Jr., „Letter from Birmingham Jail", africa.upenn.edu/Articles_Gen/Letter_Birmingham.html.

INDICE

B

Î

J

K

L

M

P

R

S

Ș

T

Tipar: ARTPRINT
E-mail: office@artprint.ro
Tel.: 021 336 36 33